U0541640

- 教育部人文社会科学研究青年基金资助项目（项目批准号：12YJC770025）
- 河西学院"历史文献学（含敦煌学、古文字学）"省级重点学科建设资助项目
- 河西学院河西史地与文化研究中心资助项目

魏晋十六国河西镇墓文、墓券整理研究

贾小军 武鑫◎著

Organization and Research on the Wei, Jin and
Sixteen Dynasties Period Tomb Writings and
Certificates Unearthed in Hexi Region

中国社会科学出版社

图书在版编目（CIP）数据

魏晋十六国河西镇墓文、墓券整理研究/贾小军，武鑫著. —北京：中国社会科学出版社，2017.12（2022.7 重印）

ISBN 978 – 7 – 5203 – 0891 – 5

Ⅰ.①魏… Ⅱ.①贾…②武… Ⅲ.①河西走廊—墓葬（考古）—古文字—研究—魏晋南北朝时代 Ⅳ.①K878.8②H121

中国版本图书馆 CIP 数据核字（2017）第 210420 号

出 版 人	赵剑英
责任编辑	宋燕鹏
责任校对	周　昊
责任印制	李寡寡

出　版	中国社会科学出版社
社　址	北京鼓楼西大街甲 158 号
邮　编	100720
网　址	http://www.csspw.cn
发 行 部	010 – 84083685
门 市 部	010 – 84029450
经　销	新华书店及其他书店

印　刷	北京明恒达印务有限公司
装　订	廊坊市广阳区广增装订厂
版　次	2017 年 12 月第 1 版
印　次	2022 年 7 月第 2 次印刷

开　本	710×1000　1/16
印　张	19.5
插　页	2
字　数	270 千字
定　价	69.00 元

凡购买中国社会科学出版社图书，如有质量问题请与本社营销中心联系调换
电话：010 – 84083683
版权所有　侵权必究

目 录

导 论 ……………………………………………………………… (1)
  一 研究理论和实际应用价值 ………………………………… (1)
  二 学术史回顾 ………………………………………………… (3)
  三 研究思路与方法 …………………………………………… (8)
  四 结构体例及内容概况 ……………………………………… (9)

上卷 魏晋十六国河西镇墓文、墓券汇编 ……………………… (1)
  一 魏晋十六国河西镇墓文汇编 ……………………………… (3)
    凡例 …………………………………………………………… (3)
    甘(露)二年(257)段清镇墓文 …………………………… (4)
    咸宁二年(276)八月吕阿徽镇墓文 ……………………… (5)
    太康六年(285)三月顿霓儿镇墓文(一) ………………… (6)
    太康六年(285)三月顿霓儿镇墓文(二) ………………… (7)
    泰熙元年(290)四月吕阿丰镇墓文 ……………………… (7)
    元康五年(295)十月囗民仁镇墓文 ……………………… (8)
    元康六年(296)正月窦秉镇墓文 ………………………… (9)
    元康七年(297)八月陈小晴镇墓文(一) ………………… (9)
    元康七年(297)八月陈小晴镇墓文(二) ………………… (10)
    永安元年(304)八月韩治镇墓文 ………………………… (11)
    永兴三年(306)赵诩镇墓文 ……………………………… (11)
    永兴三年(306)赵苑芝镇墓文(一) ……………………… (12)

永兴三年(306)赵苑芝镇墓文(二) …………………………………… (12)
永嘉二年(308)胡姜盈镇墓文 ……………………………………… (13)
永嘉三年(309)正月苏治镇墓文(一) ……………………………… (13)
永嘉三年(309)正月苏治镇墓文(二) ……………………………… (14)
永嘉五年(311)三月樊氏镇墓文 …………………………………… (15)
建兴元年(313)吕来业镇墓文 ……………………………………… (16)
建兴二年(314)闰[十]月吕轩女镇墓文(一) ……………………… (16)
建兴二年(314)闰[十]月吕轩女镇墓文(二) ……………………… (17)
建兴四年(316)十一月徐男□镇墓文 ……………………………… (18)
永嘉十三年(319)韩某镇墓文(一) ………………………………… (19)
永嘉十三年(319)韩某镇墓文(二) ………………………………… (19)
建兴九年(321)三月张雪光镇墓文 ………………………………… (20)
建兴九年(321)十月顿盈姜镇墓文 ………………………………… (20)
建兴十年(322)邓氏之妇镇墓文 …………………………………… (21)
建兴十三年(325)五月阎芝镇墓文(一) …………………………… (22)
建兴十三年(325)五月阎芝镇墓文(二) …………………………… (22)
建兴十七年(329)四月郭綦香镇墓文(一) ………………………… (23)
建兴十七年(329)四月郭綦香镇墓文(二) ………………………… (23)
建兴十七年(329)八月某人镇墓文 ………………………………… (24)
建兴十八年(330)六月郭⊠子镇墓文 ……………………………… (24)
建兴十九年(331)七月李兴初镇墓文(一) ………………………… (25)
建兴十九年(331)七月李兴初镇墓文(二) ………………………… (26)
建兴二十五年(337)二月赵季波镇墓文 …………………………… (26)
建兴二十六年(338)正月□黑奴镇墓文(一) ……………………… (27)
建兴二十六年(338)正月□黑奴镇墓文(二) ……………………… (27)
建兴二十七年(339)三月傅长然镇墓文(一) ……………………… (28)
建兴二十七年(339)三月傅长然镇墓文(二) ……………………… (29)
建兴二十八年(340)王群洛子解注文 ……………………………… (29)
建兴二十九年(341)八月万安镇墓文(一) ………………………… (32)

建兴二十九年(341)八月万安镇墓文(二)	(32)
建兴三十年(342)□佛女镇墓文	(33)
建兴三十一年(343)三月吴仁姜镇墓文(一)	(33)
建兴三十一年(343)三月吴仁姜镇墓文(二)	(34)
建兴三十七年(349)正月某人镇墓文	(35)
建兴三十七年(349)侯去疾镇墓文	(35)
建兴四十六年(358)正月傅女芝镇墓文	(36)
升平十二年(368)二月郭遥黄镇墓文	(37)
升平十三年(369)闰月汜心容镇墓文(一)	(38)
升平十三年(369)闰月汜心容镇墓文(二)	(39)
升平十三年(369)闰月汜心容镇墓文(三)	(39)
建元六年(370)九月魏得昌镇墓文	(40)
建元六年(370)某人镇墓文	(41)
咸安五年(375)十月姬令熊镇墓文(一)	(41)
咸安五年(375)十月姬令熊镇墓文(二)	(42)
咸安五年(375)十月姬令熊镇墓文(三)	(42)
建元十三年(377)十二月工□子镇墓文(一)	(43)
建元十三年(377)十二月工□子镇墓文(二)	(44)
麟加八年(396)姬女训镇墓文(一)	(45)
麟加八年(396)姬女训镇墓文(二)	(45)
神玺二年(398)八月□富昌镇墓文(一)	(46)
神玺二年(398)八月□富昌镇墓文(二)	(47)
神玺二年(398)十一月□富昌妻镇墓文	(48)
神玺二年(398)某人镇墓文	(48)
庚子六年(405)正月张辅镇墓文(一)	(50)
庚子六年(405)正月张辅镇墓文(二)	(51)
庚子六年(405)正月张辅镇墓文(三)	(51)
建初五年(409)闰[十]月画房奴镇墓文(一)	(52)
建初五年(409)闰月画房奴镇墓文(二)	(53)

建初十一年(415)十二月魏平奴镇墓文 …………………… (54)

玄始九年(420)九月□安富镇墓文 ……………………… (55)

玄始十年(421)八月张法静镇墓文(一) …………………… (55)

玄始十年(421)八月张法静镇墓文(二) …………………… (57)

年次未详壹宫廿年镇墓文 ………………………………… (58)

年次未详盖颜仲镇墓文 …………………………………… (59)

年次未详翟宗盈镇墓文(一) ……………………………… (59)

年次未详翟宗盈镇墓文(二) ……………………………… (60)

年次未详□阿平镇墓文(一) ……………………………… (61)

年次未详□阿平镇墓文(二) ……………………………… (61)

年次未详张某镇墓文 ……………………………………… (62)

年次未详张故年镇墓文 …………………………………… (63)

年次未详某人镇墓文 ……………………………………… (63)

年次未详某人镇墓文 ……………………………………… (64)

年次未详某人镇墓文 ……………………………………… (65)

年次未详某人镇墓文 ……………………………………… (65)

年次未详某人镇墓文(一) ………………………………… (66)

年次未详某人镇墓文(二) ………………………………… (67)

年次未详某人镇墓文 ……………………………………… (67)

二 魏晋十六国河西墓券汇编 ………………………………… (68)

凡例 …………………………………………………………… (68)

青龙四年(236)五月民左长衣物疏 ……………………… (69)

泰始九年(273)二月翟姜买棺契约 ……………………… (69)

元康元年(291)十二月一日铭旌 ………………………… (70)

建兴元年(313)十二月《田产争讼爰书》 ………………… (70)

建兴五年(317)正月赵阿兹衣物疏 ……………………… (75)

建兴五年(317)正月赵双衣物疏 ………………………… (77)

建兴二十四年(336)三月孙阿惠墓券 …………………… (80)

建兴二十四年(336)三月墓券 …………………………… (81)

建兴三十六年(348)九月柩铭 …………………………… (81)
建元十六年(358)十二月朱少仲衣物疏 ………………… (82)
升平七年(363)三月盈思杂物疏 ………………………… (82)
升平十二年(368)八月杨柏衣物疏(一) ………………… (84)
升平十二年(368)八月杨柏衣物疏(二) ………………… (85)
升平十三年(369)五月乌独浑衣物疏(一) ……………… (86)
升平十三年(369)五月乌独浑衣物疏(二) ……………… (87)
升平十三年(369)七月姬瑜随身物疏令 ………………… (88)
升平十三年(369)九月胡运于衣物疏 …………………… (90)
升平十四年(370)九月孙狗女衣物疏 …………………… (90)
咸安五年(375)三月某人衣物疏 ………………………… (93)
建元十二年(376)十一月梁舒墓表 ……………………… (94)
建元十四年(378)十二月十三日砖铭 …………………… (95)
建元十八年(382)正月高俟墓券(一) …………………… (96)
建元十八年(382)正月高俟墓券(二) …………………… (97)
建元十八年(382)正月高容男墓券 ……………………… (99)
建元二十年(384)十二月棺板题记 ……………………… (100)
升平二十二年(385)三月赵宜衣物疏 …………………… (101)
麟嘉七年(395)四月某人衣物疏 ………………………… (102)
麟嘉十五年(403)三月黄平衣物疏 ……………………… (102)
庚子四年(403)九月吕皇女衣物疏 ……………………… (103)
建初十四年(418)韩渠妻随葬衣物疏 …………………… (104)
嘉兴二年(418)李超夫人尹氏墓表 ……………………… (104)
缘禾六年(437)正月翟万衣物疏 ………………………… (105)
年次未详某人墓券 ………………………………………… (106)
晋徐小牛等名籍 …………………………………………… (107)
前凉周女敬衣物疏 ………………………………………… (107)
前凉周南衣物疏 …………………………………………… (109)
年次未详十二月耿少平、孙阿诏墓券 …………………… (110)

年次未详某人招魂幡文 ……………………………………………（112）
　　年次未详正月某人衣物疏 ………………………………………（112）
　　年次未详砖刻文 …………………………………………………（113）
下卷　魏晋十六国河西镇墓文、墓券研究 …………………………（115）
　一　事死如事生：魏晋十六国河西镇墓文解读 …………………（117）
　　（一）魏晋十六国河西镇墓文的内容与格式 …………………（118）
　　（二）魏晋十六国河西镇墓文中的民俗文化与民间信仰信息 …（121）
　　（三）事死如事生：魏晋十六国镇墓文所见河西社会 ………（124）
　二　魏晋十六国敦煌"薄命早终"镇墓文研究 ……………………（130）
　　（一）魏晋十六国敦煌"薄命早终"镇墓文 ……………………（130）
　　（二）"薄命早终"镇墓文所反映的社会生活信息 ……………（135）
　　（三）河西魏晋十六国墓葬出土其他年龄文书及相关问题 …（139）
　　（四）结论 ………………………………………………………（143）
　三　《神玺二年八月□富昌镇墓文（一）》考释 …………………（144）
　　（一）《神玺二年八月□富昌镇墓文（一）》 …………………（144）
　　（二）文本考释 …………………………………………………（145）
　四　临泽出土《田产争讼爰书》释读及相关问题浅探 …………（150）
　　（一）简文释读 …………………………………………………（150）
　　（二）简文所见西晋十六国河西民众的社会生活 ……………（158）
　五　魏晋十六国河西出土文献纪年信息申论 ……………………（166）
　　（一）魏晋十六国河西出土文献纪年信息相关统计 …………（166）
　　（二）河西墓葬文献纪年与魏晋十六国河西政局变迁 ………（171）
　　（三）出土文献纪年与魏晋十六国河西民众王朝认同的表达 …（175）
　六　民族融合背景下西北边疆民众的生存空间
　　　——以魏晋十六国时期河西走廊为中心的考察 ……………（178）
　　（一）河湖与绿洲：魏晋十六国河西民众的基本生存空间 …（178）
　　（二）绿洲之上的河西城镇 ……………………………………（181）
　　（三）城镇之外的河西村坞 ……………………………………（183）
　　（四）城镇村坞中的河西民众居所 ……………………………（186）

（五）各类居所中的河西民众 ·· (188)
七　文字、图像与信仰：墓葬所见魏晋十六国河西社会 ············ (191)
　　（一）镇墓文与榜题之形式与内容 ····································· (192)
　　（二）群体与阶层：土洞墓与壁画墓之墓主 ························ (193)
　　（三）解谪、劾鬼与升仙：群体信仰与鬼神殊途 ·················· (195)
八　榜题与画像：魏晋十六国河西墓葬壁画中的社会史 ············ (202)
　　（一）魏晋十六国河西墓葬壁画中的榜题 ··························· (202)
　　（二）魏晋十六国河西墓葬壁画榜题的特点 ······················· (209)
　　（三）榜题所见魏晋十六国河西社会史 ······························ (211)
九　西凉迁都与酒泉十六国壁画墓的纪念碑性 ·························· (218)
　　（一）酒泉十六国壁画墓 ··· (219)
　　（二）西凉的"纪念碑性"建筑 ·· (221)
　　（三）酒泉十六国壁画墓的纪念碑性 ·································· (225)
　　（四）结语 ··· (231)
十　五凉文化及其历史贡献 ··· (232)
　　（一）五凉政权"文教兼设" ··· (233)
　　（二）文化与学术的昌盛 ··· (234)
　　（三）承前启后的制度建设 ·· (237)
　　（四）五凉文化的历史地位与影响 ······································ (238)

附篇　敦煌新见镇墓文与魏晋十六国河西社会 ························ (241)
　　一　校录与释读：新见魏晋十六国敦煌镇墓文 ····················· (243)
　　二　风格与特点：新见魏晋十六国敦煌镇墓文分析 ·············· (262)
　　三　社会与制度：魏晋十六国敦煌镇墓文中的河西历史 ········ (266)

主要参考文献 ·· (277)
　　一　古籍 ·· (277)
　　二　今人著作 ·· (278)
　　三　期刊论文 ·· (280)

四　学位论文 …………………………………………（286）

后　记 ………………………………………………………（287）

重印后记 ……………………………………………………（289）

导　论

一　研究理论和实际应用价值

"镇墓文"又称"解注文""解谪文""劾鬼文"等，是指东汉中后期出现的用朱砂书写在镇墓陶器上的解殃文辞，主要目的是为地下死者解谪祛过，为世上生人除殃祈福，免再受罚作之苦，祈求保佑生人家宅安宁，使死者的冢墓稳定；同时也是为了隔绝死者与其在世亲人的关系，使之不得侵扰牵连生人[①]。"墓券"亦称"买地券"，亦为同一性质的墓葬文

敦煌博物馆藏镇墓瓶（贾小军摄）

[①] 吕志峰：《东汉镇墓文考述》，《东南文化》2006年第6期。

书，即借其向地下鬼神通告亡人之殁亡，并祈求得到地下鬼神的接纳与保佑。镇墓文以铅人、金玉奉献给地下鬼神以解除丧葬动土对地下神祇的冒犯，墓券（买地券）则通过向地下鬼神购买葬地以得到地下鬼神的保佑①。

河西走廊出土过较多魏晋十六国时期的镇墓文与墓券，具有鲜明的时代和地域特点，对研究古代河西历史文化，了解古代河西民众社会生活状况具有重要的史料价值，但学界以此为对象的研究尚不多见。整理研究河西走廊出土的魏晋十六国时期镇墓文与墓券，对我们深入了解魏晋十六国时期的河西历史具有重要意义。因此，本课题的研究将是今后魏晋十六国时期河西历史研究的重要领域之一，具有重要的学术价值。此外，本课题的研究还具有重要的现实意义。对河西走廊出土的魏晋十六国时期镇墓文、墓券进行整理研究，揭示该时期河西民众社会生活状况及丧葬习俗，对合理、有效利用河西丰富的民俗旅游资源，提升河西旅游业的文化品位，打造河西旅游文化精品，带动本地区经济社会全面、协调和可持续发展，具有重要作用。

敦煌博物馆藏镇墓瓶（贾小军摄）

---

① 鲁西奇：《汉代买地券的实质、渊源与意义》，《中国史研究》2006年第1期。

二 学术史回顾

有关河西走廊出土的魏晋十六国镇墓文、墓券资料，主要集中在相关考古报告及其他考古文献中。代表性的成果主要有：甘肃省文物队等编《嘉峪关壁画墓发掘报告》[1]、甘肃文物考古研究所编《酒泉十六国墓壁画》[2]、唐长孺主编《吐鲁番出土文书》（壹）[3]、甘肃省文物考古研究所等编《敦煌祁家湾西晋十六国墓葬发掘报告》[4]、王素、李方《魏晋南北朝敦煌文献编年》[5]、甘肃省文物考古研究所编《敦煌佛爷庙湾西晋画像砖墓》[6]、［日］关尾史郎编《中国西北地域出土镇墓文集成（稿）》[7]、夏鼐《敦煌考古漫记（一）》[8]、张勋燎、白彬《中国道教考古》（第一卷）[9]、新疆维吾尔自治区博物馆《吐鲁番县阿斯塔那——哈拉和卓古墓群清理简报》[10]、新疆维吾尔自治区博物馆《吐鲁番县阿斯塔那州哈拉和卓古墓群发掘简报》[11]、敦煌文物研究所考古组《敦煌晋墓》[12]、钟长发、宁笃学《武威金沙公社出土前秦建元十二年墓表》[13]、嘉峪关市文物管理所《嘉峪关新城十二、十三号画像砖墓发掘简报》[14]、甘肃省敦煌县博物馆《敦煌佛爷庙湾五凉时期墓葬发掘简报》[15]、张小舟《北方地区魏晋十

---

[1] 文物出版社1985年版。
[2] 文物出版社1989年版。
[3] 文物出版社1992年版。
[4] 文物出版社1994年版。
[5] 新文丰出版公司1997年版。
[6] 文物出版社1998年版。
[7] 新高速印刷株式会社2005年3月发行。
[8] 《考古通讯》1955年创刊号。
[9] 线装书局2006年版。
[10] 《文物》1972年第1期。
[11] 《文物》1973年第10期。
[12] 《考古》1974年第3期。
[13] 《文物》1981年第2期。
[14] 《文物》1982年第8期。
[15] 《文物》1983年第10期。

六国墓葬的分区与分期》[①]、吐鲁番地区文物保管所《吐鲁番北凉武宣王沮渠蒙逊夫人彭氏墓》[②]、连劭名《建兴廿八年"松人"解除简考述》[③]、甘肃省文物考古研究所《甘肃酒泉西沟村魏晋墓发掘报告》[④]、张掖地区文物管理办公室、高台县博物馆《甘肃高台骆驼城画像砖墓调查》[⑤]、曹国新《骆驼城遗址出土珍贵文物》[⑥]、甘肃省文物考古研究所、高台县博物馆《甘肃高台县骆驼城墓葬的发掘》[⑦]、甘肃省文物考古研究所、高台县博物馆《甘肃高台地埂坡晋墓发掘简报》[⑧]、赵雪野、赵万钧《甘肃高台魏晋墓墓券及所涉及的神祇和卜宅图》[⑨]、刘卫鹏《甘肃高台十六国墓券的再释读》[⑩]、寇克红《高台骆驼城前秦墓出土墓券考释》[⑪]、张俊民《甘肃玉门毕家滩出土的衣物疏初探》[⑫]、寇克红《高台骆驼城前凉墓葬出土衣物疏考释》[⑬]、杨国誉《"田产争讼爰书"所展示的汉晋经济研究新视角——甘肃临泽县新出西晋简册释读与初探》[⑭]、窦磊《毕家滩出土衣物疏补释》[⑮]、鲁家亮《甘肃临泽田西晋〈田产争讼爰书〉刍议》[⑯]、张荣强《甘肃临泽新出西晋简册考释》[⑰]，新疆文物考古研究所《新疆库车友谊路魏晋十六国时期墓葬2007年发掘简报》[⑱]、新

[①]《考古学报》1987年第1期。
[②]《文物》1994年第9期。
[③]《世界宗教研究》1996年第3期。
[④]《文物》1996年第7期。
[⑤]《文物》1997年第12期。
[⑥]《丝绸之路》1999年第3期。
[⑦]《考古》2003年第6期。
[⑧]《文物》2008年第9期。
[⑨]《考古与文物》2008年第1期。
[⑩]《敦煌研究》2009年第1期。
[⑪]《敦煌研究》2009年第4期。
[⑫]《湖南省博物馆馆刊》2010年第七辑。
[⑬]《考古与文物》2011年第2期。
[⑭]《中国经济史研究》2012第1期。
[⑮]《考古与文物》2013年第2期。
[⑯]《简帛》第九辑，2014年。
[⑰]《魏晋南北朝隋唐史资料》第32辑，2015年。
[⑱]《文物》2013年第12期。

疆文物考古研究所《新疆库车友谊路魏晋十六国墓葬 2010 年发掘报告》[1] 等。

在考古资料的基础上，学者们对这些镇墓文、墓券进行了整理、考释与研究，代表性的成果有：李寿冈《也谈"地券"的鉴别》[2]、黄烈《略论吐鲁番出土的"道教符箓"》[3]、吴天颖《汉代买地券考》[4]、谭蝉雪《三教融合的敦煌丧俗》[5]、刘昭瑞《谈考古发现的道教解注文》[6]、张传玺主编《中国历代契约会编考释》[7]、党寿山《武威文物考述》[8]、[日]池田温著、龚泽铣译《中国古代籍帐研究》[9]、黄景春《早期买地券、镇墓文整理与研究》[10]、张传玺《契约史买地券研究》[11]、鲁西奇《中国古代买地券研究》[12]，罗操《东汉至南北朝墓券研究》[13]、刘瑞明《吐鲁番出土"随葬衣物疏"杂释》[14]、吕志峰《东汉买地券著录与研究概述》[15]、黄景春《地下神仙张坚固、李定度考述》[16]、黄景春《王当买地券的文字考释及道教内涵解读》[17]、王育成《考古所见道教简牍考述》[18]、鲁西奇《汉代买地券的实质、渊源与意义》[19]、吕志峰《东汉镇墓文考述》[20]、张

---

[1] 《考古学报》2015 年第 4 期。
[2] 《文物》1973 年第 7 期。
[3] 《文物》1981 年第 1 期。
[4] 《考古学报》1982 年第 1 期。
[5] 《敦煌研究》1991 年第 3 期。
[6] 《敦煌研究》1991 年第 4 期。
[7] 北京大学出版社 1995 年版。
[8] 武威市光明印刷物资有限公司 2001 年版。
[9] 中华书局 2007 年版。
[10] 华东师范大学 2004 年博士论文。
[11] 中华书局 2008 年版。
[12] 厦门大学出版社 2014 年版。
[13] 华东师范大学 2015 年博士论文。
[14] 《西域研究》1998 年第 2 期。
[15] 《南都学坛（人文社会科学学报）》2003 年第 2 期。
[16] 《世界宗教研究》2003 年第 1 期。
[17] 《南阳师范学院学报（社会科学版）》2003 年第 1 期。
[18] 《考古学报》2003 年第 4 期。
[19] 《中国史研究》2006 年第 1 期。
[20] 《东南文化》2006 年第 6 期。

全民《曹魏景元元年朱书镇墓文读解》[1]、储晓军《敦煌魏晋镇墓文研究》[2]、刘宵《新疆库车友谊路墓葬 M3 的年代问题》[3]、韦正《试谈库车友谊路古墓群的年代和墓主身份》[4]、田河、秦凤鹤《甘肃高台骆驼城前凉胡运于墓随葬衣物疏考释》[5]、何颖《试析汉晋时期朱书陶文的镇墓功能》[6]、吴浩军《河西镇墓文丛考——敦煌墓葬文献研究系列之一~五》[7]、李建平《关于〈高台骆驼城前凉墓葬出土衣物疏〉的几个问题》[8] 等。

此外，相关魏晋南北朝河西史研究专著也涉及了镇墓文、墓券以及该时期河西社会生活史的内容。代表性的成果有：齐陈骏《五凉史略》[9]、齐陈骏《河西史研究》[10]、武守志《一字轩谈学录》[11]、吴廷桢、郭厚安主编《河西开发研究》[12]、赵向群《五凉史探》[13]、岳邦湖等《岩画及墓葬壁画》[14]、朱大渭等《魏晋南北朝社会生活史》[15]、齐陈骏主编《西北通史》（第二卷）[16]、田澍主编《西北开发史研究》[17]、赵向群《甘肃通史（魏晋南北朝卷）》[18]、田澍、何玉红主编《西北边疆社会研究》[19]、贾小军《魏

---

[1] 《考古与文物》2007 年第 2 期。
[2] 《敦煌研究》2009 年第 1 期。
[3] 《重庆科技学院学报（社会科学版）》2011 年第 12 期。
[4] 《边疆考古研究》2012 年第 2 期。
[5] 《丝绸之路》2012 年第 4 期。
[6] 《文博》2013 年第 3 期。
[7] 《敦煌学辑刊》2014 年第 1 期、第 3 期，2015 年第 1 期、第 3 期连载。
[8] 《考古与文物》2015 年第 4 期。
[9] 甘肃人民出版社 1988 年版。
[10] 甘肃教育出版社 1989 年版。
[11] 甘肃人民出版社 1993 年版。
[12] 甘肃教育出版社 1993 年版。
[13] 甘肃人民出版社 1996 年版。
[14] 敦煌文艺出版社 2004 年版。
[15] 中国社会科学出版社 2005 年版。
[16] 兰州大学出版社 2005 年版。
[17] 中国社会科学出版社 2007 年版。
[18] 甘肃人民出版社 2009 年版。
[19] 中国社会科学出版社 2009 年版。

晋十六国河西史稿》①、张晓东《嘉峪关魏晋民俗研究》②、高荣主编《河西通史》③、孙彦《河西魏晋十六国壁画墓研究》④、贾小军《魏晋十六国河西社会生活史》⑤、郭永利《河西魏晋十六国壁画墓》⑥ 等。此外，陈垣《跋西凉户籍残卷》⑦、杨际平《敦煌吐鲁番出土经济文书杂考》⑧、刘汉东《从西凉户籍残卷谈五凉时期的人口》⑨、郭永利、杨惠福《敦煌翟宗盈墓及其年代》⑩、孙彦《考古所见魏晋十六国时期的宗教信仰——以河西走廊为例》⑪、何双全、狄晓霞《甘肃省近年来新出土三国两晋简帛综述》⑫、郭永利《河西魏晋十六国壁画墓宴饮、出行图的类型及其演变》⑬等论文也对相关问题进行了考述与研究。

综上所述，学界关于相关问题的关注，涉及镇墓文、墓券、衣物疏等墓葬文献的整理、考释和研究，从形式上基本上涵盖了这一研究的主要内容，并且在部分研究领域内取得了较大成绩。但就研究的深度而言，仍然处于初始阶段，如许多研究仅执着于镇墓文、墓券等的字、词、句的释读及文本探究，将这些墓葬文献与所出土墓葬作宏观研究的较少；部分研究考古学、历史学及其他之间的学科结合不够理想，甚至出现各说各话的现象；重复研究较多而创新较少；等等。一个明显的问题是，相关研究并未开拓出更广阔的学术空间，而是继续在先贤开拓的研究领域内徘徊。又由于近年来发现的许多镇墓文、墓券资料尚没有进行较全面的整理，深层次的研究很难展开，因此也就很难了解其中所反映的魏晋十六国时期河西社

---

① 天津古籍出版社 2009 年版。
② 甘肃文化出版社 2010 年版。
③ 天津古籍出版社 2011 年版。
④ 文物出版社 2011 年版。
⑤ 甘肃人民出版社 2011 年版。
⑥ 民族出版社 2012 年版。
⑦ 《北京师范大学学报》1963 年第 2 期。
⑧ 《中国社会经济史研究》1987 年第 1 期。
⑨ 《史学月刊》1988 年第 4 期。
⑩ 《考古与文物》2007 年第 4 期。
⑪ 《南京晓庄学院学报》2008 年第 4 期。
⑫ 《西北师大学报（社会科学版）》2007 年第 5 期。
⑬ 《考古与文物》2008 年第 3 期。

会历史信息。当然上述问题的存在与镇墓文、墓券等墓葬文献的性质有关，但魏晋十六国河西镇墓文、墓券的研究显然并未到山穷水尽的地步，仍有可以取得进步的空间。就此而言，本书的研究具有重要的学术价值和现实意义。

三　研究思路与方法

本书研究采用历史学、考古学、民俗学、社会学等多学科结合的研究方法，对河西走廊出土的魏晋十六国时期镇墓文、墓券资料进行整理与研究。鉴于本书涉及的镇墓文、墓券资料较多，因此我们力争在全面整理的基础上，选取其中具有代表性的镇墓文、墓券及相关文书进行较为全面系统的考证。在此基础上，结合文献记载，对魏晋十六国时期河西民众的丧葬习俗及相关社会生活史内容进行研究。

本书研究不仅重视对多学科研究方法的综合运用，而且注重材料的真实性和视角的独特性。就材料而言，考古发现的魏晋十六国时期河西镇墓文、墓券等资料是本书研究的基础。除此而外，我们还特别注重从纷繁复杂的传世文献尤其是历代基本文献史料中，搜求反映这一时期河西历史文化的相关记载。另外，本书的研究还将把河西本地出土的简牍材料及嘉峪关、高台、武威等地的墓葬壁画和实物作为研究的基本素材，并以上述这三个方面的资料互相印证，运用镇墓文和墓券资料、其他考古资料以及传世文献相结合的"三重证据法"进行研究。

就研究视角而言，本书研究立足河西走廊出土的魏晋十六国时期镇墓文、墓券资料，但并不局限于河西走廊，而是将其置于中国古代镇墓文、墓券发展、演变的历史背景之中进行考察；本书研究在深入挖掘河西走廊出土的镇墓文、墓券的河西地方特色的同时，还注重其与周边地区同类墓葬文献之间的区别和联系。

四　结构体例及内容概况

本书分《上卷 魏晋十六国河西镇墓文、墓券汇编》和《下卷 魏晋十六国河西镇墓文、墓券研究》两部分，上卷为资料校释与整理部分，下卷在整理的基础上，对镇墓文、墓券等所反映的河西历史、社会问题进行专题研究。

在参考前人研究的基础上，本书对河西地区出土的魏晋十六国时期镇墓文、墓券做了较为全面、深入的整理与研究。本书《上卷 魏晋十六国河西镇墓文、墓券汇编》收录目前所见（截至2017年）魏晋十六国河西镇墓文89例，墓券（买地券）、衣物疏、名簿、铭旌、爰书等墓葬文献39例，其中包括河西地区新发现（或新展出）的墓券、衣物疏等，也包括吐鲁番地区发现、体例、格式与河西地区相近的墓券或衣物疏等，并参照相关资料对镇墓文逐一释读、断句，并附之以摹本或镇墓瓶、墓券相关图片，为相关墓葬文献的深入研究积累了丰富的资料。

在上述工作的基础上，本书《下卷 魏晋十六国河西镇墓文、墓券研究》对相关镇墓文、墓券进行了专题探讨，在相关领域内取得了较大进展，如对河西走廊"薄命早终"类镇墓文的研究、对墓葬出土文字资料和图像资料的对比研究及其隐藏的社会历史信息等的探求、对镇墓文等出土文献中的纪年信息梳理和其中反映的社会历史变化的探究等，同时还揭示了魏晋十六国时期河西民众社会生活状况及丧葬习俗。相信本书对系统了解魏晋十六国河西镇墓文、墓券等文献，进而深入认识它们所携带的社会历史信息具有重要的参考价值。

上　卷

魏晋十六国河西镇墓文、墓券汇编

一　魏晋十六国河西镇墓文汇编

凡例：

1. 本汇编收录目前所见（截至 2017 年）河西地区出土魏晋十六国时期的镇墓文。

2. 镇墓文标题：纪年及墓主明确者，以"××年××镇墓文"名之；仅有纪年而墓主不明者，以"××年某人镇墓文"名之；墓主明确但无纪年信息者，以"年次未详××镇墓文"名之；纪年、墓主皆不明确者，以"年次未详某人镇墓文"名之；古史纪年对应的公元纪年在之后"（　）"内标出。

3. 镇墓文按纪年先后、有无及墓主信息排序，有纪年信息者在前，无纪年信息但有墓主姓名者次之，既无纪年信息又无墓主姓名信息者又次之。部分无纪年信息但根据墓葬出土信息可判断纪年者，依纪年先后排列。

4. 每件镇墓文根据最初发掘报告录文，并利用相关照片及研究进行校勘，补充缺漏、辨证失误，再使用现代标点进行标点。原文中虽字迹清晰但难以释读的用☐标示；脱字、讹字等均保持原貌，并在［　］中予以改正；衍字用（　）标出，但不做过多考证，力求简明。镇墓文文本以仿宋体表示，其余信息以宋体表示，参考文献均在镇墓文录文后以楷体标出。

5. 镇墓文残损、漫漶不清者，若可以确定字数，用相应数量的"□"标示；不能确定字数的，根据原著录情况，用"……"或者"▭▭▭（上缺）""▭▭▭（中缺）""▭▭▭（下缺）"标示。

甘(露)二年(257)段清镇墓文

嘉峪关新城72JXM1:9斗瓶,底座高而直,口径14厘米、高19厘米、腹径14.5厘米、底径11.5厘米。腹部朱书镇墓文11行。文曰:

甘□[露]二□[年]□□□□□□□□□□□□□□之□□□□兵□□□□□□□□□□□者□□□后有□□神□解谪自有□□□□□□随□□□去,各与俱去,□□□死者不冤生者□□死者□□,生人□行,死者□□□□生人□□□□□□□永□□□何以□□□□□章

三国魏"甘露"文字灰陶罐[①]

按:嘉峪关长城博物馆藏"三国魏'甘露'文字灰陶罐"当即此斗瓶。嘉峪关市文物局编《嘉峪关文物图录》(可移动文物卷)作如下描述:

[①] 嘉峪关市文物局编:《嘉峪关文物图录》(可移动文物卷),三秦出版社2014年版,第9页。

"嘉峪关新城魏晋墓出土，1991年6月嘉峪关关城文管所移交。高19厘米，口径10厘米，腹径14厘米，底径11厘米。泥质灰陶。敞口平沿，长颈圆腹，高直底座，素面弦纹。近底处有刀削痕。壶身有朱书'甘露'等文字，字迹模糊，无法辨认。"①

据甘肃省文物队、甘肃省博物馆、嘉峪关市文物管理所《嘉峪关壁画墓发掘报告》，文物出版社1985年版，第25—26页；[日]关尾史郎编《中国西北地域出土镇墓文集成（稿）》（以下简称《镇墓文集成（稿）》），新高速印刷株式会社，2005年3月发行（下同），第9页；张小舟《北方地区魏晋十六国墓葬的分区与分期》，《考古学报》1987年第1期；王素、李方《魏晋南北朝敦煌文献编年》，新文丰出版公司1997年版，第53—54页。

咸宁二年（276）八月吕阿徵镇墓文

敦煌祁家湾85DQM320：18斗瓶，尖圆唇高领长颈，折凸肩亚腰大平底。口径4厘米、底径7.2厘米、高9.7厘米。口外缘朱书一红点，腹部朱书镇墓文22行：

咸宁二年八月己卯朔二日，吕□家之死者阿徵，今谨送汝铅人一双、五谷，以续百女岁，会须铅人腐，五谷［死］［生］，乃得□□。地置祁□人□失，移央传咎，后利父母，女以兄弟，天寇所过，罚不得再。阿徵甲申日死，致意八魁九坎，天恭素……岁月传……人殊路人……□……合曾青……粟以□寅……。急急如律令！

据甘肃省文物考古研究所等《敦煌祁家湾西晋十六国墓葬发掘报告》（以下简称《敦煌祁家湾》），文物出版社1994年版，第100—102页；[日]关尾史郎编《镇墓文集成（稿）》，第10页；王

---

① 嘉峪关市文物局编：《嘉峪关文物图录》（可移动文物卷），三秦出版社2014年版，第9页。

素、李方《魏晋南北朝敦煌文献编年》，第61—62页；吴浩军《河西镇墓文丛考（一）——敦煌墓葬文献研究系列之五》，《敦煌学辑刊》2014年第1期；摹本《敦煌祁家湾》第102页图七一。

咸宁二年（276）八月吕阿徵镇墓文摹本①

太康六年（285）三月顿霓儿镇墓文（一）

敦煌祁家湾85DQM209：1斗瓶，灰色。口径6.1厘米、底径3.3厘米、高6.3厘米。镇墓文前点一朱点，朱书纪年镇墓文14行62字：

太康六年三月己未朔五日癸亥，顿霓儿之身死。今下斗瓶、五谷、铅人，用当复地上生人。青乌子、北辰，诏令死者自受其央，罚不加两，移央传咎，远与他乡。如律令！

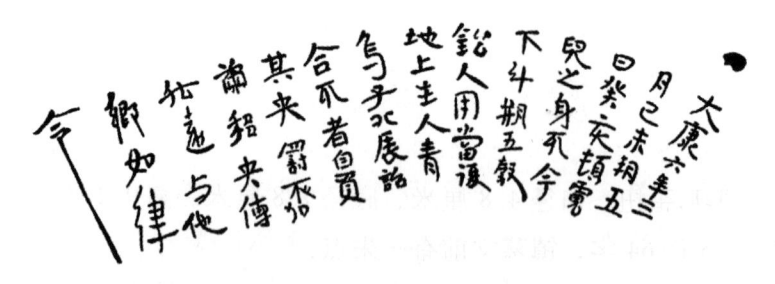

太康六年（285）三月顿霓儿镇墓文（一）摹本②

---

① 甘肃省文物考古研究所等：《敦煌祁家湾西晋十六国墓葬发掘报告》（以下简称《敦煌祁家湾》），文物出版社1994年版，第102页。

② 甘肃省文物考古研究所等：《敦煌祁家湾》，文物出版社1994年版，第121页。

据甘肃省文物考古研究所等《敦煌祁家湾》，第120—121页；[日]关尾史郎编《镇墓文集成（稿）》，第13页；摹本《敦煌祁家湾》第121页图八一之2。

太康六年（285）三月顿霓儿镇墓文（二）

敦煌祁家湾85DQM209：3 斗瓶，灰色，侈口尖圆唇，上腹部尖凸。大侈口斜直领，凸肩腹，下腹凹收成小平底。口径6.4厘米、底径3.4厘米、高6.3厘米。肩腹部朱书纪年镇墓文15行61字：

太康六年三月己未朔五日癸亥，顿霓儿之身死。今下斗瓶、五谷、铅人，用当复地上生人。青乌子、北辰，诏令死者［自］受其央，罚不加殃，移央传咎，远与他乡。如律令！

据甘肃省文物考古研究所等《敦煌祁家湾》，文物出版社1994年版，第120页；[日]关尾史郎编《镇墓文集成（稿）》，第12页。

按：《镇墓文集成（稿）》云该镇墓文摹本为《敦煌祁家湾》第121页图八一之2，误，该摹本为同墓M209：1斗瓶所书镇墓文。

泰熙元年（290）四月吕阿丰镇墓文

敦煌祁家湾85DQM321：24，青灰色，尖圆三角缘，口微敛，圆唇束颈溜肩，器形歪扭。口径4.8厘米、底径7.8厘米、高9.2厘米。肩下朱书镇墓文15行64字，镇墓文前有一朱点：

泰熙元年四月庚寅朔六日乙未直平，吕阿丰之身死。今下斗瓶、五谷、铅人，用当复地上生人。青乌子、北辰，诏令死者自受其央，罚不加殃，移央传咎，远与他乡。如律令！

据甘肃省文物考古研究所等《敦煌祁家湾》，第102页；[日]关尾史郎编《镇墓文集成（稿）》，第 14 页；摹本《敦煌祁家湾》第 103 页图七二之 3。

泰熙元年（290）四月吕阿丰镇墓文摹本①

元康五年（295）十月□民仁镇墓文

敦煌祁家湾 85DQM340：20 斗瓶，灰色。口径 3.8 厘米、底径 6.5 厘米、高 8 厘米。腹部朱书纪年镇墓文现存 13 行 55 字：

> 元康五年十月戊午朔十日□直除，□民仁身死，命……当复地上生人。青乌子、北辰，诏令死者［自］［受］［其］［央］，罚不加□［两］，□［移］央转咎，远与他乡，一两粟代之。如律令！

元康五年（295）十月□民仁镇墓文摹本②

据甘肃省文物考古研究所等《敦煌祁家湾》，第 103—104 页；［日］关尾史郎编《镇墓文集成（稿）》，第 16 页；摹本《敦煌祁家

---

① 甘肃省文物考古研究所等：《敦煌祁家湾》，文物出版社 1994 年版，第 103 页。
② 同上。

湾》第 103 页图七二之 2。

元康六年（296）正月窦秉镇墓文

敦煌祁家湾 85DQM210：8 斗瓶，灰色，圆曲腹，斜直领侈口。口径 4.8 厘米、底径 3.6 厘米、高 6.4 厘米。镇墓文前有一大朱点，肩腹部朱书纪年镇墓文 13 行 62 字：

> 元康六年正月丙辰朔六日甲子直开，窦秉之身死，今下斗瓶、五谷、铅人，用当复地上生人，青乌子、北辰，诏令死者自受其央，罚不加两，移央咎，远与他乡。如律令！

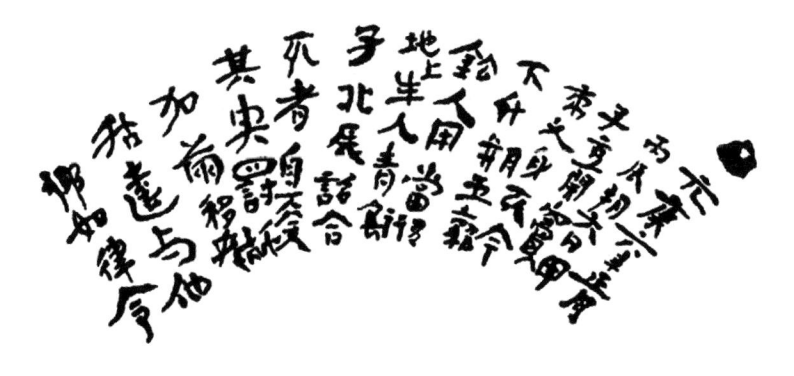

元康六年（296）正月窦秉镇墓文摹本①

据甘肃省文物考古研究所等《敦煌祁家湾》，第 121—122 页；[日] 关尾史郎编《镇墓文集成（稿）》，第 18 页；摹本《敦煌祁家湾》第 121 页，图八一之 1。

元康七年（297）八月陈小晴镇墓文（一）

敦煌新店台 87DXM152：14 斗瓶，陶质，敛口，直唇，斜肩直腹，大平底；口径 4.1 厘米、底径 6.4 厘米、高 9 厘米；腹部有墨书镇墓文 14

---

① 甘肃省文物考古研究所等：《敦煌祁家湾》，文物出版社 1994 年版，第 121 页。

行，文字清晰可辨，计55字：

元康七年八月廿八日癸卯日死。乡［卿］自薄命蚤［早］终，不传［得］相注误［忤］，不得注母，亦不得注兄弟、妻子，诸及来者，皆不相注。地下事，皆讨［罚］陈小晴。如律令！

元康七年陈小晴镇墓瓶（敦煌博物馆藏，贾小军摄）

据张勋燎、白彬《中国道教考古》（第一卷），线装书局2006年版，第395—396页。

元康七年（297）八月陈小晴镇墓文（二）

敦煌新店台87DXM152：15斗瓶，侈口，斜唇，直腹，大平底；口径4.5厘米、底径4.2厘米、高8.6厘米；腹部有墨书镇墓文15行，文字有残泐，存55字：

元康七年八月廿八日水卯日死。卿自薄命蚤终，不得相注误［忤］，不得注母，亦不得注兄弟、妻子，诸及来者，皆不得相注误［忤］。地下事，皆讨［罚］陈小晴。如律□［令］！

据张勋燎、白彬《中国道教考古》（第一卷），线装书局2006年版，第396—397页；吴浩军《河西镇墓文丛考（二）——敦煌墓葬文献研究系列之五》，《敦煌学辑刊》2014年第3期。

永安元年（304）八月韩治镇墓文

敦煌新店台82DXM40之一：斗瓶，陶质，直口，尖圆唇，方圆肩，直腹。腹部有朱书镇墓文，稍残，存59字：

> 永安元年八月丙寅朔十一日丙子直□，大男韩治，汝身死，适值八魁九坎，厌解天注、月注、日注、地注、岁注、注□□，千秋□[万]岁，不得相忤，便利生人，各如天。如律令！

据敦煌县博物馆考古组、北京大学考古实习队《记敦煌发现的西晋十六国墓葬》，《敦煌吐鲁番文献研究论集》第四辑，北京大学出版社1987年版，第629页；[日]关尾史郎编《镇墓文集成（稿）》，第21页；王素、李方《魏晋南北朝敦煌文献编年》，第70—71页；吴浩军《河西镇墓文丛考（二）——敦煌墓葬文献研究系列之五》，《敦煌学辑刊》2014年第3期。

永兴三年（306）赵诩镇墓文

敦煌新店台87DXM165：18斗瓶，陶质，侈口，鼓腹，小平底；口径5厘米、底径4.3厘米、高5.4厘米；朱书镇墓文15行，文字保存完好，共66字：

> 赵诩身死，今下什[斗]瓶、五谷、黑豆、荔子、铅人，用当重复千[生]人。青乌子敢言[告]北臣[辰]，诏令史[使]今死者以受其罪，[罚]不加两，移殃转给[咎]，远与他乡。生者以天为界，死者以地为界。各如律令！

据张勋燎、白彬《中国道教考古》（第一卷），线装书局2006年版，第399—400页；［日］关尾史郎《敦煌新出镇墓瓶初探——〈中国西北地域出土镇墓文集成（稿）〉补遗（续）》，西北出土文献研究会《西北出土文献研究》（第9号），2011年，第61—85页；吴浩军《河西镇墓文丛考（二）——敦煌墓葬文献研究系列之五》，《敦煌学辑刊》2014年第3期。

永兴三年（306）赵苑芝镇墓文（一）

敦煌新店台87DXM165：20斗瓶，敛口，圆腹，平底；口径4厘米、底径5.8厘米、高7.2厘米；镇墓文后半文字残泐，存8行，每行5—9字：

永兴三［二］庚申朔二日辛酉，女子赵苑芝之家身死，自不得［时］，适值八魁九讯［坎］。厌解天注、地注、月注、日注、时注。身［生］死各异路，千秋不相管，不得相注以［忤］。□……［如］［律］［令］！

据张勋燎、白彬《中国道教考古》（第一卷），线装书局2006年版，第397—398页；［日］关尾史郎《敦煌新出镇墓瓶初探——〈中国西北地域出土镇墓文集成（稿）〉补遗（续）》，西北出土文献研究会《西北出土文献研究》（第9号），2011年，第61—85页；吴浩军《河西镇墓文丛考（二）——敦煌墓葬文献研究系列之五》，《敦煌学辑刊》2014年第3期。

永兴三年（306）赵苑芝镇墓文（二）

敦煌新店台87DXM165：22斗瓶，陶质，侈口，无肩，直腹，平底；口径4厘米、底径5厘米、高6.7厘米；镇墓文残泐严重，存8行，文曰：

……，……身死。今下什［斗］瓶、五谷、黑豆、荔子、铅人，用当重复千［生］人。□□□千□□……之……令！

据张勋燎、白彬《中国道教考古》（第一卷），线装书局2006年版，第398—399页；［日］关尾史郎《敦煌新出镇墓瓶初探——〈中国西北地域出土镇墓文集成（稿）〉补遗（续）》，［日］西北出土文献研究会《西北出土文献研究》（第9号），2011年，第61—85页；吴浩军《河西镇墓文丛考（二）——敦煌墓葬文献研究系列之五》，《敦煌学辑刊》2014年第3期。

永嘉二年（308）胡姜盈镇墓文

敦煌新店台87DXM105：9斗瓶，陶质，侈口细颈，斜肩直腹，平底；口径4.4厘米、底径5.6厘米、高6.7厘米；朱书镇墓文12行，文字清晰，计61字：

永嘉二年二月十九日甲午，女子胡盈姜身死。下斗瓶、五谷、铅人，用当福［复］地上生人。青乌子告北辰，诏令死者身受央，罚不得两加。移央传给［咎］，予［与］他乡。如律令！

据张勋燎、白彬《中国道教考古》（第一卷），线装书局2006年版，第400—401页；［日］关尾史郎《敦煌新出镇墓瓶初探——〈中国西北地域出土镇墓文集成（稿）〉补遗（续）》，［日］西北出土文献研究会《西北出土文献研究》（第9号），2011年，第61—85页；吴浩军《河西镇墓文丛考（二）——敦煌墓葬文献研究系列之五》，《敦煌学辑刊》2014年第3期。

永嘉三年（309）正月苏治镇墓文（一）

敦煌新店台82DXM4：1斗瓶，陶质，直口，尖圆唇，方圆肩，直腹；腹部有朱书镇墓文17行，文曰：

永嘉三年正月乙丑朔十五日乙丑直定，故吏苏治身死。今下斗瓶、五谷、铅人，用当复地上生人。青乌子、北辰，诏令死者自受其央，罚不两［加］加［两］，移［央］转咎，远与他乡。如律令！

永嘉三年（309）正月苏治镇墓文（一）（摹本）①

据敦煌县博物馆考古组、北京大学考古实习队《记敦煌发现的西晋十六国墓葬》，载《敦煌吐鲁番文献研究论集》第 4 辑，北京大学出版社 1987 年版，第 630、646 页；［日］关尾史郎编《镇墓文集成（稿）》，第 23 页；王素、李方《魏晋南北朝敦煌文献编年》，第 71—72 页；摹本敦煌县博物馆考古组、北京大学考古实习队《记敦煌发现的西晋十六国墓葬》图七之 9。

永嘉三年（309）正月苏治镇墓文（二）

敦煌新店台 82DXM4：2 斗瓶，陶质，直口，尖圆唇，方圆肩，直腹；腹部有朱书镇墓文 17 行，文曰：

永嘉三年正月乙丑朔十五日乙丑直定，故吏苏治身死。今下斗瓶、五谷、铅人，用当复地上生人。北辰诏令，死者自受其央，罚不满加，移央转咎，远与他乡。如律令！

---

① 敦煌县博物馆考古组、北京大学考古实习队：《记敦煌发现的西晋十六国墓葬》图七之 9，载《敦煌吐鲁番文献研究论集》第 4 辑，北京大学出版社 1987 年版，第 646 页。

据敦煌县博物馆考古组、北京大学考古实习队《记敦煌发现的西晋十六国墓葬》，载《敦煌吐鲁番文献研究论集》第4辑，第630页；[日]关尾史郎编《镇墓文集成（稿）》，第24页；王素、李方《魏晋南北朝敦煌文献编年》，第72页。

永嘉五年（311）三月樊氏镇墓文

酒泉市南郊三百户墓群斗瓶（现藏酒泉市博物馆），暂定编号08JSM1∶1。陶质，灰色；侈口，圆唇，颈微束，肩略鼓，直腹；口径8.5厘米、底径6.3厘米、高10.5厘米。肩腹以下朱书镇墓文12行，稍残，行6—13字，存216字：

永嘉五年三月□□□［直］除，樊氏家富仓□□□。星辰日月，自有纪纲。生人有里，死人有乡；死人入□，生人前行；死人却之，生人得长；死［人］属［阴］，生人属阳；生人□□，死人用藏；中祥外祥，客死不莖。兵死、星死、乳死□之鬼，□□□［不］祥。丘丞暮［墓］伯，□□□□；□惑注鬼，土气之虚；相绍远去，各归部署；天帝之神，当居汝处。

敢告仓林君、武帝王、东冢伯、西冢□［侯］、地下二千石，急赦除樊氏□冢，生人过適削除，文□。樊氏之冢，舍□蒽□□，□氏束缚，归其魂魄金□□□，可分君粮，铅人免□□□□耳，死人异路，不得相□□□侵，不得相害，汝欲□□□［有所为］，段鸡子雏鸣、五谷□□［死生］、□［铅］人腐，乃得相闻。如律□［令］！

据杨永生主编《酒泉宝鉴——馆藏文物精选》，甘肃文化出版社2012年版，第52页；吴浩军《河西镇墓文丛考（二）——敦煌墓葬文献研究系列之五》，《敦煌学辑刊》2014年第3期。

永嘉五年（311）樊氏镇墓罐①

建兴元年（313）吕来业镇墓文

敦煌祁家湾85DQM320：22 斗瓶，灰色；口径3.4厘米、底径6.2厘米、高6.5厘米。肩腹朱书镇墓文多已漫漶不清，现存9行49字：

建兴元年□……□□□死者……□□于郭父子年□□□人。得会□□，吕来业汝自薄命，寿终身死，□八魁九坎，□□［远］与他乡。□［如］律令！

据甘肃省文物考古研究所等《敦煌祁家湾》，第106页；［日］关尾史郎编《镇墓文集成（稿）》，第25页。

建兴二年（314）闰［十］月吕轩女镇墓文（一）

敦煌祁家湾85DQM319：12 斗瓶，灰色。口径4.6厘米、底径5.1厘米、高6.8厘米。口沿画14道朱书线条，腹部朱书纪年镇墓文11行

---

① 杨永生主编：《酒泉宝鉴——馆藏文物精选》，甘肃文化出版社2012年版，第52页。

59字：

> 建兴二年闰月一日丁卯，女子吕轩女之身死，适治八魁九坎，厌解天注、地注、岁注、月注、日注、时注，生死各异路，千秋万岁，不得相注忤，便利生人。如律令！

据甘肃省文物考古研究所等《敦煌祁家湾》，第106—107页；[日] 关尾史郎编《镇墓文集成（稿）》，第27页；王素、李方《魏晋南北朝敦煌文献编年》，第76页；摹本《敦煌祁家湾》第107页图七四之2。

建兴二年（314）闰[十]月吕轩女镇墓文（一）摹本①

建兴二年（314）闰[十]月吕轩女镇墓文（二）
敦煌祁家湾85DQM319：13斗瓶，灰色。口径4.5厘米、底径6.4厘米、高6.4厘米。腹部朱书纪年镇墓文曰：

> 建兴二年闰月一日丁卯，女子吕轩女之身死，适治八魁九坎，厌解天注、地注、岁注、月注、日注、时注，生死各异路，千秋万岁，不得相注忤，便利生人。如律令！

据甘肃省文物考古研究所等《敦煌祁家湾》，第106—107页；

---

① 甘肃省文物考古研究所等：《敦煌祁家湾》，文物出版社1994年版，第107页。

[日] 关尾史郎编《镇墓文集成（稿）》，第 28 页。

建兴四年（316）十一月徐男□镇墓文

敦煌祁家湾 85DQM364：11 斗瓶，灰色。束颈溜肩，腹微弧。口径 3.8 厘米、底径 6.8 厘米、高 8.4 厘米。肩腹部朱书纪年镇墓文现存 7 行 58 字：

建兴四年十一月廿六日庚戌，女子徐男□之□［身］死，適治八鬼［魁］九坎，□□天注、地注、岁注、……注，□□生死各□［异］□［路］，□［千］秋万岁，不得相注忤，便利生人。如律令！

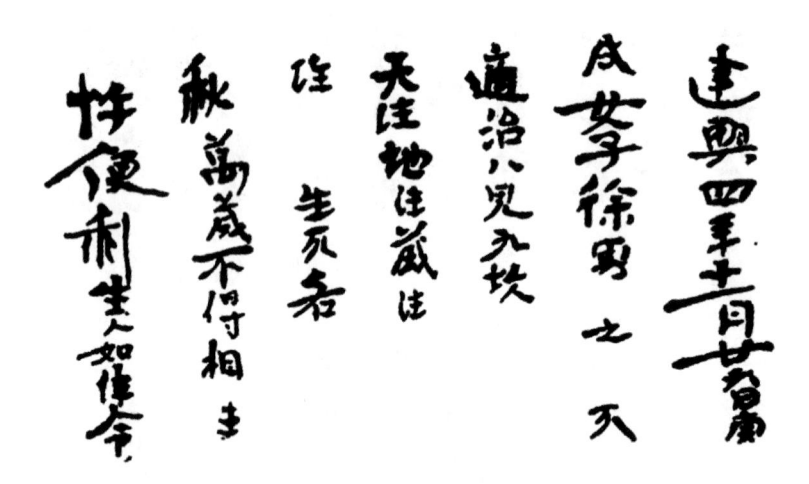

建兴四年（316）十一月徐男□镇墓文摹本①

据甘肃省文物考古研究所等《敦煌祁家湾》，第 104 页；［日］关尾史郎编《镇墓文集成（稿）》，第 29 页；摹本《敦煌祁家湾》第 105 页图七三之 1。

---

① 甘肃省文物考古研究所等：《敦煌祁家湾》，文物出版社 1994 年版，第 105 页。

永嘉十三年（319）韩某镇墓文（一）

敦煌新店台87DXM179：1斗瓶，出土时已破碎，器形不可复原；瓶身朱书镇墓文，写法特别，由瓶底向上倒书；残存文字8行，行存2—7字：

永嘉十三年□□里韩□身□[死]。□[今]下斗瓶、五谷、铅人，用生者当[用当生者]。□□☒代钳上言□□☒□☒□二百☒□女子□□二百☒□□□☒。

据张勋燎、白彬《中国道教考古》（第1卷），第404—406页；[日]关尾史郎《敦煌新出镇墓瓶初探——〈中国西北地域出土镇墓文集成（稿）〉补遗（续）》，第67—68页；吴浩军《河西镇墓文丛考（二）——敦煌墓葬文献研究系列之五》，《敦煌学辑刊》2014年第3期。

永嘉十三年（319）韩某镇墓文（二）

敦煌新店台87DXM179：2斗瓶，出土时已破碎，器形不可复原；残片显示，肩腹部墨书镇墓文，存21字：

天注、地注、日注、月注、火注、水注、四注、土注、非注、五神注。

据张勋燎、白彬《中国道教考古》（第1卷），第406—407页；[日]关尾史郎《敦煌新出镇墓瓶初探——〈中国西北地域出土镇墓文集成（稿）〉补遗（续）》，第67—68页；吴浩军《河西镇墓文丛考（二）——敦煌墓葬文献研究系列之五》，《敦煌学辑刊》2014年第3期。

建兴九年（321）三月张雪光镇墓文

敦煌新店台87DXM156：5斗瓶，陶质，侈口，圆肩，鼓腹，平底，口径4.6厘米、底径5.9厘米、高6.6厘米，朱书镇墓文14行，行3—7字，共59字：

建兴九年三月庚寅［申］朔廿五日甲申直除［定］，大女张雪光今囗［身］死。重复之日，生者软［谋］议负担，谨以桐人、铅人，广肩大背，可以自代。天注以解，不得相注件。如律令！

据张勋燎、白彬《中国道教考古》（第1卷），第407—410页；［日］关尾史郎《敦煌新出镇墓瓶初探——〈中国西北地域出土镇墓文集成（稿）〉补遗（续）》，第61—85页；吴浩军《河西镇墓文丛考（三）——敦煌墓葬文献研究系列之五》，《敦煌学辑刊》2015年第1期。

建兴九年（321）十月顿盈姜镇墓文

敦煌祁家湾85DQM208：29斗瓶，灰色，颈微束，折肩直腹。口径5厘米、底径5.8厘米、高6.8厘米。腹部朱书纪年镇墓文10行50字：

建兴九年十月七日壬辰，女子顿盈姜之身死。今下斗瓶、五谷、铅人，用目［当］福［复］地上生人，青乌子告北辰，诏令死者，自受其央。如律令！

建兴九年（321）十月顿盈姜镇墓文摹本①

---

① 甘肃省文物考古研究所等：《敦煌祁家湾》，文物出版社1994年版，第105页。

据甘肃省文物考古研究所等《敦煌祁家湾》，第106页；[日] 关尾史郎编《镇墓文集成（稿）》，第32页；摹本《敦煌祁家湾》第105页图七三之3。

建兴十年（322）邓氏之妇镇墓文

安西县（今瓜州县）疏勒河魏晋墓暂编98ASM9：1斗瓶，呈高柄灯状，灯碗呈斜腹钵状，柄呈八棱柱状，柄座一体，实心，口径5.3厘米、底径7厘米、高11厘米，灯柄8个棱面上除最后一棱为一道符外，其余7棱墨书镇墓文11行，存49字：

建兴十年三月八□，起天帝阴阳府邓氏之妇，字□□。死值八开[魁]九坎，□□之日，令下青乌□[子]，斗瓶、五谷，□当重复□□□□注□□□□阳之注五□□如法，不得相□。急急如律令！

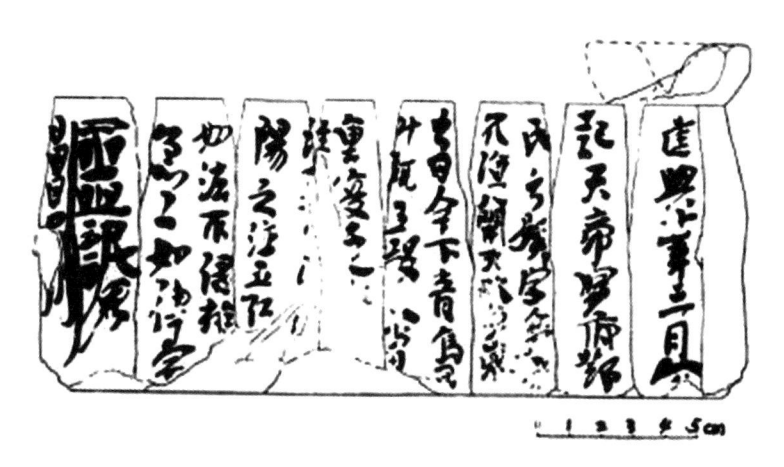

建兴十年（322）邓氏之妇镇墓文摹本①

据甘肃省文物考古研究所《甘肃疏勒河魏晋墓发掘简报》，《陇

---

① 甘肃省文物考古研究所：《甘肃疏勒河魏晋墓发掘简报》，《陇右文博》2002年第1期。

右文博》2002 年第 1 期；摹本甘肃省文物考古研究所《甘肃疏勒河魏晋墓发掘简报》图八。

建兴十三年（325）五月阎芝镇墓文（一）

敦煌新店台 87DXM135：1 斗瓶，侈口，斜腹，平底，口径 5 厘米、底径 7 厘米、高 5.3 厘米，肩腹部墨书镇墓文，残泐严重，存 21 行，行 1—9 字。

建兴十三年五月丙子朔四日己卯，效谷东乡□□里民大女□［阎］□［芝］身死。今得初移□□□之下寅千年田，上至仓［苍］天，下至黄泉，天地至广……即不……自…………□□生□□□□生□丹（瓦?）狗能□……狗□□□□。前朱雀，后玄武……□□讼［诏?］。如律令！

据［日］关尾史郎《敦煌新出镇墓瓶初探——〈中国西北地域出土镇墓文集成（稿）〉补遗（续）》，第 61—85 页；吴浩军《河西镇墓文丛考（三）——敦煌墓葬文献研究系列之五》，《敦煌学辑刊》2015 年第 1 期。

建兴十三年（325）五月阎芝镇墓文（二）

敦煌新店台 87DXM135：2 斗瓶，侈口、短颈、圆肩、直腹、平底，口径 4.5 厘米、底径 5.1 厘米、高 6.5 厘米，肩腹朱书镇墓文 16 行，文字有残泐，存 74 字：

建兴十三年五月丙子朔四月己卯，效谷东乡□□里民大女阎芝身死，今得初移□之下寅件细，上至苍天，下至黄泉，天地吏出广土，长入地，自受伐［罚］。自今以告戒，附棺郭及酒钱入用，□即不得□朔失受□。

据［日］关尾史郎编《镇墓文集成（稿）》，第 24 页；王素、李方《魏晋南北朝敦煌文献编年》，第 79 页。

按：本件张勋燎、白彬《中国道教考古》（第 1 卷，第 412—415 页）录文与吴浩军《河西镇墓文丛考（三）——敦煌墓葬文献研究系列之五》（《敦煌学辑刊》2015 年第 1 期）描述颇有出入，今移录如下：

建兴十三年五月丙子朔四日己卯，效谷东乡……女阎芝身死。□□……□□之下寅仵细件，上至仓［苍］天，下至黄泉，天地吏之广土，长入地，自受伐［罚］。自今以告伐［罚］，即不得朔［诉］失受［寿］。自附棺椁及酒，铅人［能］行，人参能语，黑豆生英，桃李生荕，丹［瓦？］狗能吠，五谷自瓯。用何为信？丹誉［书？］。前朱雀，后玄武，仓独丹［左青龙］，□武帝［右白虎］，五天帝诙［诏］。如律令！

建兴十七年（329）四月郭綦香镇墓文（一）

敦煌新店台 87DXM187：9 斗瓶，侈口，斜腹，平底，口径 4.2 厘米、底径 5 厘米、高 6.4 厘米，肩腹部墨书镇墓文，字多脱落，残文曰：

建兴十七年四月癸酉朔二日甲戌直危，大女西［乡］郭綦香死。命□□□自□以告，生人前□［行］，□□利市□……………□……受……□□……

据张勋燎、白彬《中国道教考古》（第 1 卷），第 418—420 页。

建兴十七年（329）四月郭綦香镇墓文（二）

敦煌新店台 87DXM187：10 斗瓶，侈口，圆肩，弧腹，平底，口径 5.2 厘米、底径 5 厘米、高 6.6 厘米，肩腹墨书镇墓文 13 行曰：

建兴十七年四月癸酉朔一日癸酉直执，大女西乡郭慕香，今死终。自今已□［后］，生人之郡行，死者封之，生死异路，各不与相注。移除注：月注、日注、举注、行注、□注。□□直言。急急如律令！

据张勋燎、白彬《中国道教考古》（第 1 卷），第 417—418 页；王素、李方《魏晋南北朝敦煌文献编年》，第 79—80 页；[日]关尾史郎编《镇墓文集成（稿）》，第 35 页。

建兴十七年（329）八月某人镇墓文

敦煌新店台 82DXM67 墓斗瓶，侈口，方圆肩，直腹；腹部有墨书镇墓文，文曰：

建兴十七年八月辛未朔六日丙子直死［平］，敦煌效谷东乡□山里□犯□家□□男□□子□［身］死。今下□［斗］□［瓶］、五谷、铅人□□□里后人地上生人，青乌子、北辰，□［诏］令□□□

据敦煌县博物馆考古组、北京大学考古实习队《记敦煌发现的西晋十六国墓葬》，《敦煌吐鲁番文献研究论集》第 4 辑，第 630 页；王素、李方《魏晋南北朝敦煌文献编年》，第 80 页；[日]关尾史郎编《镇墓文集成（稿）》，第 36 页；吴浩军《河西镇墓文丛考（三）——敦煌墓葬文献研究系列之五》，《敦煌学辑刊》2015 年第 1 期。

建兴十八年（330）六月郭□子镇墓文

敦煌祁家湾 DQM328：2 斗瓶，灰黄色。弧腹亚腰底。口径 4.8 厘米、底径 5.8 厘米、高 6.5 厘米。肩腹部朱书纪年镇墓文 14 行 61 字：

建兴十八年六月丙寅朔三日戊未直定，西郭☐子之身，汝自薄命早终，算尽寿穷，汝自生☐☐苦莫相念，乐莫相思，别无令死者注仵生人，千秋万岁。如律令！

建兴十八年（330）六月郭☐子镇墓文摹本①

据甘肃省文物考古研究所等《敦煌祁家湾》，第 107—108 页；张勋燎、白彬《中国道教考古》（第 1 卷），第 420—422 页；［日］关尾史郎编《镇墓文集成（稿）》，第 29 页；摹本《敦煌祁家湾》第 103 页图七二之 1。

建兴十九年（331）七月李兴初镇墓文（一）

敦煌新店台 87DXM176：1 斗瓶，口径 5 厘米、底径 5.2 厘米、高 7 厘米；肩腹部墨书镇墓文 15 行，文字清晰，计 102 字：

建兴十九年七月庚申朔十七日丙子直定，敦煌郡效谷县东乡延寿里大男李兴初，年卅四身死，酌央八开［魁］九讯［坎］。今下斗瓶、黑豆、鸡子、五谷、铅人用。生者当重复，死者解除忧，死者自受其殃，不得注地上生人。使青鸟子告北辰［诏］，罚不加两，除殃转［咎］，［远］与他乡。急急如律令！

据王素、李方《魏晋南北朝敦煌文献编年》，第 83 页；张勋燎、

---

① 甘肃省文物考古研究所等：《敦煌祁家湾》，文物出版社 1994 年版，第 103 页。

白彬《中国道教考古》（第 1 卷），第 423—424 页；[日] 关尾史郎编《镇墓文集成（稿）》，第 38 页。

建兴十九年（331）七月李兴初镇墓文（二）

敦煌新店台 87DXM176：11 斗瓶，侈口，圆肩，平底；口径 4.6 厘米，底径 5 厘米，高 6.2 厘米；肩腹墨书镇墓文 15 行，文字清晰，计 103 字：

建兴十九年七月庚申朔十七日丙子直定，敦煌郡效谷县东乡延寿里大男李兴初，年卅四身死，酌央八开[魁]九讯[坎]。今下斗瓶、黑豆、鸡子、五谷、铅人用。生者当重复，死者解除忧，死者自受其殃，不得注地上生人。使青乌子告北辰[诏]，罚不加两，除殃转[咎]，远与他乡。急急如律令！

据张勋燎、白彬《中国道教考古》（第 1 卷），第 422—423 页；[日] 关尾史郎编《镇墓文集成（稿）》，第 38 页。

建兴二十五年（337）二月赵季波镇墓文

敦煌新店台 82DXM31 墓斗瓶，陶质，侈口，方圆肩，直腹；腹部墨书镇墓文曰：

建兴廿五年二月十二日戊辰，赵氏之家得死男子季波之身死，天注、地注、年注、岁注、月注、日注、时注。生死异路，千秋万岁，不得相注忤。急急如律令！

据敦煌县博物馆考古组、北京大学考古实习队《记敦煌发现的西晋十六国墓葬》，第 630 页；王素、李方《魏晋南北朝敦煌文献编年》，第 83 页；[日] 关尾史郎编《镇墓文集成（稿）》，第 39 页。

建兴二十六年（338）正月□黑奴镇墓文（一）

敦煌新店台82DXM33：1 斗瓶，陶质，侈口，方圆肩，直腹；腹部有朱书镇墓文：

建兴廿六年正月壬午朔十九［六］日丁酉直□［危］，之妻黑奴之身死。今下斗瓶、五谷、铅人，用当复地上，青乌子告北辰，诏□□令死者自受其殃，□［罚］□［不］□［加］□［两］，移央转［咎］，远与他乡。如律令！

据敦煌县博物馆考古组、北京大学考古实习队《记敦煌发现的西晋十六国墓葬》，第630页；王素、李方《魏晋南北朝敦煌文献编年》，第84页；［日］关尾史郎编《镇墓文集成（稿）》，第41页；吴浩军《河西镇墓文丛考（三）——敦煌墓葬文献研究系列之五》，《敦煌学辑刊》2015年第1期。

建兴二十六年（338）正月□黑奴镇墓文（二）

敦煌新店台82DXM33：2 斗瓶，陶质，侈口，方圆肩，直腹；腹部有朱书镇墓文：

建兴廿六年正月壬午朔十九日丁酉直□，之妻黑奴之身死，今下斗瓶、五谷、铅人，用当复地上，青乌子告北辰，诏□□令死者自受其殃，□［罚］□［不］□［加］□［两］，移央转［咎］，远与他乡。如律令！

据敦煌县博物馆考古组、北京大学考古实习队《记敦煌发现的西晋十六国墓葬》，第630页；［日］关尾史郎编《镇墓文集成（稿）》，第42页。

建兴二十七年（339）三月傅长然镇墓文（一）

敦煌新店台82DXM65：1斗瓶，陶质，侈口，方圆肩，直腹；腹部有墨书镇墓文13行：

建兴廿七年三月丙子朔三日戊寅，傅长然身死，今下斗瓶、五谷、铅人，用当复地上、地下、青乌子、北辰，诏令死者自受其央，罚不两加，移央转咎，远置他乡。各如律令！

傅长然汝死，适值八魁九坎，当星四时，厌解天注、地注、岁注、月注、日注、时注，千秋万岁，不得相注忤。各〔如〕律令！

据敦煌县博物馆考古组、北京大学考古实习队《记敦煌发现的西晋十六国墓葬》，第630、646页；王素、李方《魏晋南北朝敦煌文献编年》，第86—87页；〔日〕关尾史郎编《镇墓文集成（稿）》，第43页；吴浩军《河西镇墓文丛考（三）——敦煌墓葬文献研究系列之五》，《敦煌学辑刊》2015年第1期；摹本敦煌县博物馆考古组、北京大学考古实习队《记敦煌发现的西晋十六国墓葬》图七之8，第646页。

建兴二十七年（339）三月傅长然镇墓文（一）摹本①

---

① 敦煌县博物馆考古组、北京大学考古实习队：《记敦煌发现的西晋十六国墓葬》图七之9，载《敦煌吐鲁番文献研究论集》第4辑，北京大学出版社1987年版，第646页。

建兴二十七年（339）三月傅长然镇墓文（二）

敦煌新店台82DXM65：2斗瓶，陶质，侈口，方圆肩，直腹；腹部有墨书镇墓文13行：

> 建兴廿七年三月丙子朔三日戊寅，傅长然身死，今下斗瓶、五谷、铅人，用当复地上、地下，青乌子、北辰，诏令死者自受其央，罚不两加，移央转咎，远置他乡。各如律令！
>
> 傅长然汝死，適值八魁九坎，当星四时，厌解天注、地注、岁注、月注、日注、时注，千秋万岁，不相注忤。各如律令！

建兴二十七年（339）三月傅长然镇墓瓶（敦煌博物馆藏，贾小军摄）

据王素、李方《魏晋南北朝敦煌文献编年》，第87页；[日]关尾史郎编《镇墓文集成（稿）》，第44页；吴浩军《河西镇墓文丛考（三）——敦煌墓葬文献研究系列之五》，《敦煌学辑刊》2015年第1期。

建兴二十八年（340）王群洛子解注文

香港中文大学文物馆藏武威磨嘴子出土松人木牍，窄长方形，长36.2厘米、宽9.6厘米、厚0.6厘米—1.2厘米，正面上部先凸刻木人像，再用墨笔粗线勾画五官、四肢、衣纹，两手笼袖拱于胸前，正中腰腹部分画一半圆形围腰，墨书"松人"二字。人像四周墨书文字，上方及左、右两方各一行，下方八行，除上方一行字由右向左之外，其余部分皆作由上向下书写。背面由上向下墨书七行文字，满布牍面。文字大部清晰可读，仅个别字迹模糊难以准确辨识。

饶宗颐《记建兴廿八年"松人"解除简》一文将木牍定为木简，所作该器铭释文云：简的中间，墨绘一人……上记"松人"二字，四周文字如下：

建兴二十八年十一月丙申朔，天帝使者合同，复重，拘校，八魁九坎，年望朔晦、东井七星。死者王群洛子所犯，柏人当之，西方有呼者，松人应之，地下有呼者，松人应之。生人有所□，当问柏人。洛子死注咎，松人当之，不得拘校复重父母兄弟妻子，欲复重酒，松、柏能言语，急急如律令。

上方记：
无拘校复重，松柏人当之。

两旁记：
日月时，拘校，复重，柏人当之。（右方）
岁墓年命，复重，松人当之。（左方）

背记：
建兴二十八年十一月丙申朔二日丁酉，（武威）北所住者谨为王氏之家解复。死者洛子，四时不食复重拘校，与生人相妨，故作松柏人以解咎殃。谨解：
东方甲乙之复，鬼令复五木，谨解。
西方庚辛之复，鬼令复五金，谨解。
南方丙丁之复，鬼令复五火，谨解。
北方壬癸之复，鬼令复五水，谨解。

中央戊己之复，鬼令复五土。无复兄弟妻子妇女孙息宗亲，无罚无负，齐一人止，急急如律令。

主人拘校复重，松人应之，死人罚谪作役，松人应之，六畜作役，松人应之，无复兄弟，无复妻子，若松人前却，不时应对，鞭苔［笞］三百，如律令。

右侧记：

二日丁酉直闭。①

建兴二十八年（340）"松人"解除简②

---

① （原注）饶宗颐：《记建兴廿八年"松人"解除简——汉"五龙相拘校"说》，《简帛研究》第二辑，第390—394页。

② 余欣：《神道人心：唐宋之际敦煌民生宗教社会史研究》，中华书局2006年版，图版2—7。

据连劭名《建兴廿八年"松人"解除简考述》,《世界宗教研究》1996 年第 3 期;张勋燎、白彬《中国道教考古》(第 1 卷),第 425—427 页。

建兴二十九年(341)八月万安镇墓文(一)

敦煌祁家湾 85DQM218:4 斗瓶,灰色。领微束,溜肩曲腹。口径 4 厘米、底径 5 厘米、高 5.4 厘米。肩腹墨书纪年镇墓文 10 行 35 字:

建兴廿九年八月辛酉朔廿二日壬午直□,青乌子[诏][令],万安者,汝铅人、五□[谷],解除百众。如律令!

建兴二十九年(341)八月万安镇墓文(一) 摹本①

据甘肃省文物考古研究所等《敦煌祁家湾》,第 109—110 页;王素、李方《魏晋南北朝敦煌文献编年》,第 87—88 页;张勋燎、白彬《中国道教考古》(第 1 卷),第 427—430 页;[日]关尾史郎编《镇墓文集成(稿)》,第 45 页;摹本《敦煌祁家湾》第 109 页图七五之 2。

建兴二十九年(341)八月万安镇墓文(二)

敦煌祁家湾 85DQM218:19 斗瓶,灰色。口径 4.3 厘米、底径 4.9 厘米、高 6.4 厘米。肩腹部墨书镇墓文 6 行 15 字:

---

① 甘肃省文物考古研究所等:《敦煌祁家湾》,文物出版社 1994 年版,第 109 页。

天注去，地注去，月注去，日注去。如律令！

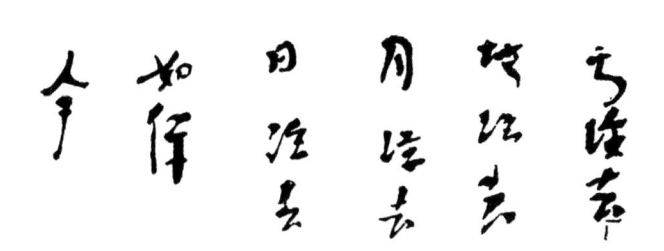

建兴二十九年（341）八月万安镇墓文（二）摹本①

据甘肃省文物考古研究所等《敦煌祁家湾》，第110页；王素、李方《魏晋南北朝敦煌文献编年》，第88页；[日]关尾史郎编《镇墓文集成（稿）》，第46页；摹本《敦煌祁家湾》第111页图七六之1。

建兴三十年（342）□佛女镇墓文

敦煌三危山出土斗瓶，陶质，墨书镇墓文曰：

☐地上生人，☐青乌子，诏令死者佛女自受其殃，……不加罪福☐，……远去他乡，不得复来。急急如律令！

据段文杰《道教题材是如何进入佛教石窟的——莫高窟二四九窟窟顶壁画内容探讨》，载《1983年全国敦煌学术讨论会文集·石窟·艺术编 上》，甘肃人民出版社1985年版，第13页；王素、李方《魏晋南北朝敦煌文献编年》，第284页；[日]关尾史郎编《镇墓文集成（稿）》，第47页。

建兴三十一年（343）三月吴仁姜镇墓文（一）

敦煌祁家湾85DQM356：12斗瓶，红色。口径4.3厘米、底径4.5厘米、高5.4厘米。自唇以下通体朱书镇墓文9行42字：

---

① 甘肃省文物考古研究所等：《敦煌祁家湾》，文物出版社1994年版，第111页。

卅一年三月八日，吴仁姜之身死，天注，適值八魁九坎，今下斗瓶、铅人、五谷，当重复仁姜正身，要注去。如律令！

建兴三十一年（343）三月吴仁姜镇墓文（一）摹本①

据甘肃省文物考古研究所等《敦煌祁家湾》，第110页；王素、李方《魏晋南北朝敦煌文献编年》，第88—89页；[日]关尾史郎编《镇墓文集成（稿）》，第48页；摹本《敦煌祁家湾》第111页图七六之3。

建兴三十一年（343）三月吴仁姜镇墓文（二）

敦煌祁家湾85DQM356：13斗瓶，青灰色。口径4.5厘米、底径4.4厘米、高5.1厘米。自唇下通体朱书纪年镇墓文9行43字：

卅一年三月八日，吴仁姜之身死，天注、地注、年注、岁注、月注、日注、时注，生死异路，千秋万岁。不得相注件。如律令！

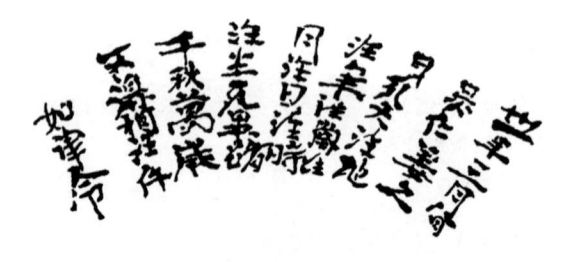

建兴三十一年（343）三月吴仁姜镇墓文（二）摹本②

---

① 甘肃省文物考古研究所等：《敦煌祁家湾》，文物出版社1994年版，第111页。
② 同上。

据甘肃省文物考古研究所等《敦煌祁家湾》，第110页；王素、李方《魏晋南北朝敦煌文献编年》，第89页；［日］关尾史郎编《中国西北地域出土镇墓文集成（稿）》，第49页；摹本《敦煌祁家湾》第111页图七六之2。

建兴三十七年（349）正月某人镇墓文

敦煌祁家湾 M351：10 斗瓶，青色。口径 3.6 厘米、底径 3.8 厘米、高 5 厘米。腹部朱书纪年镇墓文，现可辨 5 行 29 字：

卅七年正月己□朔五日壬戌，……他乡，各奉天清□□，便利生人。急急如律令！

（建兴）卅七年（349）正月侯去疾镇墓文摹本①

据甘肃省文物考古研究所等《敦煌祁家湾》，第112—114页；王素、李方《魏晋南北朝敦煌文献编年》，第91页；［日］关尾史郎编《镇墓文集成（稿）》，第50页；摹本《敦煌祁家湾》第113页图七七之4。

建兴三十七年（349）侯去疾镇墓文

敦煌祁家湾 85DQM351：24 斗瓶，灰黄色，未烧制。侈口，小平沿，尖圆唇，口径 4.7 厘米、底径 5 厘米、高 6.3 厘米。腹部墨书镇墓文 9 行

---

① 甘肃省文物考古研究所等：《敦煌祁家湾》，文物出版社1994年版，第113页。

26字：

疾去！疾去！如注，自天注、地注、月注、日注、时时注、生注、死注、人注、鬼注。

建兴三十七年（349）某人镇墓文摹本①

按：本件与前述"（建兴）卅七年（349）某人镇墓文"同出一墓，故系于（建兴）卅七年（349）。

据甘肃省文物考古研究所等《敦煌祁家湾》，第112页；[日]关尾史郎编《镇墓文集成（稿）》，第125页；张勋燎、白彬《中国道教考古》（第1卷），第436—438页；摹本《敦煌祁家湾》第113页图七七之1。

建兴四十六年（358）正月傅女芝镇墓文

敦煌新店台82DXM64墓斗瓶，侈口，方圆肩，直腹；腹部有墨书镇墓文，字迹稍残，存79字：

建兴卌六年正月丙辰朔五日庚申直□［危］，之□傅女芝，汝自薄命早终，□［算］尽寿穷，汝死，见重复八魁九坎，太山长阅，

---

① 甘肃省文物考古研究所等：《敦煌祁家湾》，文物出版社1994年版，第113页。

死者傅女芝，自往应之。苦莫想念，乐莫相思，从别以后，□［无］□［令］死者注□［怵］□［生］人，祠社腊伏，□□□千里［秋］□［万］岁，乃复得□。如律令！

据敦煌县博物馆考古组、北京大学考古实习队《记敦煌发现的西晋十六国墓葬》，载《敦煌吐鲁番文献研究论集》第四辑，第630页；王素、李方《魏晋南北朝敦煌文献编年》，第92页；［日］关尾史郎编《镇墓文集成（稿）》，第52页；吴浩军《河西镇墓文丛考（四）——敦煌墓葬文献研究系列之五》，《敦煌学辑刊》2015年第3期。

升平十二年（368）二月郭遥黄镇墓文

敦煌祁家湾85DQM349：3斗瓶，灰黄色，未烧制。圆唇，鼓肩，斜直腹。口径4.9厘米、底径5.3厘米、高6.6厘米。肩腹墨书纪年镇墓文12行64字：

升平十二年二［正］月戊午朔十二日乙［己］巳直除［平］，郭遥黄之身死。今下斗瓶、五谷、铅人，用当［复］地上生人，青乌子、北辰，诏令死者，自受殃，罚不加两，移殃转咎，远与他乡。如律令！

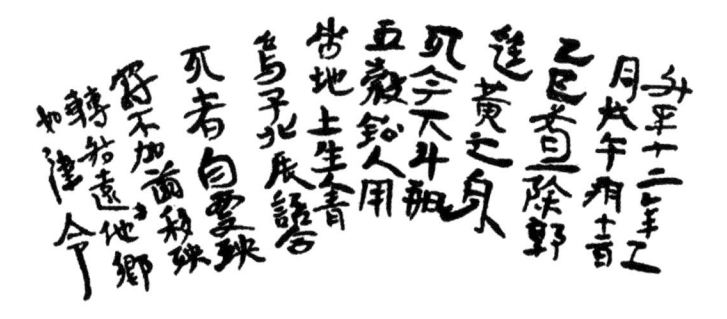

升平十二年（368）二月郭遥黄镇墓文摹本①

---

① 甘肃省文物考古研究所等：《敦煌祁家湾》，文物出版社1994年版，第113页。

据甘肃省文物考古研究所等《敦煌祁家湾》，第112页；王素、李方《魏晋南北朝敦煌文献编年》，第92—93页；[日]关尾史郎编《镇墓文集成（稿）》，第53页；吴浩军《河西镇墓文丛考（四）——敦煌墓葬文献研究系列之五》，《敦煌学辑刊》2015年第3期；摹本《敦煌祁家湾》第113页图七七之2。

升平十三年（369）闰月氾心容镇墓文（一）

敦煌新店台60DXM1：26陶罐，圆唇，短颈，直腹，墨书镇墓文6行，计23字：

升平十三年闰月甲子朔廿一壬寅，张弘妻氾心容，五谷瓶。

升平十三年（369）闰月氾心容镇墓文（一）摹本①

据敦煌文物研究所考古组《敦煌晋墓》，《考古》1974年第3期；张勋燎、白彬《中国道教考古》（第1卷），第440—441页；王素、李方《魏晋南北朝敦煌文献编年》，第93—94页；[日]关尾史郎编《镇墓文集成（稿）》，第56页；摹本敦煌文物研究所考古组《敦煌晋墓》图一三之1。

---

① 敦煌文物研究所考古组：《敦煌晋墓》，《考古》1974年第3期。

升平十三年（369）闰月氾心容镇墓文（二）

敦煌新店台60DXM1：27陶罐，圆唇，短颈，直腹，墨书镇墓文7行，计24字：

升平十三年闰月甲子朔廿一日壬寅，张弘妻氾心容，盛五谷瓶。

升平十三年（369）闰月氾心容镇墓文（二）摹本①

据敦煌文物研究所考古组《敦煌晋墓》，《考古》1974年第3期；张勋燎、白彬《中国道教考古》（第1卷），第440—443页；王素、李方《魏晋南北朝敦煌文献编年》，第94—95页；[日]关尾史郎编《镇墓文集成（稿）》，第57页；摹本敦煌文物研究所考古组《敦煌晋墓》图一三之2。

升平十三年（369）闰月氾心容镇墓文（三）

敦煌新店台60DXM1：4陶钵，已残，墨书镇墓文存8行：

天注、地注、……氾（？）注、立注、獨注、风注、火注、人注。

---

① 敦煌文物研究所考古组：《敦煌晋墓》，《考古》1974年第3期。

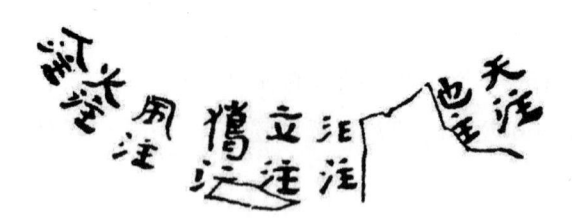

升平十三年（369）闰月氾心容镇墓文（三）摹本①

据敦煌文物研究所考古组《敦煌晋墓》，《考古》1974年第3期；张勋燎、白彬《中国道教考古》（第1卷），第442—445页；王素、李方《魏晋南北朝敦煌文献编年》，第95页；[日]关尾史郎编《镇墓文集成（稿）》，第58页；摹本敦煌文物研究所考古组《敦煌晋墓》图一三之3。

建元六年（370）九月魏得昌镇墓文

敦煌祁家湾DQM371：5斗瓶，灰黄色泥胎，未烧制。口径4厘米、底径4.4厘米、高6厘米，自颈以下朱书纪年镇墓文12行58字：

建元六年九月廿日己午，魏得昌身死。今下斗瓶、五谷、铅人，用当重复地上生人，青[乌]子、北辰，诏令死者，自受其殃，罚不加两，移殃咎，远与他里里。如律令！

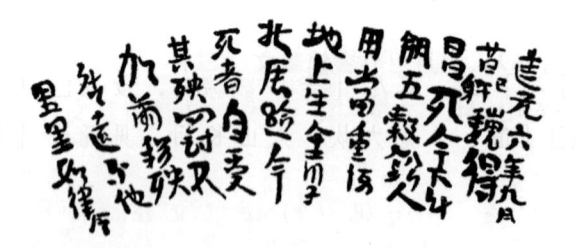

建元六年（370）九月魏得昌镇墓文摹本②

---

① 敦煌文物研究所考古组：《敦煌晋墓》，《考古》1974年第3期。
② 甘肃省文物考古研究所等：《敦煌祁家湾》，文物出版社1994年版，第113页。

据甘肃省文物考古研究所等《敦煌祁家湾》，第114页；王素、李方《魏晋南北朝敦煌文献编年》，第89—90页；[日]关尾史郎编《镇墓文集成（稿）》，第59页；摹本《敦煌祁家湾》第113页图七七之3。

建元六年（370）某人镇墓文
敦煌新店台82DXM20墓斗瓶，陶质，侈口，方圆肩，直腹；腹部有墨书镇墓文：

建元六…………九坎，自………注、土注、地注、日注、月注、时注、风注、火注。生人前行，死者却步，不得□注□，应去之。如律令！

据敦煌县博物馆考古组、北京大学考古实习队《记敦煌发现的西晋十六国墓葬》，第630—631页；王素、李方《魏晋南北朝敦煌文献编年》，第90—91页；[日]关尾史郎编《镇墓文集成（稿）》，第61页。

咸安五年（375）十月姬令熊镇墓文（一）
敦煌佛爷庙湾80DFM3：13斗瓶，陶质，朱书镇墓文21行，稍残，文曰：

咸安五年十月癸酉朔，[姬]令[熊]死。日不时，□[汝]自薄命□[早]终，算尽[寿][穷]，汝死□［之］□[日]，□[适]□[值]八魁九坎，太山长问，见死者[姬]令[熊]，自往应之。□苦莫相念，乐莫相思。□别以后，无□[令]死者注□□□，祠腊社伏，万秋千世，死者乃复得会。如律令！

据甘肃省敦煌县博物馆《敦煌佛爷庙湾五凉时期墓葬发掘简报》，《文物》1983年第10期；张勋燎、白彬《中国道教考古》（第1卷），第447—449页；王素、李方《魏晋南北朝敦煌文献编年》，第 98—99 页；[日] 关尾史郎编《镇墓文集成（稿）》，第 62 页；摹本甘肃省敦煌县博物馆《敦煌佛爷庙湾五凉时期墓葬发掘简报》图一八。

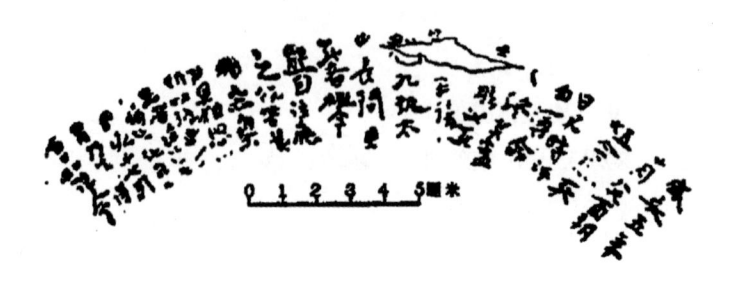

咸安五年（375）十月姬令熊镇墓文（一）摹本①

咸安五年（375）十月姬令熊镇墓文（二）

敦煌佛爷庙湾 80DFM3：14 斗瓶，陶质，朱书镇墓文存 19 行，字多漫漶不清：

咸安五年十月□□□，[姬]令□[熊]□[汝]□[自]薄命早终，□[算]尽寿穷。汝死，见□复□□八魁九坎，太山问。□死□□□□□□□□□□□□□□□□□□□□□□□□□□□□□□□□□□□□得□。□□□如律令！

据甘肃省敦煌县博物馆《敦煌佛爷庙湾五凉时期墓葬发掘简报》，《文物》1983 年第 10 期；王素、李方《魏晋南北朝敦煌文献编年》，第 99 页；[日] 关尾史郎编《镇墓文集成（稿）》，第 63 页。

咸安五年（375）十月姬令熊镇墓文（三）

敦煌佛爷庙湾 80DFM3：19 斗瓶，内外均有墨书，钵内文字因腐蚀无法释读，钵外墨书镇墓文残存 18 行：

---

① 甘肃省敦煌县博物馆：《敦煌佛爷庙湾五凉时期墓葬发掘简报》，《文物》1983 年第 10 期。

咸安五年□□□□□□□□□□□□□时之□□□□□□□□□注□□□□注鬼□注□□行□□□注□□□注□□□□检□生人前行，[死][人][却][步]。□□□□□□□□□□□□□生。□[急]急如[律]令！

据甘肃省敦煌县博物馆《敦煌佛爷庙湾五凉时期墓葬发掘简报》，《文物》1983年第10期；王素、李方《魏晋南北朝敦煌文献编年》，第99页；[日]关尾史郎编《镇墓文集成（稿）》，第64页。

建元十三年（377）十二月工□子镇墓文（一）

敦煌祁家湾85DQM348：5斗瓶，灰黄色泥胎，未烧制。口径4.9厘米、底径4.5厘米、高6.8厘米。肩腹墨书纪年镇墓现存10行，可辨识40字：

建元十三年十二月庚寅朔五日甲午直执，□□□子之身死，□□□□九□，□天注、岁注、月注。生死异路，千秋万[岁]…………急急如[律]令！

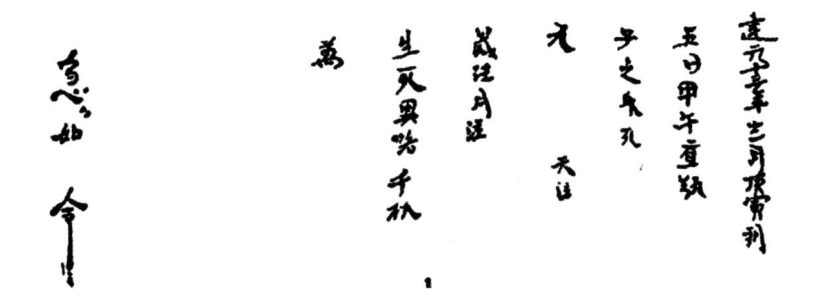

建元十三年（377）十二月工□子镇墓文（一）摹本①

---

① 甘肃省文物考古研究所等：《敦煌祁家湾》，文物出版社1994年版，第115页。

据甘肃省文物考古研究所等《敦煌祁家湾》，第114页；王素、李方《魏晋南北朝敦煌文献编年》，第101页；[日]关尾史郎编《镇墓文集成（稿）》，第65页；摹本《敦煌祁家湾》第115页图七八之1。

建元十三年（377）十二月工□子镇墓文（二）

敦煌祁家湾85DQM348：6斗瓶，灰黄色，未烧制。口径4.5厘米、底径5.2厘米、高6.8厘米。肩腹部墨书纪年镇墓文11行现存54字：

建元十三年十二月庚寅朔五日甲午直执，男工□子之身死。今下斗瓶、五谷、铅人，用当□[重]□[复]地上生人，□[青]□[乌]子北[辰]，□[诏]□[令]死[者]，□[自]□[受]□[其]殃，罚不两□[加]，□殃，远与他乡。各如律令！

建元十三年（377）十二月工□子镇墓文（二）摹本①

据甘肃省文物考古研究所等《敦煌祁家湾》，第114—116页；王素、李方《魏晋南北朝敦煌文献编年》，第101—102页；[日]关尾史郎编《镇墓文集成（稿）》，第66页；摹本《敦煌祁家湾》第115页图七八之2。

---

① 甘肃省文物考古研究所等：《敦煌祁家湾》，文物出版社1994年版，第115页。

麟加八年（396）姬女训镇墓文（一）

敦煌佛爷庙湾80DFM3：6斗瓶，陶质，朱书镇墓文中缺，存13行：

　　麟加八年闰甲辰朔六日已酉直执，［姬］□训身死，自注应之，□□□□□□□□□□□□□□生人前行，死人却步，道异不得相撞。□如律令！

　　据甘肃省敦煌县博物馆《敦煌佛爷庙湾五凉时期墓葬发掘简报》，《文物》1983年第10期；王素、李方《魏晋南北朝敦煌文献编年》，第103页；［日］关尾史郎编《镇墓文集成（稿）》，第67页。

麟加八年（396）姬女训镇墓文（二）

敦煌佛爷庙湾80DFM3：15斗瓶，朱书镇墓文10行55字：

　　麟加八年闰月甲辰朔六日已酉直执，［姬］女训身死。自注应之。今厌解天注、地注、岁注、月注、日注、时注，生人前行，死人却步，生死道异，不得相［撞］。急急如律令！

麟加八年姬女训镇墓瓶①

---

① 杨永生主编：《酒泉宝鉴——馆藏文物精选》，甘肃文化出版社2012年版，第53页。

麟加八年（396）姬女训镇墓文（二）摹本①

据甘肃省敦煌县博物馆《敦煌佛爷庙湾五凉时期墓葬发掘简报》，《文物》1983年第10期；杨永生主编《酒泉宝鉴——馆藏文物精选》，甘肃文化出版社2012年版，第53页；王素、李方《魏晋南北朝敦煌文献编年》，第103—104页；[日]关尾史郎编《镇墓文集成（稿）》，第68页；摹本甘肃省敦煌县博物馆《敦煌佛爷庙湾五凉时期墓葬发掘简报》图一四。

神玺二年（398）八月□富昌镇墓文（一）

敦煌祁家湾85DQM310：15斗瓶，灰色。长颈歪领。口径3.5厘米、底径5厘米、高7.2厘米。肩腹部墨书纪年镇墓文14行65字：

神玺二年八月辛酉朔廿三日癸未，敦煌郡西乡里民□富昌，命绝身死。今下斗瓶、铅人、五谷，用当地上之福[复]，死者自受央咎。生死各异路，不得相注忤，便利生人。如律令！

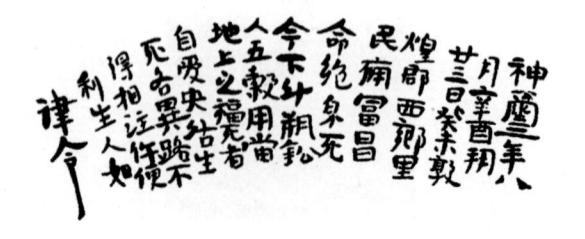

神玺二年（398）八月□富昌镇墓文（一）摹本②

---

① 甘肃省敦煌县博物馆：《敦煌佛爷庙湾五凉时期墓葬发掘简报》，《文物》1983年第10期。
② 甘肃省文物考古研究所等：《敦煌祁家湾》，文物出版社1994年版，第115页。

据甘肃省文物考古研究所等《敦煌祁家湾》，第 116 页；王素、李方《魏晋南北朝敦煌文献编年》，第 104 页；［日］关尾史郎编《镇墓文集成（稿）》，第 69 页；摹本《敦煌祁家湾》第 115 页图七八之 3。

神玺二年（398）八月□富昌镇墓文（二）

敦煌祁家湾 85DQM310：22 斗瓶，灰色。口径 3.6 厘米、底径 5.1 厘米、高 6.8 厘米。腹部墨书镇墓文，文曰：

> 神玺二年八月辛酉朔廿三日癸未，敦煌郡西乡里民□富昌，命绝身死。今下斗瓶、铅人、五穀，用当地上之福［复］，死者自受央咎，生死各异路，不得相注忤，便利生人。如律令！

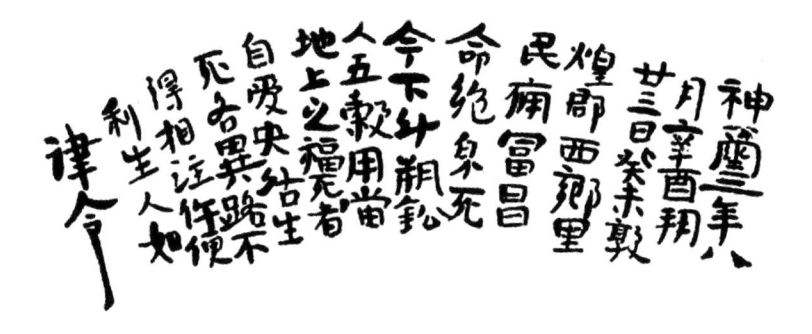

神玺二年（398）八月□富昌镇墓文（二）摹本①

据甘肃省文物考古研究所等《敦煌祁家湾》，第 116 页；［日］关尾史郎编《镇墓文集成（稿）》，第 70 页；摹本《敦煌祁家湾》第 115 页图七八之 3。

---

① 甘肃省文物考古研究所等：《敦煌祁家湾》，文物出版社 1994 年版，第 115 页。

神玺二年（398）十一月□富昌妻镇墓文

敦煌祁家湾85DQM310：16 斗瓶，褐色。瓶残，腹部墨书纪年镇墓文，现存7行25字：

> 神玺二年十一月己丑朔八日丙申，敦煌西乡里民……不□［得］□［相］□［注］忤。如律令！

神玺二年（398）十一月□富昌妻镇墓文摹本①

据甘肃省文物考古研究所等《敦煌祁家湾》，第116—117页；张勋燎、白彬《中国道教考古》（第1卷），第458—460页；王素、李方《魏晋南北朝敦煌文献编年》，第104—105页；［日］关尾史郎编《镇墓文集成（稿）》，第71页；吴浩军《河西镇墓文丛考（四）——敦煌墓葬文献研究系列之五》，《敦煌学辑刊》2015年第3期；摹本《敦煌祁家湾》第115页图七八之4。

神玺二年（398）某人镇墓文

敦煌祁家湾85DQM310：23 陶钵，灰色，残。口外敛内直，内折沿较

---

① 甘肃省文物考古研究所等：《敦煌祁家湾》，文物出版社1994年版，第115页。

短，尖唇，斜弧腹，近底处微内曲，薄胎小底，口径 16.4 厘米。钵外墨书似与佛教有关的文字，残存 16 行，每行 2 字：

皇子☐女宝女……宽☐申☐觉☐光生南☐☐儿道弘教之效女佛生德文佛德☐☐

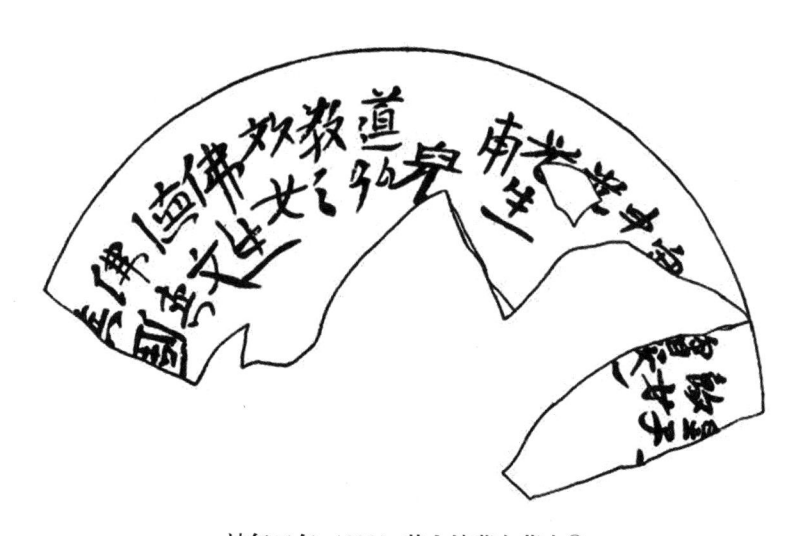

神玺二年（398）某人镇墓文摹本①

按：本件与前述神玺二年（398）八月☐富昌镇墓斗瓶同出，故系于神玺二年（398）。

据甘肃省文物考古研究所等《敦煌祁家湾》，第 86—87 页；张勋燎、白彬《中国道教考古》（第 1 卷），第 460—462 页；王素、李方《魏晋南北朝敦煌文献编年》，第 105—106 页；[日]关尾史郎编《镇墓文集成（稿）》，第 99 页；摹本《敦煌祁家湾》第 87 页图六一。

---

① 甘肃省文物考古研究所等：《敦煌祁家湾》，文物出版社 1994 年版，第 87 页。

庚子六年（405）正月张辅镇墓文（一）

敦煌佛爷庙湾 80DFM1：32 斗瓶，陶质，大口，短折颈，鼓腹下略内收成大平底，高 6.5 厘米—7 厘米、腹颈 6 厘米，朱书镇墓文稍残，文曰：

庚子六年正月水未朔廿七日己酉，敦煌县昌利里张辅，字德政，身死。今下斗瓶、□［铅］人、五谷瓶，当重地上生人，青乌子告北辰，诏令死者自受其殃，罚不加两，移殃转咎，远与他里。如律令！

庚子六年张辅镇墓瓶①

据甘肃省敦煌县博物馆《敦煌佛爷庙湾五凉时期墓葬发掘简报》，《文物》1983 年第 10 期；张勋燎、白彬《中国道教考古》（第 1 卷），第 462—463 页；王素、李方《魏晋南北朝敦煌文献编年》，第 108—109 页；［日］关尾史郎编《镇墓文集成（稿）》，第 72 页；杨永生主编《酒泉宝鉴——馆藏文物精选》，甘肃文化出版社 2012 年版，第 54 页。

---

① 杨永生主编：《酒泉宝鉴——馆藏文物精选》，甘肃文化出版社 2012 年版，第 54 页。按：《酒泉宝鉴》未说明该镇墓瓶为 80DFM1：32 斗瓶，参照相关信息判断，当为此瓶，现藏敦煌博物馆。

庚子六年（405）正月张辅镇墓文（二）

敦煌佛爷庙湾80DFM1：33斗瓶，陶质，大口，短折颈，鼓腹下略内收成大平底，高6.5厘米—7厘米、腹颈6厘米，朱书镇墓文存55字：

庚子六年正月水未朔廿七日己酉，敦煌郡敦煌县东乡昌利里张辅，字德政，身死。今下斗瓶、□[铅]人、五谷瓶，当重地上生人，青乌令□□□□□□□殃□□□□[死]　　[北]□□□□□□如律令！

据甘肃省敦煌县博物馆《敦煌佛爷庙湾五凉时期墓葬发掘简报》，《文物》1983年第10期；张勋燎、白彬《中国道教考古》（第1卷），第462—463页；王素、李方《魏晋南北朝敦煌文献编年》，第109页；[日]关尾史郎编《镇墓文集成（稿）》，第73页。

庚子六年（405）正月张辅镇墓文（三）

敦煌佛爷庙湾80DFM1：34斗瓶，陶质，直口，斜直深腹，小平底，朱书镇墓文16行，文曰：

庚子六年正月水未朔廿七日己酉，敦煌郡敦煌县东乡昌利里，张辅字德政，薄命早终，算尽寿穷。时值八魁九坎，今下斗瓶，用当重复。解天注、地注、人注、鬼注、岁注、月注、日注、时注，乐莫相念，□[苦]莫相思。生人前行，死人却步。生死不得相□[注]俟[忤]。如律令！

据甘肃省敦煌县博物馆《敦煌佛爷庙湾五凉时期墓葬发掘简报》，《文物》1983年第10期；张勋燎、白彬《中国道教考古》（第1卷），第463—464页；王素、李方《魏晋南北朝敦煌文献编年》，第109—110页；[日]关尾史郎编《镇墓文集成（稿）》，第74页；

摹本甘肃省敦煌县博物馆《敦煌佛爷庙湾五凉时期墓葬发掘简报》图一六。

庚子六年（405）正月张辅镇墓文（三）摹本①

建初五年（409）闰［十］月画虏奴镇墓文（一）

敦煌祁家湾85DQM336：4斗瓶，陶质，灰色，侈口，长领，束颈。瓶内装粟及云母片。口径4.2厘米、底径5厘米、高6.7厘米。自唇以下之颈、肩、腹部朱书纪年镇墓文9行60字：

建初五年润［十］月七日辛卯朔，郭［敦］煌郡郭［敦］县都乡里民画虏奴身死。今下斗瓶、五（五）谷、铅人，用当重复地上生人。青乌子告［北］辰，诏令死者自受其［殃］，罚不两加。如律令！

据甘肃省文物考古研究所等《敦煌祁家湾》，第117页；王素、李方《魏晋南北朝敦煌文献编年》，第112页；［日］关尾史郎编《镇墓文集成（稿）》，第75页；摹本《敦煌祁家湾》第118页图七九之1。

---

① 甘肃省敦煌县博物馆：《敦煌佛爷庙湾五凉时期墓葬发掘简报》，《文物》1983年第10期。

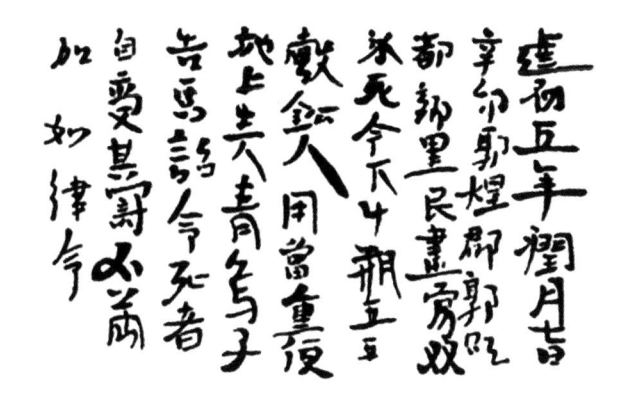

建初五年（409）闰［十］月画肨奴镇墓文（一）摹本①

建初五年（409）闰月画肨奴镇墓文（二）

敦煌祁家湾85DQM336：5 斗瓶，浅灰色，陶质，侈口，长领，束颈。口径4.2厘米、底径4.6厘米、高6.1厘米。颈、肩、腹部朱书纪年镇墓文12行72字：

建初五年闰月七日辛卯□，敦煌郡敦煌县都乡里民画肨奴之身死。□死□时，适值八魁九坎，厌解天注、地［注］、岁注、月注、日注、时注，生死异路，千秋万岁，不得相注忤，便利生人。急急如律令！

建初五年（409）闰月画肨奴镇墓文（二）摹本②

---

① 甘肃省文物考古研究所等：《敦煌祁家湾》，文物出版社1994年版，第118页。
② 同上。

据甘肃省文物考古研究所等《敦煌祁家湾》，第 117 页；王素、李方《魏晋南北朝敦煌文献编年》，第 112—113 页；[日] 关尾史郎编《镇墓文集成（稿）》，第 76 页；摹本《敦煌祁家湾》第 118 页图七九之 2。

建初十一年（415）十二月魏平奴镇墓文

敦煌祁家湾 DQM369：9 斗瓶，陶质，灰黑色。斜三角尖缘，微束颈。口径 4.2 厘米、底径 4.6 厘米、高 7.4 厘米。肩腹部朱书纪年镇墓文 13 行 53 字，瓶底书 1 "令"字，总计 54 字：

建初十一年十二月十一日，敦煌郡敦煌县西乡里魏平奴死。今下斗瓶、五谷、铅人。用当重复地上生人。青乌子 [告] [北] [辰]，诏令死者自受其央。如律令！

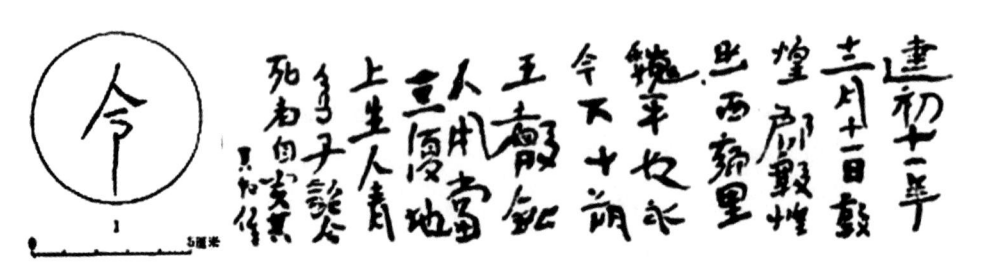

建初十一年（415）十二月魏平奴镇墓文摹本①

据甘肃省文物考古研究所等《敦煌祁家湾》，第 122 页；张勋燎、白彬《中国道教考古》（第 1 卷），第 471—473 页；王素、李方《魏晋南北朝敦煌文献编年》，第 114—115 页；[日] 关尾史郎编《镇墓文集成（稿）》，第 77 页；吴浩军《河西镇墓文丛考（四）——敦煌墓葬文献研究系列之五》，《敦煌学辑刊》2015 年第 3 期；摹本《敦煌祁家湾》第 119 页图八〇之 1。

---

① 甘肃省文物考古研究所等：《敦煌祁家湾》，文物出版社 1994 年版，第 119 页。

玄始九年（420）九月□安富镇墓文

敦煌祁家湾 85DQM312：5 斗瓶，陶质，灰色；侈口，尖唇，平沿；口径 3.9 厘米、底径 4.8 厘米、高 6.3 厘米。自唇以下墨书纪年镇墓文 11 行 58 字：

> 玄始九年九月十九日，敦煌郡敦煌县都乡里民□安富，生时漏八科九魁。下斗瓶，除地上之福［复］。生人前行，死人却步，生死各异路，不得相注件。如律令！

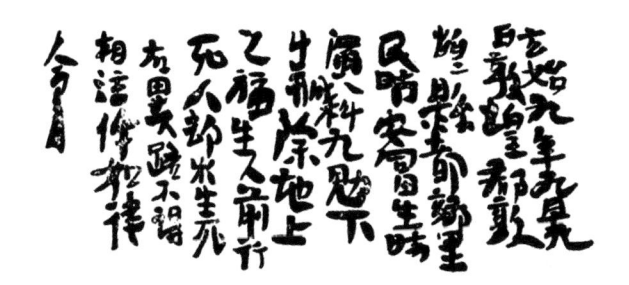

玄始九年（420）九月□安富镇墓文摹本①

据甘肃省文物考古研究所等《敦煌祁家湾》，第 119 页；王素、李方《魏晋南北朝敦煌文献编年》，第 120—121 页；［日］关尾史郎编《镇墓文集成（稿）》，第 80 页；摹本《敦煌祁家湾》第 118 页图七九之 3。

玄始十年（421）八月张法静镇墓文（一）

敦煌佛爷庙湾 80DFM1：6 斗瓶，陶质，高 6.5 厘米、腹径 6 厘米，墨书镇墓文 22 行：

> 玄始十年八月丁丑朔廿六日壬寅，张德政妻法静之身［死］，今

---

① 甘肃省文物考古研究所等：《敦煌祁家湾》，文物出版社 1994 年版，第 118 页。

下斗瓶、五谷、囗［铅］人，［用］当重复地上生人。［青］乌子告北辰，诏令死者自受其殃，罚不两加，不得注忤生人，移殃转咎，远与他里。急急如律令！

玄始十年八月张法静镇墓文（一）摹本①

玄始十年八月张法静镇墓瓶（敦煌博物馆藏，贾小军摄）

据甘肃省敦煌县博物馆《敦煌佛爷庙湾五凉时期墓葬发掘简报》，《文物》1983年第10期；张勋燎、白彬《中国道教考古》（第1卷），第463—466页；王素、李方《魏晋南北朝敦煌文献编年》，

---

① 甘肃省敦煌县博物馆：《敦煌佛爷庙湾五凉时期墓葬发掘简报》，《文物》1983年第10期。

第122—123页；[日]关尾史郎编《镇墓文集成（稿）》，第82页；摹本甘肃省敦煌县博物馆《敦煌佛爷庙湾五凉时期墓葬发掘简报》图一五。

玄始十年（421）八月张法静镇墓文（二）

敦煌佛爷庙湾80DFM1：8 斗瓶，直口，深曲腹下部内收，小平底，口径12厘米、高5厘米，外部墨书镇墓文残13行：

　　玄［始］十年八月丁丑朔廿六日壬寅，张法静之身死。不□，适值八魁九坎，［天］注、地注、岁［注］、月注、日注、［时］注。汝寿□［尽］□［算］穷，□□□□□□得□□□□□□。［如］律令！

玄始十年（421）八月张法静镇墓文（二）摹本①

据甘肃省敦煌县博物馆《敦煌佛爷庙湾五凉时期墓葬发掘简报》，《文物》1983年第10期；张勋燎、白彬《中国道教考古》（第1卷），第466—467页；王素、李方《魏晋南北朝敦煌文献编年》，第123页；[日]关尾史郎编《镇墓文集成（稿）》，第83页；摹本

---

① 甘肃省敦煌县博物馆：《敦煌佛爷庙湾五凉时期墓葬发掘简报》，《文物》1983年第10期。

甘肃省敦煌县博物馆《敦煌佛爷庙湾五凉时期墓葬发掘简报》图一七。

年次未详壹宫廿年镇墓文

敦煌祁家湾 85DQM206：3 斗瓶，青灰色。大侈口，平沿，大平底，直腹，口径 4 厘米、底径 4.6 厘米、高 6.2 厘米。瓶底墨书一大"前"字，腹部朱书镇墓文 14 行 62 字：

> 壹宫廿年，薄命早终，相注而死，今送铅人一双、斗瓶、五谷，用赎生人魂魄，须铅人腐，☐五谷死生，乃当死，生死各异路，不得更相注☐忤，除重复，便利生人。如律令！

年次未详壹宫廿年镇墓文摹本①

按：原报告称该斗瓶腹部朱书纪年镇墓文，但释文并无纪年信息，颇疑释者将镇墓文第四字之"年"视作纪年。原报告释作"☐宫华年"，今释作"壹宫廿年"。另，本件镇墓文所云"铅人一双、斗瓶、五谷，用赎生人魂魄"，与其他各例镇墓文不同。

据甘肃省文物考古研究所等《敦煌祁家湾》，第 108—109 页；王素、李方《魏晋南北朝敦煌文献编年》，第 81—82 页；[日] 关尾史郎编《镇墓文集成（稿）》，第 85 页；摹本《敦煌祁家湾》第 109 页图七五之 1。

---

① 甘肃省文物考古研究所等：《敦煌祁家湾》，文物出版社 1994 年版，第 109 页。

年次未详盖颜仲镇墓文

敦煌祁家湾85DQM302：7斗瓶，泥胎，未入窑烧制。大奢口，平沿，直腹，大平底，口径4.5厘米、底径6.2厘米、高7厘米。腹部墨书镇墓文11行41字：

盖颜仲，今自薄命早终，诸天注、地注、生注、死注、星注。皆自，故坽□玉，生人前行，死人却步，不得相注午［忤］。如律令！

年次未详盖颜仲镇墓文摹本①

据甘肃省文物考古研究所等《敦煌祁家湾》，第108页；王素、李方《魏晋南北朝敦煌文献编年》，第102页；［日］关尾史郎编《镇墓文集成（稿）》，第95页；摹本《敦煌祁家湾》第107页图七四之1。

年次未详翟宗盈镇墓文（一）

敦煌佛爷庙湾44FYM1001：1斗瓶，陶质，朱书镇墓文曰：

翟宗盈，汝自薄命蚤终，寿穷算尽，死见八鬼［魁］九坎。太山长阅（？），汝自往应之。苦莫相念，乐莫相思。从别以后，无令死者注于生人，祠腊社伏，徼于郊外。千年万岁，乃复得会。如律令！

---

① 甘肃省文物考古研究所等：《敦煌祁家湾》，文物出版社1994年版，第107页。

翟宗盈镇墓瓶①

据夏鼐《敦煌考古漫记》（一），《考古通讯》1955 年第 1 期（创刊号）；王素、李方《魏晋南北朝敦煌文献编年》，第 69—70 页；[日] 关尾史郎编《镇墓文集成（稿）》，第 131 页。

年次未详翟宗盈镇墓文（二）
敦煌佛爷庙湾 44FYM1001：2 斗瓶，陶质，朱书镇墓文曰：

翟宗□［盈］，汝自薄命蚤终，寿穷算尽，死见八鬼［魁］九坎。太山长阅（？），汝自往应之。苦莫相念，乐莫相思。从别以后，无令死者注于生人，祠腊社伏，徼于郊外。千年万岁，乃复得会。如律令！

按：本件与《年次未详翟宗盈镇墓文（一）》同出，《敦煌考古漫记》云："两罐几全相同，仅人名第三字似不同，第五字一罐脱落一'薄'字。"

据夏鼐《敦煌考古漫记》（一），《考古通讯》1955 年第 1 期（创刊号）；王素、李方《魏晋南北朝敦煌文献编年》，第 69—70 页；

---

① 夏鼐：《敦煌考古漫记》（一），图版壹之 5，《考古通讯》1955 年第 1 期（创刊号）。

［日］关尾史郎编《镇墓文集成（稿）》，第132页。

年次未详□阿平镇墓文（一）

敦煌新店台82DXM21：1斗瓶，陶质，墨书镇墓文后缺，残存46字：

阿平死者□□，汝自薄命蚤终，□［算］尽寿穷，汝死者见□复值八□［魁］九坎，太山长□，死者阿平自注应之，苦莫相□［念］，乐莫相□［思］，从别以后，无令……注□

按：《记敦煌发现的西晋十六国墓葬》认为，本件与下件（《年次未详□阿平镇墓文（二）》："□于生人，祠□社伏，徼于□外。千秋万岁，乃复得会。如律令！"）"从内容看，似为一段镇墓文，分写于两件瓶上"。

据敦煌县博物馆考古组、北京大学考古实习队《记敦煌发现的西晋十六国墓葬》，《敦煌吐鲁番文献研究论集》第4辑，第631页；王素、李方《魏晋南北朝敦煌文献编年》，第82页；［日］关尾史郎编《镇墓文集成（稿）》，第138页。

年次未详□阿平镇墓文（二）

敦煌新店台82DXM21：2斗瓶，陶质，墨书镇墓文残存20字：

□于生人，祠□社伏，徼于□外。千秋万岁，乃复得会。如律令！

据敦煌县博物馆考古组、北京大学考古实习队《记敦煌发现的西晋十六国墓葬》，《敦煌吐鲁番文献研究论集》第4辑，第631页；王素、李方《魏晋南北朝敦煌文献编年》，第82页；［日］关尾史郎编《镇墓文集成（稿）》，第139页。

年次未详张某镇墓文

酒泉西沟 93JXM6：1 斗瓶，泥质灰陶。制作较精致。敞口，平沿，束颈，折肩，深直腹，平底。高 20 厘米、口径 10.3 厘米、底径 9.8 厘米。瓶腹部涂有一层泥衣，上用赭色颜料书写镇墓文，部分字迹已随泥衣脱落。文曰：

> □天地昭告张氏之□□□后死者，天赫地赫，人□□□复重之央，□□□□文□回□□□□之首道□□员后□□□□□天句地句，□之大□田□□□□人为□生降殃，□万岁之福，□去张氏之众斗□日日□□□□倍□□□□畜皆□田为□□□，汝欲来，当□□□鸡子□□□闻。如律令！

兰池

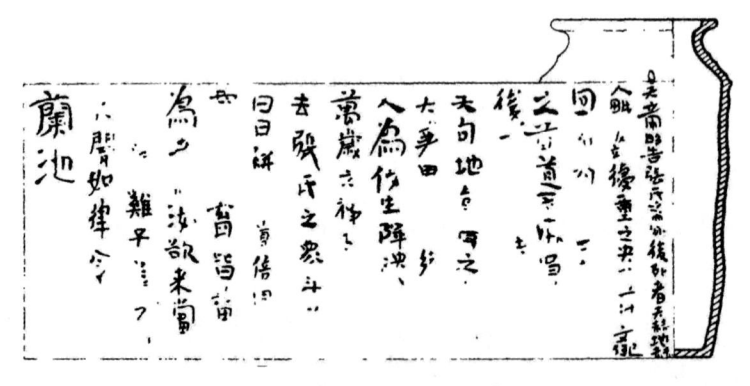

年次未详张某镇墓文摹本①

据甘肃省文物考古研究所《甘肃酒泉西沟村魏晋墓发掘报告》，《文物》1996 年第 7 期；[日] 关尾史郎编《镇墓文集成（稿）》，第 151 页；吴浩军《河西镇墓文丛考——敦煌墓葬文献研究系列之五》，

---

① 甘肃省文物考古研究所：《甘肃酒泉西沟村魏晋墓发掘报告》，《文物》1996 年第 7 期。

《敦煌学辑刊》2014年第1期；摹本《甘肃酒泉西沟村魏晋墓发掘报告》图三二。

年次未详张故年镇墓文

敦煌新店台87DXM184：2斗瓶，陶质，直口，斜肩，直腹，平底；口径4.4厘米、底径6厘米、高7.4厘米；朱书镇墓文14行，残存48字：

张故年身死，[今]下升[斗]瓶、五谷、黑豆、荔□[子]、[铅]人，用当重复生人。青乌子敢□[告]北辰，诏令□□死者以[已]□□□[受其罪]，其罚□□[不加][两]，□□[转殃]移□[咎]，归□□不夬□□□女子以忧□□□□以他乡□□□。如律令！

据张勋燎、白彬《中国道教考古》（第一卷），线装书局2006年版，第399—400页；［日］关尾史郎《敦煌新出镇墓瓶初探——〈中国西北地域出土镇墓文集成（稿）〉补遗（续）》，第61—85页；吴浩军《河西镇墓文丛考（三）——敦煌墓葬文献研究系列之五》，［日］西北出土文献研究会《西北出土文献研究》（第9号），2011年，第61—85页；吴浩军《河西镇墓文丛考（二）——敦煌墓葬文献研究系列之五》，《敦煌学辑刊》2014年第3期。

年次未详某人镇墓文

敦煌祁家湾85DQM208：12斗瓶，灰色，口径4.6厘米、底径5.9厘米、高6.8厘米。腹部朱书镇墓文10行，现存32字：

大□□□身死。今下斗瓶、五谷、铅人，用当□[复]地上生人，青乌子告北臣[辰]，诏令死者自□[受]□[其]央，罚□[不]□[加]□[两]，□殃[转][咎]，□[远]□[与]

□ [他] □ [乡]。□ [如] □ [律] 令！

年次未详某人镇墓文摹本①

据甘肃省文物考古研究所等《敦煌祁家湾》，第 104—106 页；王素、李方《魏晋南北朝敦煌文献编年》，第 78—79 页；[日] 关尾史郎编《镇墓文集成（稿）》，第 89 页；摹本《敦煌祁家湾》第 105 页图七三之 2。

年次未详某人镇墓文

敦煌祁家湾 85DQM301：12 斗瓶，灰色。侈口，尖唇，平沿，长颈鼓肩，下腹部斜直，收成平底。口径 4.5 厘米、底径 4.2 厘米、高 6.8 厘米。腹部墨书镇墓文 4 行 4 字：

　　铅人、五谷。

---

① 甘肃省文物考古研究所等：《敦煌祁家湾》，文物出版社 1994 年版，第 105 页。

年次未详某人镇墓文摹本①

据甘肃省文物考古研究所等《敦煌祁家湾》，第117—119页；王素、李方《魏晋南北朝敦煌文献编年》，第119页；[日] 关尾史郎编《镇墓文集成（稿）》，第93页；摹本《敦煌祁家湾》第119页图八〇之2。

年次未详某人镇墓文
敦煌佛爷庙湾44FYM502出土，陶盆上书镇墓文曰：

文渔还注、孟儿还注、双女还注、□义还注……………佛□还注，……

据[日] 关尾史郎编《镇墓文集成（稿）》，第136页。

年次未详某人镇墓文
敦煌七里镇三号桥出土，陶质，口径7厘米、底径16厘米、高21.5厘米，墨书镇墓文3行，文曰：

---

① 甘肃省文物考古研究所等：《敦煌祁家湾》，文物出版社1994年版，第119页。

南方丹沙辟除土精土□消立。如律令！

敦煌七里镇三号桥镇墓瓶（敦煌博物馆藏，贾小军摄）

据［日］关尾史郎编《镇墓文集成（稿）》，第147页。

年次未详某人镇墓文（一）

青海西宁上孙家寨乙4号墓乙M4：19斗瓶，陶质，口径7.4厘米、底径9.2厘米、高14.8厘米，墨书镇墓文曰：

南方

年次未详某人镇墓文（一）摹本[①]

[①] 青海省文物考古研究所编：《上孙家寨汉晋墓》，文物出版社1993年版，第109页。

据青海省文物考古研究所编《上孙家寨汉晋墓》，文物出版社1993年版，第108页；［日］关尾史郎编《镇墓文集成（稿）》，第148页；摹本青海省文物考古研究所编《上孙家寨汉晋墓》图61之4，第109页。

年次未详某人镇墓文（二）

青海西宁上孙家寨乙4号墓乙M4：18斗瓶，陶质，口径7.6厘米、底径9.2厘米、高16.8厘米，墨书镇墓文曰：

中央

年次未详某人镇墓文（二）摹本①

据青海省文物考古研究所编《上孙家寨汉晋墓》，文物出版社1993年版，第108页；［日］关尾史郎编《镇墓文集成（稿）》，第149页；摹本青海省文物考古研究所编《上孙家寨汉晋墓》图61之7，第109页。

年次未详某人镇墓文

高台骆驼城土墩墓群01GLM2：10斗瓶，陶质，侈口，尖圆唇，溜肩；口径7.8厘米、腹径16厘米、底径10厘米、高13厘米；腹部白粉书镇墓文。文曰：

---

① 青海省文物考古研究所编：《上孙家寨汉晋墓》，文物出版社1993年版，第109页。

……如律令！

据甘肃省文物考古研究所、高台县博物馆《甘肃高台县骆驼城墓葬的发掘》，《考古》2003年第6期。

二　魏晋十六国河西墓券汇编

凡例：

1. 本汇编收录目前所见（截至2017年）河西地区出土的魏晋十六国时期镇墓文以外的墓葬文献，包括墓券（买地券）、衣物疏、名簿、铭旌、爰书等，故所谓"墓券汇编"，指所收录文献主要为墓券。

2. 墓券标题：纪年及墓主明确者，以"××年××墓券（或'衣物疏'等，下同）"名之；仅有纪年而墓主不明者，以"××年某人墓券"名之；墓主明确但无纪年信息者，以"年次未详××墓券"名之；纪年、墓主皆不明确者，以"年次未详某人墓券"名之；古史纪年对应的公元纪年在之后"（）"内标出。

3. 收录墓券等按纪年先后、有无及墓主信息排序，有纪年信息者在前，无纪年信息但有墓主姓名者次之，既无纪年信息又无墓主姓名信息者又次之。部分无纪年信息但根据墓葬出土信息可判断纪年者，依纪年先后排列。

4. 每件镇墓文根据最初发掘报告录文，并利用相关照片及研究进行校勘，补充缺漏、辨正失误，再使用现代标点进行标点。原文中虽字迹清晰但难以释读的用☒标示；脱字、讹字等均保持原貌，并在［］中予以改正；衍字用（）标出，但不做过多考证，力求简明。墓券文本以仿宋体表示，其余信息以宋体表示，参考文献均在录文后以楷体标出。

5. 文献残损、漫漶不清者，若可以确定字数，用相应数量的"□"标示；不能确定字数的，根据原著录情况，用"……"，或者"▄▄▄▄"

（上缺）"▭"（中缺）"▭"（下缺）标示；分行用"/"标示。

青龙四年（236）五月民左长衣物疏

1991年4月出土于武威市凉州区新华乡红崖支渠古墓，木牍，长24厘米、宽3.7厘米、厚0.4厘米，文曰：

正面：

故单□一领　　　故襦一领　　　故巾一枚　　　故弩机郭一枚
故裲当一领　　　故禅一领　　　故履一两　　　青绛匹百一十匹
故□可用
故　一枚　　　　故单衣一领　　故疏具一具　　故被一领
故袴一量　　　　故袜一量　　　故铜刀一枚　　故笔一枚
　　　　　　　　　　　　　　　　　　　　　　故板一枚

背面：

青龙四年五月四日，民左长坐醉死，长所衣衣十三牒，皆具已。长故著身衣

据何双全、狄晓霞《甘肃省近年来新出土三国两晋简帛综述》，《西北师大学报》（社会科学版）2007年第9期，第101—104页；陈松梅《河西地区魏晋告地文书中道教思想考释》，《敦煌学辑刊》2009年第1期，第94—103页。

泰始九年（273）二月翟姜买棺契约

阿斯塔那66TAM53出土，木简，正面一行，背面二行，文曰：

正面：
泰始九年二月九日大女翟姜女从男子栾奴
背面：
买棺一口贾练廿匹练即毕棺即过若有名棺者约当召栾奴共了旁人

马男共知本约

据新疆维吾尔自治区博物馆《吐鲁番县阿斯塔那——哈拉和卓古墓群清理简报》,《文物》1972年第1期。

元康元年（291）十二月一日铭旌

1998年于高台县骆驼城东南古墓出土。铭旌系红色纱制作而成，长方形，下部残缺，上部保存较好，残长约30厘米，宽约20厘米。用白色颜料书写文字，文曰：

元康元年十二月庚戌朔，晋故凉州酒泉表是□□□□

据何双全、狄晓霞《甘肃省近年来新出土三国两晋简帛综述》,《西北师大学报》（社会科学版）2007年第9期，第101—104页；[日] 町田隆吉《甘肃省高台县出土魏晋十六国汉语文书编年》，载中共高台县委等编《高台魏晋墓与河西历史文化研究》，甘肃教育出版社2012年版，第155—167页。

建兴元年（313）十二月《田产争讼爰书》

2010年6月至8月，为配合兰新铁路第二双线（甘肃段）新改线路建设工程，南京师范大学文博系受甘肃省文物考古研究所委托，对位于甘肃省张掖市临泽县城西南约4.5公里处的黄家湾滩墓群进行了考古发掘，其中在编号为M23的墓葬中发现了一批保存较为完好的木质简牍。该批简牍共计27枚，计900余字，发现时被放置于M23号墓墓主棺盖上，根据其上残留的编绳痕迹判断，其原本应是以细麻绳连缀的成册简牍。文曰：

6300十二月四日，故郡吏孙香对："薄祐九岁丧父母，为祖母见养。年十七，祖丧亡，香单弱，时从兄发、金龙具（俱）偶居城西

旧坞，

6301 以坞西田借发、金龙耩佃。发、金龙自有旧坞在城北，金龙中自还居城北，发住未去。发有旧田坞卖与同县民苏腾（?），今因名香所

6303 借田，祖母存时与买，无遗令及讬子侄券书以田与发之文。祖父母存时为香父及叔季分异，各有券书，发父兄弟分得城北田

6313 坞二处。今自凭儿子强盛，侮香单弱，辞诬祖母，欲见侵夺。乞共发、金龙对共校尽，若不如辞，占具装二具入官，对具。"

6298 十二月六日，老民孙发对："被召当与从庶弟香了所居坞田土。父同产兄弟三人，庶叔三人共同居同籍，皆未分异。荒毁之中，俱皆亡没，唯祖母

6296 存在，为发等分异。弟金龙继从伯得城北坞田，发当与香

6309 共中分城西坞田。祖母以香年小，乍胜田，二分，以发所得田分少，割金龙田六十亩益发，坞与香中分。临藁坞各别开门，居山作坝塘，种桑榆杏柰。

6305 今皆茂盛，注列黄籍，从来四十余年。今香横见诬言，云发借田寄居，欲死诬生，造作无端。事可推校，若不如对，占人马具装入官。

6319 对具。"到，立下重自了，里令分割。

6307 十二月七日，民孙金龙对："被召当了庶从弟香所争田。更遭荒破，父母亡没。唯有祖母存在，分异，以金龙继养亡从伯后，得城北田，祖

6315 母割金龙田六十亩益发，分居以来四十余年，今香、发诤，非金龙所知。有从叔丞可问，若不如对，占人马具装入官。对具。"

6294 建兴元年十二月壬寅朔十一日壬子，临泽令氂移孙司马："民孙香、孙发、孙金龙兄弟共诤田财，诣官纷云，以司马为证，写

6292 辞在右。司马是宗长，足当知尽，移达，具列香兄弟部分券书，会月十五日，须得断决如律令。"

6288 建兴元年十二月壬寅十五日丙午［辰］，户民孙丞敢言之。

临泽廷移壬子书："民孙香、孙发讼田，丞是宗长，足知尽。香、发早各

6290 自有田分。香父兄弟三人孙蒙、孙弘、孙翘，皆已亡没。今为平决，使香自继其父蒙。祖母存时命发息为弘后，无券，香所不知。

6311 翘独无嗣，今割香、发田各四十亩及坞舍分，命亲属一人以为翘祠（嗣）。平决已了，请曹理遣。敢言之。"

6323 户曹掾史王匡、董惠白："民孙香、孙发、孙金龙共诤田坞相

6327 诬冒。求问从叔丞，移丞列正，今丞移报：'香、发早自有田

6325 分。香父兄弟三人，孙蒙、孙翘、孙弘皆亡没。今为平决，

6321 使香自继其父蒙。祖母存时命发息为弘后，无券

6286 书，香不知。翘无嗣，今割香、发田各四十亩及坞舍分，命亲

6317 属一人为翘继。'香、发占对如丞所断，为了。香、发兄弟

6281 不和，还相诬言，不从分理，诣官纷云，兴长讼，诉平官法。

6280 请事诺，罚香、发鞭杖各百五十，适行事一月。听如丞，

6284 移使香、发人出田四十亩及坞舍分与继者。又金龙未相

6282 争，田为香所认，前已罚四十，差不坐。谨启如前。

　　　如□□□□不出　……钱

6283 教诺田钱□但五十鞭断……"

据杨国誉《"田产争讼爰书"所展示的汉晋经济研究新视角——甘肃临泽县新出西晋简册释读与初探》，《中国经济史研究》2012年第1期；鲁家亮《甘肃临泽田西晋〈田产争讼爰书〉刍议》，载《简帛》第九辑，2014年；张荣强《甘肃临泽新出西晋简册考释》，《魏晋南北朝隋唐史资料》第三十二辑，2015年12月，第187—202页图版。

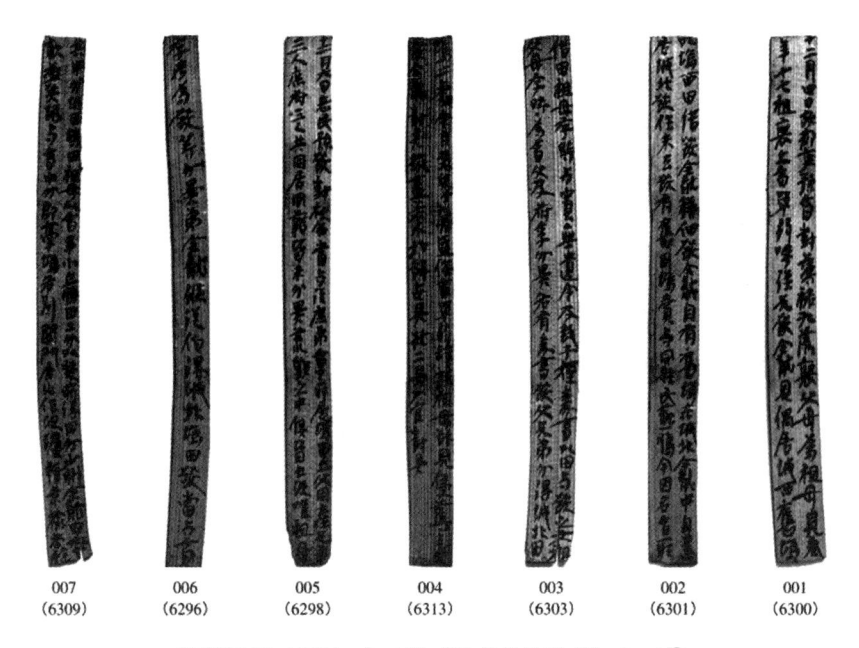

上卷　魏晋十六国河西镇墓文、墓券汇编　／　73

007　006　005　004　003　002　001
(6309)(6296)(6298)(6313)(6303)(6301)(6300)

建兴元年（313）十二月《田产争讼爰书》（一）①

014　013　012　011　010　009　008
(6288)(6292)(6294)(6315)(6307)(6319)(6305)

建兴元年（313）十二月《田产争讼爰书》（二）

① 张荣强：《甘肃临泽新出西晋简册考释》，载《魏晋南北朝隋唐史资料》第三十二辑，2015年12月，第187—202页。按：图版均据张荣强先生此文。

| 021 | 020 | 019 | 018 | 017 | 016 | 015 |
| (6286) | (6321) | (6325) | (6327) | (6323) | (6311) | (6290) |

建兴元年（313）十二月《田产争讼爰书》（三）

| 027 | 026 | 025 | 024 | 023 | 022 |
| (6283) | (6282) | (6284) | (6280) | (6281) | (6317) |

建兴元年（313）十二月《田产争讼爰书》（四）

建兴五年（317）正月赵阿兹衣物疏

高台县骆驼城00GLM1：1木牍，长18.5厘米、宽9.5厘米、厚0.8厘米，行楷体墨书衣物疏，自上而下分为4栏，第1至3栏自右至左每栏竖书9行，第4栏竖书10行，记录随葬衣物36种。文曰：

1　故结发一枚

2　故叉二双

3　故树（梳）七枚

4　故巾一枚

5　故缋一枚

6　故□［练］面衣一枚

7　故真朱［珠］十枚

8　故绿绒一枚

9　故白练衫一领

（以上第一栏）

10　故绛襦一领

11　故绯大襦一领

12　故绵福衫一领

13　故丹□□领一领

14　故紫把二枚

15　故白练小裈一牒

16　青［故］故［青］裈一牒

17　故绛绔一牒

18　故布裙一牒

（以上第二栏）

19　故绯缥裙一牒

20　故白绢缘裙一牒

21　故丝袜一量

22　故丹丝履一量

23　故白绢靡一枚

24　故造疏具一枚

25　故白练手巾一枚

26　故紫粉囊一枚

27　故铜镜一枚

（以上第三栏）

建兴五年（317）正月赵阿兹衣物疏（高台县博物馆藏，贾小军摄）

28　故绯绣胡粉囊一枚

29　故紫春囊一具，绵绢三千九百匹

30　故紫搔囊一具，□九百□□

31　故收绵四斤

32　故黄绢被一领

33　故弩基郭一枚，金饼四枚

34　故□二枚

35　故刀尺一具

36　故柏官一口，随钱九万九千九百九十九

37　——建兴五年正月廿八日赵阿兹凡杂衣卅六种疏

（以上第四栏）

据寇克红《高台骆驼城前凉墓葬出土衣物疏考释》，《考古与文物》2011年第2期；李建平《关于〈高台骆驼城前凉墓葬出土衣物疏〉的几个问题》，《考古与文物》2015年第4期。

建兴五年（317）正月赵双衣物疏

高台县骆驼城00GLM1∶2木牍，与《建兴五年（317）正月赵阿兹衣物疏》同出一墓，长26厘米、宽7.5厘米、厚0.6厘米，正、背面隶楷体墨书衣物疏，正面分4栏，第1栏正中竖书1行"都中赵双衣疏"，第2至5栏自右至左每栏9行，背面自右至左竖书6行，记录随葬衣物42种。文曰：

（正面）

1　都中赵双衣疏

（以上第一栏）

2　故冠、帻各一枚

3　故银帻□一枚

4　故早头衣一枚

5　故绛结发一枚

6　故练面衣一枚

7　故疏单衣一领

8　故练幅衫一领

9　故练大襦一领

10　故练小襦一领

11　故练衫一领

（以上第二栏）

12　故练福裙一条

13　故练绔一条

14　故练裤一条

15　故练练□裤一条

16　故青丝履一量

17　故练蹙一量

18　故收绵三斤

19　故早霸一具

20　故缥粉囊一枚

（以上第三栏）

21　故练手巾一枚

22　故绢疏具一枚

23　故铜镜一枚

24　故早搔囊一枚

25　故早麦囊一枚

26　故疏一枚

27　故早刀笔囊一枚

28　故早墨囊一枚

29　故铜刀一枚

（以上第四栏）

30　故笔一枚

31　故铜研一枚

32　故银手板一枚

33　故银□六枚

34　故机郭一枚

35　故杂彩五十匹

36　故绵六十斤

37　　故练单衣一枚

38　　故早审一枚

（以上第五栏）

（背面）

39　　故绢蹠一枚

40　　故练被一领

41　　故俳（绯）一枚

42　　故粉絮一枚

43　　柏棺一枚，买。随钱二万五千

44　　——右卌二种衣物生时所秉疏

建兴五年（317）正月赵双衣物疏（正面，高台博物馆藏，贾小军摄）

据寇克红《高台骆驼城前凉墓葬出土衣物疏考释》，《考古与文物》2011年第2期；李建平《关于〈高台骆驼城前凉墓葬出土衣物疏〉的几个问题》,《考古与文物》2015 年第 4 期。

建兴二十四年（336）三月孙阿惠墓券

高台骆驼城 98GLM1 木牍，长 29.4 厘米、宽 10 厘米、厚 1.1 厘米①，墨书 6 列，文曰：

> 建兴廿四年三月癸亥朔廿三日乙酉，直执，凉州建康表是县显平亭部前玉门三（六）领拔（捉）／周振妻孙阿惠得用今岁月道通葬埋太父母以次入蒿里，三九入太一下，从玄入白葬／，后世子孙法出二千石，宗人室家共斋，送死人周振阿惠金银钱财、五谷粮／食、荔子、黄远、牛羊、车马、猪狗、鸡雏、楼舍、帷帐、栖枔、盘案、彩帛、脂粉，诸入／冢什物皆于方市买卖，钱九万九千九百九十九，上至仓天，下至黄泉，不令左右仞／名，时旁人：左青龙，右白虎，前朱雀，后玄武，沽侩各半，如律令。

孙阿惠墓券（高台博物馆藏，贾小军摄）

---

① 赵雪野、赵万钧：《甘肃高台魏晋墓墓券及所涉及的神祇和卜宅图》(《考古与文物》2008 年第 1 期，第 85—90 页)："长 26、宽 8、厚 0.7 厘米。"

据曹国新《骆驼城出土珍贵文物》，《丝绸之路》1999年第3期；赵雪野、赵万钧《甘肃高台魏晋墓墓券及所涉及的神祇和卜宅图》，《考古与文物》2008年第1期，第85—90页；刘卫鹏《甘肃高台十六国墓券的再释读》，《敦煌研究》2009年第1期，第47—52页。

建兴二十四年（336）三月墓券

木牍，出土时间不详，于高台县骆驼城遗址周围古墓出土。文曰：

第1行　建兴廿四年三月癸亥朔廿八日庚寅，直开，凉州建康郡表是县显平亭部顾军吏亡

第2行　车马、牛羊、盘杆、桸案、衣木（物），皆于方市买贾（卖），钱九万九千九百九十九钱，即□□□□

第3行　不得固遮刃（仞）名。知券者，左青龙，右白虎，前朱雀，后玄武。急女如□□□□。

据寇克红《建康史氏考略》，《大湖湾》第2期，2007年；[日]町田隆吉《甘肃省高台县出土魏晋十六国汉语文书编年》，载中共高台县委等编《高台魏晋墓与河西历史文化研究》，甘肃教育出版社2012年版，第155—167页。

建兴三十六年（348）九月柩铭

吐鲁番阿斯塔那—哈拉和卓墓群64TKM3出土，绢上白粉隶书，反盖于尸体上。文曰：

建兴卅六年九月己卯朔廿八日丙午高昌□……

据新疆维吾尔自治区博物馆《吐鲁番县阿斯塔那—哈拉和卓古墓群发掘简报（1963—1965）》，《文物》1973年第10期。

建元十六年（358）十二月朱少仲衣物疏

玉门毕家滩出土朱少仲衣物疏，2002年6月甘肃省文物考古研究所发掘出土。该衣物疏发现于墓主人胸部，怀揣在胸前交叉衣服的大襟中，即是有意地放在死者的怀中。长23.5厘米—23.8厘米、上宽7.2厘米、下宽6.9厘米、厚0.7厘米，用榆木刮削而成，保存状况完整。文曰：

故碧絓发一枚　故褶一领　故布枕一枚
故练面衣一枚　故布内衣一领
故练延一枚　故布大绔一立
故取绵三两　故布裈一量
故布□一领　故革履一量　M1A
建元十六年十二月廿二日晋故朱少
仲衣疏棚桐官一口从南山松
柏买顾贾九万九千九百　M1B

据张俊民《甘肃玉门毕家滩出土的衣物疏初探》，《湖南省博物馆馆刊》第七辑，2010年。

升平七年（363）三月盈思杂物疏

高台县博物馆藏高台骆驼城出土木牍，行楷体墨书杂物疏，自上至下分3栏，第1栏自右至左竖书10行，第2栏自右至左竖书9行，第3栏自右至左竖书7行，记录随葬杂物24种。文曰：

1　钱一枚盈思故所有
2　被一枚故所有
3　□具一具杂物□故所有
4　□一枚故所有
5　□三枚故所有

6　绵六两故所有

7　□衣一枚故所有

8　缁一具故所有

9　□一领故所有

10　袴一领故所有

（以上第一栏）

11　衫一领故所有

12　褶（？）一枚故所有

13　手霸二枚□故所有

14　大（？）囊一枚故所有

15　□囊一枚故所有

16　裙二立故所有

17　□□一立故所有

18　小□裤二立故所有

19　履袜各一□故所有

（以上第2栏）

升平七年杂物疏（高台博物馆藏，贾小军摄）

20　蹕一枚故所有
21　被一领故所有
22　□一领故所有
23　杂菜［采］廿匹故所有
24　钱一万故所有
25　升平七年三月廿四日亡者盈
26　思右□杂物种被疏
（以上第三栏）

升平十二年（368）八月杨柏衣物疏（一）

1991年武威市凉州区新华乡头坝村出土。两面朱书，全4行，正面3行，行11—18字；背面1行，18字。文曰：

（正面）
第1行　升平十二年八月十七日辛丑［未］，［直］定杨柏黄石地
第2行　药生，今终亡，于市买黄致棺一合，□符
第3行　九万九千钱，□□麦□地中。
（背面）
第1行　化匿不得相因遮。急急如律令。时□□左□［青］□［龙］。

按：本件各家录文颇有出入，何双全、狄晓霞录文如下：

（正面）
升平十二年九月十六日辛丑，□杨□黄石□□药生，今终亡，于市买黄□官一合，贾符九万九千钱，□□卖□地中
（背面）
化匿不得相因□急急如律令

□□时□□左青龙……

今备于此。

　　据梁继红《武威出土的汉代衣物疏木牍》，《陇右文博》1997年第2期；何双全、狄晓霞《甘肃省近年来新出土三国两晋简帛综述》，《西北师大学报》（社会科学版）2007年第9期，第101—104页；陈松梅《河西地区魏晋告地文书中道教思想考释》，《敦煌学辑刊》2009年第1期，第94—103页；吴浩军《〈魏晋南北朝敦煌文献编年〉增补——敦煌墓葬文献研究系列之一》，载中共高台县委等编《高台魏晋墓与河西历史文化研究》，甘肃教育出版社2012年版，第184—207页。

升平十二年（368）八月杨柏衣物疏（二）

1991年武威市凉州区新华乡头坝村出土。两面朱书，全8行，正面5行，行2—19字；背面3行，12—28字。文曰：

（正面）

　　第1行　升平十二年八月十七日辛丑［未］，［直］定杨柏黄石□□

　　第2行　药生……

　　第3行　亡□所著衣物□□□

　　第4行　正常通用一千右九十九正，

　　第5行　□□正多□归……

（背面）

　　第1行　故卷一枚，尖二枚，衫一枚，裲裆一枚，排褶一枚，□褶一枚，□□线袴一立。

　　第2行　三□鞋二里量，青被一副，福□……

　　第3行　大箭十四枚，黄□□运靳□石年□□

按：本件各家录文颇有出入，何双全、狄晓霞录文如下：

（正面）
故□一枚　尖二枚　衫一枚　襦裆一枚
三□鞋而量　青被一副　福□□　□褶一枚　□□袴一立
大箭十四枚　黄□褋□　运靳□石　□□□
（背面）
升平十二年九月十六日辛丑，□杨□黄石
□□药生亡□所著衣物□□□
正当□用九万九千九百九十九
□□正多□归……

今备于此。

据梁继红《武威出土的汉代衣物疏木牍》，《陇右文博》1997年第2期；何双全、狄晓霞《甘肃省近年来新出土三国两晋简帛综述》，《西北师大学报》（社会科学版）2007年第9期，第101—104页；陈松梅《河西地区魏晋告地文书中道教思想考释》，《敦煌学辑刊》2009年第1期，第94—103页；吴浩军《〈魏晋南北朝敦煌文献编年〉增补——敦煌墓葬文献研究系列之一》，载中共高台县委等编《高台魏晋墓与河西历史文化研究》，甘肃教育出版社2012年版，第184—207页。

升平十三年（369）五月乌独浑衣物疏（一）

1991年武威市凉州区新华乡头坝村出土，与前《升平十二年（368）八月杨柏衣物疏（一）（二）》同出一墓，左上部为一镇邪符篆，右上角及其以下书写衣物名称，单面墨书，全4行，行13—27字。文曰：

第1行　千粮万斛旐幕一枚，青褶二领，单衫一领，刀一枚。

第2行　青布□褶一领，故壮袴一领，罗袴一领，巾一枚，弓箭卅枚，故袴褶一领

第3行　白布袴两领，尖一枚，步叉带自随

第4行　裲裆一领，刀带自随鞋一两，右十九种物听随身行

按：本件各家录文颇有出入，何双全、狄晓霞录文如下：

干粮万斛　　旃一枚　　□□八辆　　单襜一领　　刀一枚
青复襜一领　单袭一领　巾一枚　　　弓箭一枚　　故复襦一领
布襦一领　　尖一枚　　步叉曾佗　　两当一立　　白卷八匹
□一量　　　故襜褕一领

凡十九种物听随行

今备于此。

据梁继红《武威出土的汉代衣物疏木牍》，《陇右文博》1997年第2期；何双全、狄晓霞《甘肃省近年来新出土三国两晋简帛综述》，《西北师大学报》（社会科学版）2007年第9期，第101—104页；陈松梅《河西地区魏晋告地文书中道教思想考释》，《敦煌学辑刊》2009年第1期，第94—103页；吴浩军《〈魏晋南北朝敦煌文献编年〉增补——敦煌墓葬文献研究系列之一》，载中共高台县委等编《高台魏晋墓与河西历史文化研究》，甘肃教育出版社2012年版，第184—207页。

升平十三年（369）五月乌独浑衣物疏（二）

1991年武威市凉州区新华乡头坝村出土，与前《升平十二年（368）八月杨柏衣物疏（一）（二）》《升平十三年（369）某人衣物疏（一）》同出一墓，单面墨书，全2行，行29—31字。文曰：

第 1 行　十三年五月二十一日，生人父母与乌独浑十九种衣物，生时所著所衣。

第 2 行　山川、谷郭、黄泉、河津、桥梁：不得妄荷脱梦，荷妄遮脱，持券上诣苍天，急急如律令！

据梁继红《武威出土的汉代衣物疏木牍》，《陇右文博》1997 年第 2 期；何双全、狄晓霞《甘肃省近年来新出土三国两晋简帛综述》，《西北师大学报》（社会科学版）2007 年第 9 期，第 101—104 页；陈松梅《河西地区魏晋告地文书中道教思想考释》，《敦煌学辑刊》2009 年第 1 期，第 94—103 页；吴浩军《〈魏晋南北朝敦煌文献编年〉增补——敦煌墓葬文献研究系列之一》，载中共高台县委等编《高台魏晋墓与河西历史文化研究》，甘肃教育出版社 2012 年版，第 184—207 页。

升平十三年（369）七月姬瑜随身物疏令

武威 85WHM19：4 木牍，墨书《姬瑜随身物疏令》全 5 栏，第 1 栏 6 行，第 2、第 3 栏 7 行，第 4 栏 8 行，第 5 栏 9 行，行 4—24 字，文曰：

1　故白练尖一枚
2　故巾帻一枚
3　故练面衣一枚
4　故练褕一领
5　故枚绵四斤
6　故平郡清竹板一枚
（以上第一栏）
7　故练两当一枚
8　故碧襦一领

9　故白练襦一领

10　故白练福裙一立

11　故练袜一量

12　故黄柏霸二枚

13　故蒲席一领

（以上第二栏）

14　故白绢帕一枚

15　故青訾衣一枚

16　故青颐衣一枚

17　故练裤一立

18　故练衫一领

19　故练袴一立

20　故青丝履一量

（以上第三栏）

21　故垒单衣一领

22　故白练夹袍一领

23　故黄绢审遮各一枚

24　故驸马都尉青银印一纽

25　故奋节将军长史金印一纽

26　故黄金百斤

27　故白银百斤

28　故笔一枚

（以上第四栏）

29　故黄白绢三百匹

30　故□百匹

31　故黄柏器一□

32　故驸马都尉板一枚

33　故建义奋节将军长史板一枚

34　故杂黄卷书二卷

35　故纸三百张

36　升平十三年七月十二日凉故驸马都尉建义奋节将军长史

37　武威姬瑜随身物疏令卅五种

据李均明、何双全《散见简牍合集》，文物出版社1990年版，第26—28页；王素、李方《魏晋南北朝敦煌文献编年》，第95—97页。

升平十三年（369）九月胡运于衣物疏

高台县骆驼城01GLM5：7木牍，长36.4厘米、宽4厘米、厚0.8厘米，单面墨书，文曰：

第1行　故结发二枚，故□一枚，故衫一褋，襜衣一褋，故□□，□□故褶一褋故裈一立，故大袴

第2行　一枚，故□□一枚，故履一量，故审（？）应（？）一具，袱□一具，故官［棺］一口

第3行　　□……五种　升平十三年九月十一日胡运于衣疏

据甘肃省文物考古研究所、高台县博物馆《甘肃高台县骆驼城墓葬的发掘》，《考古》2003年第6期；何双全、狄晓霞《甘肃省近年来新出土三国两晋简帛综述》，《西北师大学报》（社会科学版）2007年第9期，第101—104页；[日]町田隆吉《甘肃省高台县出土魏晋十六国汉语文书编年》，载中共高台县委等编《高台魏晋墓与河西历史文化研究》，甘肃教育出版社2012年版，第155—167页；摹本甘肃省文物考古研究所、高台县博物馆《甘肃高台县骆驼城墓葬的发掘》图一〇。

升平十四年（370）九月孙狗女衣物疏

玉门毕家滩出土孙狗女衣物疏，2002年6月甘肃省文物考古研究所

发掘出土。该衣物疏位于在墓主人胸部，怀揣在胸前交叉衣服的大襟中，即是有意放在死者的怀中。长 23.3 厘米—23.5 厘米，上宽 8.8 厘米，下宽 8.4 厘米，厚 0.35 厘米—0.8 厘米，用松木制成，保存状况完整。文曰：

故绀维一枚　故绯罗绣两当一领　故布帘一枚　故银镜一枚
故䌷头一枚　故绿繻一领　故绀绮被一楪练裏　故发刀一枚
故绛缠相一枚　故紫绣一领　故边□囊一枚　故尉斗一枚
故鍮石叉三枚　故碧裤一立　故缕囊一枚　故疏二枚
故绀青头衣一枚　故绯绣绔一立　故练毛巾四枚　含一枚
故巾一枚　故布裙一楪　故布衫一领　故杂䌽五百匹
故练面衣一枚　故绯碧裙一楪　故青延一枚　为道用
故缠绵一斤　故碧袜一量　故镜镰一枚　故杂䌽瓢一具
故练衫一领　故头系履一量　松柏器一口
故银履䇲一具　M26A
升平十四年九月十四日晋故大女孙狗女右楪衣物杂䌽所持
皆生时所素买松柏器一口顾贾钱九万九千九百九十所
在听遣不得停留时人左青龙右白虎
知状如律令　M26B
（以上为张俊民释文）

M26A

故绀维一枚（一栏 1 列）

故䌷头一枚（一栏 2 列）

故绛缠相一枚（一栏 3 列）

故鍮石叉三枚（一栏 4 列）

故绀青头衣一枚（一栏 5 列）

故巾一枚（一栏 6 列）

故练面衣一枚（一栏 7 列）

故缠绵一斤（一栏 8 列）

故练衫一领（一栏9列）
故绯罗绣两当一领（二栏1列）
故绿繻一领（二栏2列）
故紫绣繻一领（二栏3列）
故碧裈一立（二栏4列）
故绯绣绔一立（二栏5列）
故布裙一牒（二栏6列）
故绯碧裙一牒（二栏7列）
故碧袜一量（二栏8列）
故头系履一量（二栏9列）
故银履簾一具（二栏10列）
故布□一枚（三栏1列）
故绀綪被一牒练裹（三栏2列）
故边□囊一枚（三栏3列）
故缕囊一枚（三栏4列）
故练手巾四枚（三栏5列）
故布衫一领（三栏6列）
故青延一枚（三栏7列）
故镜镰一枚（三栏8列）
故银镜一枚（四栏1列）
故发刀一枚（四栏2列）
故尉斗一枚（四栏3列）
故疏二枚（四栏4列）
含一枚（五栏1列）
故杂綵五百匹（五栏2列）
为道用（五栏3列）
故杂綵瓢一具（五栏4列）
松柏棺器一口（五栏5列）

M26B

升平十四年九月十四日，晋故大女孙狗女，右襍衣物、杂綵、所持皆生时所秉，买松柏器一口，顾贾钱九万九千九百九十，所在听遣不得留停，时人左青龙、右白虎，知状如律令。

（以上为窦磊释文）

据张俊民《甘肃玉门毕家滩出土的衣物疏初探》，《湖南省博物馆馆刊》第七辑，2010 年；窦磊《毕家滩出土衣物疏补释》，《考古与文物》2013 年第 2 期。

咸安五年（375）三月某人衣物疏

玉门毕家滩出土咸安五年某人衣物疏，2002 年 6 月甘肃省文物考古研究所发掘出土。该衣物疏位于在墓主人胸部，怀揣在胸前交叉衣服的大襟中，即是有意地放在死者的怀中。长 26.7 厘米，宽 3.3 厘米，厚 0.7 厘米，用胡杨木制成，已残。文曰：

故□□□一枚　故练□一枚　故布两当一襍　故练裙一襍
故□□□一枚　故练面衣一枚　故布襦一领　故布袴一襍
故练延一枚　故青□一枚　故布衫一领　故布裤一襍　M40A
故布□□□□　故韦履一量　咸安五年三月廿二日时知状左
故……　故布□一具　青龙右白虎
故□□□□……　□□□□用五百匹　M40B

据张俊民《甘肃玉门毕家滩出土的衣物疏初探》，《湖南省博物馆馆刊》2010 年第七辑。

建元十二年（376）十一月梁舒墓表

前秦梁舒墓表①

1975年3月武威县金沙乡赵家磨出土，石质，全9行，行8字，阴刻。文曰：

1　凉故中郎、中督护、公
2　国中尉、晋昌太守、安
3　定郡乌氏县梁舒，字
4　叔仁。夫人故三府录
5　事、掌军中候、京兆宋
6　延女，名华，字成子。以
7　建元十二年十一月
8　卅日，葬城西十七里，
9　杨墓东百步、深五丈。

据钟长发、宁笃学《武威金沙公社出土前秦建元十二年墓表》，

---

① 党寿山：《武威文物考述》图版甲一"前秦宋华墓表"，武威市光明印刷物资有限公司2001年印。

《文物》1981年第2期；党寿山《武威文物考述》图版甲一"前秦宋华墓表"，武威市光明印刷物资有限公司2001年印；王素、李方《魏晋南北朝敦煌文献编年》，第100—101页。

建元十四年（378）十二月十三日砖铭

1999年4月甘肃省高台县博物馆在许三湾西南墓群回填早期被盗墓葬时清理出土，该墓葬为壁画砖室墓，题铭字砖呈长方形，镶嵌在墓室后壁，文字书写在砖面右侧，墨笔隶体，自右至左竖书两行。砖铭不记墓主人名爵地望，只记述了在安葬之日画工进入墓室作画和完成墓葬壁画的时间。砖铭曰：

第1行 建元十四年十二月十三日安错。
第2行 早豕作饰富晚成。

建元十四年（378）十二月十三日砖铭（高台博物馆藏，贾小军摄）

据寇克红《高台许三湾前秦墓葬题铭小考》，载中共高台县委等编《高台魏晋墓与河西历史文化研究》，甘肃教育出版社2012年版，第27—35页；［日］町田隆吉《甘肃省高台县出土魏晋十六国汉语文书编年》，载中共高台县委等编《高台魏晋墓与河西历史文化研究》，第155—167页。

建元十八年（382）正月高俟墓券（一）

高台骆驼城00GLM1：1墓券，木牍，纵24厘米、横8厘米、厚0.7厘米，墨书行楷体，自右至左竖书4行。文曰：

建元十八年正月丁卯朔廿六日壬辰，建康郡表是县都乡杨下里高俟/物故，葬归蒿里，四维下封，不得禁止。生人有城，死人有郭，阡/陌道路将军，从往迎送，敢有固遮，收付河伯。丹书铁/券，死人无怨，急急如律令。

高俟墓券（高台博物馆藏，贾小军摄）

按：何双全、狄晓霞《甘肃省近年来新出土三国两晋简帛综述》[《西北师大学报》（社会科学版）2007年第9期]收录《高台县许三湾"建元十四年"木牍》，其文如下：

建元十四年正月丁卯朔廿六日壬辰，建康郡表是县都乡杨下里高丘物故，黄野万里，四维下封，生人有城，死人有郭、有阡陌、道路，将军于往迎送，敢固遮，将附河伯，丹书铁券，死人无怨，急急如律令。

该录文未见于其他著述,但与《建元十八年(382)正月高俟墓券(一)》比较,当为同一墓券,何、狄所录纪年信息错误,今备于此。

据赵雪野、赵万钧《甘肃高台魏晋墓墓券及所涉及的神祇和卜宅图》,《考古与文物》2008年第1期,第85—90页;寇克红《高台骆驼城前秦墓出土墓券考释》,《敦煌研究》2009年第4期,第91—96页。

建元十八年(382)正月高俟墓券(二)

高台骆驼城00GLM1:2墓券,木牍,纵26厘米、横8厘米、厚0.7厘米,墨书行楷体,正、背均有文字,正面自右至左竖书6行,背面6行。文曰:

(正面)敢告皇天后土、天赫地赫、丘丞墓伯:凉故凉州建康郡表是县都乡杨下里故/州吏高俟,俟妻朱吴桑,当今正月廿六日葬,从岁月利道,随太父后。死者属太山,生/者属长安。功曹传送,长所居土,不犯非庐,生死永已。金钱买冢,黄远荔子,葬日吉/良,奉顺地理,黄帝凤后,玉衡历纪,选择良辰,下入蒿市。送以奴婢、车马给使、/牛羊鸡犬、束帛衣履。冢中百物,贾买于市,死入太阴,长永绝矣。黑帝用事,玄武除/央(殃),黄泉九重,鬼神大囗,即次玄囗,葬臣囗囗,有时无朔,律历旧章,终入五墓。神/

(背面)灵所依,青龙入囗,白虎入囗,生死道别,五行无违,太阴之气,玄武持时,/太玄入角,朱雀入楼,三神葬鬼,莫复相妨。不得忘行,有所怨仇,百寿老死,入地黄泉,/终始葬归蒿里,下见先人,奉侍亲埋冢道,诸不得禁止。无责父母,无归妻/子,今日安错,囗囗永已,生人富贵,死(人)葬绝。冢地左右,各有齐截,若有仞名,券囗囗囗,/囗知状,左青龙,右白虎,前朱雀,后玄武,媒人赤松子。/建元十八年正月丁卯朔廿六日壬辰奏。

98　/　魏晋十六国河西镇墓文、墓券整理研究

按：何双全、狄晓霞《甘肃省近年来新出土三国两晋简帛综述》[《西北师大学报》（社会科学版）2007年第9期]收录《高台县许三湾西晋"建兴八年"木牍》，其文如下：

□□入□，朱雀入□，上程万卷，□复九阳，不得□□，□□乌氏，生卒右死，入地黄泉，旌持葬于蒿里，下应□□，奉得铜钱，界道桥，不得禁止，此责父母，甚□□子，今日至将，终身死已，生人富贵。下葬终止，第穴力右，各丹书铁券，□……旁人：左青龙，右白虎，前朱雀，后玄武。媒人：赤松子。

建兴八年正月廿六日壬戌奏。

该文云："上世纪90年代，出土于高台县许三湾墓群，木牍长23厘米，宽5厘米，一面墨书。"何、狄录文未见于其他著述，但与《建元十

建元十八年（382）正月高俟墓券（二）（正面）[①]

八年（382）正月高俟墓券（二）》比较，当为《建元十八年（382）正

[①] 寇克红：《高台骆驼城前秦墓出土墓券考释》图二"高俟墓券（二）正面"，《敦煌研究》2009年第4期。按：该文图三为"高俟墓券（二）背面"，但与"高俟墓券（二）正面"完全相同，误。

月高俟墓券（二）》背面之误录，纪年信息亦误，今备于此。

据赵雪野、赵万钧《甘肃高台魏晋墓墓券及所涉及的神祇和卜宅图》，《考古与文物》2008年第1期，第85—90页；寇克红《高台骆驼城前秦墓出土墓券考释》，《敦煌研究》2009年第4期，第91—96页。

建元十八年（382）正月高容男墓券

高台骆驼城00GLM2：1墓券，木牍，纵29厘米、横7.5厘米、厚0.7厘米，墨书行楷体，正、背均有文字，正面自右至左竖书6行，背面5行。文曰：

（正面）敢告皇天后土，天赫地赫，丘丞墓伯：凉故凉州建康郡表是县都乡杨下里大女高容男／当今年正月廿六日葬，从岁月利道，随太父后，死者属太山，生者属长安。功曹传送，长所居（土），（不）／犯非庐，（生）死永已。金钱买宅，黄远荔子，葬日吉良，奉顺地理，黄帝凤后，玉衡（历）（纪），／选择良辰，下（入）蒿市。送以奴婢、车马给使、牛羊鸡犬、束帛衣履。冢中百物，贵（贾）买于市，死入太（阴），（长）／永绝矣。黑帝用事，玄武除央（殃），黄泉九重，鬼神大□，即□玄□，万事相妨，有时无朔，律历□／章，终入五墓。神灵所依，青龙入□，白虎□□，生死道别，五行无违，太阴之气，玄武持／（背面）□，太玄入角，朱雀入楼，三神葬鬼，莫复相妨。不得忘行，有所怨仇，生寿老死，／入地其身，终始葬归蒿里，下见先人，侍奉亲埋冢道，诸不得禁止，无责父母，无／归妻子。今日安错，终□永已，生人富贵，死葬纪止。冢地左右，各有齐截，若有仞名，／□□□□了时知状，左青龙，右白虎，前朱雀，后玄武，媒人赤松子。／建元十八年正月廿六日壬辰奏。

据赵雪野、赵万钧《甘肃高台魏晋墓墓券及所涉及的神祇和卜宅图》,《考古与文物》2008 年第 1 期,第 85—90 页;寇克红《高台骆驼城前秦墓出土墓券考释》,《敦煌研究》2009 年第 4 期,第 91—96 页。

高容男墓券(正面、背面)①

建元二十年(384)十二月棺板题记

2000 年 10 月,高台县博物馆在骆驼城遗址西 8000 米处西南许三湾西南五道梁墓群回填早期被盗墓葬时清理出土。题记文字写在棺盖板内侧,棺盖板由松木制作,长 210 厘米,宽 39 厘米,厚 5 厘米,呈长方形。题记墨书隶体,自左至右竖书 6 行。文曰:

  第 1 行　建元廿年,太岁
  第 2 行　在申,十二月廿三日
  第 3 行　壬申,危葬。

---

① 寇克红:《高台骆驼城前秦墓出土墓券考释》,《敦煌研究》2009 年第 4 期。

第4行　时，田地昶峙，

第5行　陇道断，泣

第6行　二年。

据寇克红《高台许三湾前秦墓葬题铭小考》，载中共高台县委等编《高台魏晋墓与河西历史文化研究》，甘肃教育出版社2012年版，第27—35页；[日]町田隆吉《甘肃省高台县出土魏晋十六国汉语文书编年》，载中共高台县委等编《高台魏晋墓与河西历史文化研究》，第155—167页。

升平二十二年（385）三月赵宜衣物疏

玉门毕家滩出土赵宜衣物疏，2002年6月甘肃省文物考古研究所发掘出土。该衣物疏位于在墓主人胸部，怀揣在胸前交叉衣服的大襟中，即是有意地放在死者的怀中。长26.3厘米、宽3.8—4.3厘米、厚0.8厘米，用胡杨木制成，已残断。文曰：

故青绔一枚　　故□□□　　故绿襦一领……
故绫□一枚　　故□□一枚　　……
故银叉一枚　　故巾二枚
故钱百又二枚　　故练面衣一枚
故□襦一领
故练衫一领　M37A
故布绔一牒　　故□□一具　　杂采百匹
□九枚女□□生时所素
升平廿二年三月十九日晋故大女赵宜从南山买松柏棺一口顾贾□钱九万九千九百九十时知见佐青龙右白虎所在听遣　M37B

据张俊民《甘肃玉门毕家滩出土的衣物疏初探》，《湖南省博物馆馆刊》2010年第七辑。

麟嘉七年（395）四月某人衣物疏

玉门毕家滩出土麟嘉七年某人衣物疏，2002年6月甘肃省文物考古研究所发掘出土。该衣物疏位于在墓主人胸部，怀揣在胸前交叉衣服的大襟中，即是有意地放在死者的怀中。长23.5厘米、宽5.3厘米、厚0.1厘米—0.7厘米，用松木制成，已扭曲变形。文曰：

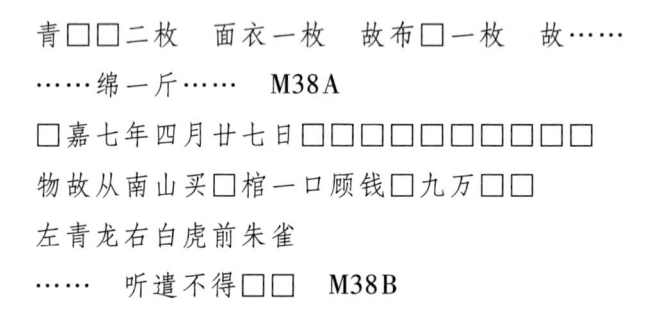

青□□二枚　面衣一枚　故布□一枚　故……

……绵一斤……　M38A

□嘉七年四月廿七日□□□□□□□□

物故从南山买□棺一口顾钱□九万□□

左青龙右白虎前朱雀

……　听遣不得□□　M38B

据张俊民《甘肃玉门毕家滩出土的衣物疏初探》，《湖南省博物馆馆刊》2010年第七辑。

麟嘉十五年（403）三月黄平衣物疏

玉门毕家滩出土黄平衣物疏，2002年6月甘肃省文物考古研究所发掘出土。该衣物疏位于在墓主人胸部，怀揣在胸前交叉衣服的大襟中，即是有意地放在死者的怀中。长24.6厘米、上宽4.7厘米、下宽3.5厘米、厚0.6厘米，用松木制成，已残。文曰：

故练襦一领　故练衫一领　故练□□一领　故练绔一具　故练裤一□

故练内衣一量　故缠绵一斤　故杂綵把一具　故练发一具

故丝履一量　故布被一具　故布裙一具　杂綵□☒ M20A

麟嘉十五年三月十□日西乡黄平命终从

南山买松柏器一口顾钱九万九千九百九十时知见左青龙右白虎

□□□□□□ M20B

据张俊民《甘肃玉门毕家滩出土的衣物疏初探》,《湖南省博物馆馆刊》第七辑,2010年。

庚子四年（403）九月吕皇女衣物疏

玉门毕家滩出土吕皇女衣物疏,2002年6月甘肃省文物考古研究所发掘出土。该衣物疏位于在墓主人胸部,怀揣在胸前交叉衣服的大襟中,即是有意地放在死者的怀中。长25厘米、宽8.3厘米、厚0.8厘米,用胡杨木制成,有虫蛀痕迹。文曰:

故□□一枚□一枚　故□裤□　故□　□□

故䩛璫头各一枚　□绵二斤　故□铁镜□

故发稍被一具　故绵襖一领　故裴□□

两耳真珠一具　故□□　故□一枚　故真□□一枚　□□□

白练面衣一□　故绵□□一□　故系履一量　故□一枚　故粉二两

故绡头一枚　故□□　故被一领故铁针一枚　锦衣□

故□□□一领　故璫练□□□□

故练延一枚　故杂缘香囊一具 M30A

故木城郭一具　故木奴一枚　故□□□

故布裴一枚　亩三斛　□牀一具赤□一具□

庚子四年九月十二日田氏家妇吕皇女从南山买松柏□□

□贾钱九万九千九百九十九时知见左青龙右白虎书券□

□□□海渎山川门户所在听遣禁固□□故同钱□□……M30B

据张俊民《甘肃玉门毕家滩出土的衣物疏初探》,《湖南省博物馆馆刊》第七辑,2010年。

建初十四年（418）韩渠妻随葬衣物疏

1963年出土于新疆吐鲁番阿斯塔那一号墓，编号63TAM1：11。文曰：

故紫结发☐☐☐故练荻头☐☐☐
☐☐☐故练覆面一枚　故帻一枚　故绢小衫
☐☐☐故练襦一领　故绢小裤一立
☐☐☐故练袴一立　故生绢裙一立
☐☐☐衣一领　故练鞜一量　故履一量
故碧佳☐☐☐铁（机）郭一具　故手中黄丝☐☐☐
兔豪（毫）万束　黄金千两　正帛丝绢百匹　故怀袖
蹹白囊各一枚　故绢毯一领　故绢被一领
黄松棺☐☐　故木梳一枚
建初十四年八月廿九日，高昌郡高县都乡孝敬里民
韩渠妻☐[薄]命早终，谨条随身衣裳杂
物如右。时见左清（青）龙，右白虎。书物数前朱雀
后玄武。☐☐☐要。急急如律令。

按：本件出土于邻近河西走廊的吐鲁番地区，时间为西凉建初十四年（418），今录于此，以与河西走廊地区出土的衣物疏进行对比。另外，本件所谓"☐[薄]命早终"亦可为探究"薄命早终"类镇墓文提供参考。

据唐长孺主编《吐鲁番出土文书（壹）》，文物出版社1992年版，第5页。

嘉兴二年（418）李超夫人尹氏墓表

1999年酒泉丁家闸六号墓出土，酒泉地区博物馆（现酒泉市博物馆）

清理，砖质，文曰：

［碑首］陇西狄道李超夫人尹氏墓表
［碑身］□□□凉嘉兴二□十二月十九日□□□十二月□□

据肃州区博物馆《酒泉小土山墓葬清理简报》，《陇右文博》2004年第2期；［日］关尾史郎《西凉嘉兴二年李超夫人尹氏墓表》，《环日本海研究年报》第12号，2005年2月。

缘禾六年（437）正月翟万衣物疏

1963年吐鲁番阿斯塔那二号墓出土，编号63TAM2：1，自右至左墨书竖书13行：

1 故路绯结发两枚　故银导一枚　故帛练覆面一枚
2 故帛尖一枚　故绮尖一枚　故帛绢袷一枚　黑索一枚　故帛练衫一领
3 故帛练两当一领　故帛练襦一领　故帛练小裤一立
4 故帛练大裤一立　故帛练袴一立　故帛练裙一立
5 故怀袖蹹白囊各一枚　故手爪囊一枚　黄金十斤
6 手中黄丝三丈　铜钱自副　故铜机郭一具
7 故帛绢单衣一领　故帛练枕一枚　故帛绢被一领　故帛练褥一领
8 兔毛千束　故帛练袜一量　故绀履一量
9 色帛千匹　故黄桑棺一口　手板一枚
10 缘禾六年正月十四日延寿里民翟万去天
11 入地谨涤随身衣裳物数如右时见左
12 青龙右白虎前朱雀后玄武
13　　　　　　田并条

据唐长儒主编《吐鲁番出土文书》（壹），文物出版社 1992 年版，第 85 页。

年次未详某人墓券

2017 年 6 月 21 日笔者到高台县博物馆考察，发现在"西塞遗珍"主题展厅中，增加了一例墓券，据博物馆相关展出信息，该墓券从"高台县城关镇朱立虎处征集"而来，命名"前凉镇墓券"。该墓券总体保存较好，木牍，齐头 8 行楷书，但部分字迹漫漶不清。笔者据所拍摄的相关图片，对之释读如下：

谨案黄帝天老本记神龙家经旋机玉衡七正平岁月和合宫商黄氏敬葬第一良从甲□／庚天道五仓随岁月利道行无所周防庚得自处甲得独行天德万里并见东方黑／帝用事玄女除殃龟零力牧黄帝地刑鲍氏金车□贡启□京令五音周／阴弃地里中台玄女案终廿四若天一道门凡五十四□

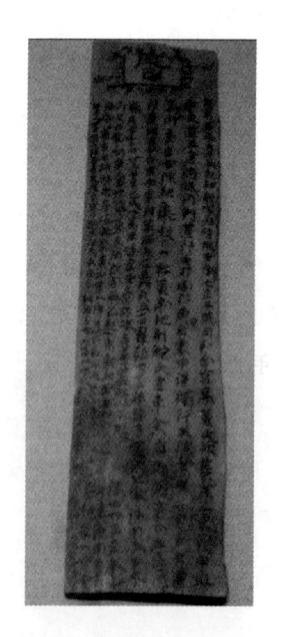

年次未详某人墓券（高台县博物馆藏，贾小军摄）

临七十二法皆言黄□之象得用今年□（之?）/岁在甲子二月廿三日辛巳成入蒿里皆良三厉所决吉善□时以□□□□偶中下交（?）车奉□/□又西南向庚当此之时忧患消除周紫不起青龙（?）死玉堂□□□□青帝用事□/终御道玄女持时朱雀□□常弃功曹入传□下名目天（?）□……煞神飞入紫云/生人富贵死者无患□玄□白乐未殃□□高□封底王家大□奴婢……（以下漫漶不清）

晋徐小牛等名籍

1986年于高台县罗城乡常封村晋墓出土木牍，李永良描述称该木牍"内容为死者'衣物疏'"，年代为"晋（公元369年）"，但根据不明。文曰：

第1行　徐小牛□□□□常孙阿之贾万军

第2行　孟□□梁淑□

第3行　湖樹得颜阿□□□□□□孟淳□

第4行　湖□□湖□贤

第5行　□□□□□□□湖□□董□□

第6行　疏亡人□□白□□□□□当护之。

第7行　致疏为信。

据李永良《河西汉简的发掘与研究》，《简牍学研究》第一辑，甘肃人民出版社1997年版，第1—11页；[日]町田隆吉《甘肃省高台县出土魏晋十六国汉语文书编年》，载《高台魏晋墓与河西历史文化研究》，第155—167页。

前凉周女敬衣物疏

高台县博物馆藏前凉《周女敬衣物疏》木牍，隶楷体墨书衣物疏，正面自上至下分3栏，第1栏正中竖书1行"周女敬衣物疏"，第2至3栏自右至左竖书4行；反面自上至下分2栏，每栏自右至左竖书2行，共记录随葬衣物 12 种。文曰：

(正面)
1　周女敬衣物疏
(以上第 1 栏)
2　故山柏木一口本自有
3　故襈一枚本自有
4　故早被一领本自有
5　故青□［绔？］一衣本自有
(以上第 2 栏)
6　故糸履一量本自有
7　故收绵十斤本自有
8　故□□具本自有
9　故□镜三枚本自有
(以上第 3 栏)

周女敬衣物疏（1. 正面；2. 正、反面。高台县博物馆藏，贾小军摄）①

---

① 按：本件衣物疏时代（前凉）据高台县博物馆展出资料誊录。

（反面）

10　故□三双本自有

11　故诸百物前皆自有

（以上第4栏）

12　故杂缯二百匹

13　故弩基郭一枚本自有

前凉周南衣物疏

高台县博物馆藏前凉《周南衣物疏》木牍，隶楷体墨书，正面自上至下分3栏，第1栏正中竖书1行"周南衣物疏"，第2栏自右至左竖书4行，第3栏自右至左竖书3行；反面自上至下分2栏，第1栏自右至左竖书2行，第2栏靠右竖书1行，共记录随葬衣物10种。文曰：

（正面）

1　周南衣物疏

（以上第1栏）

2　故正柏木一口本自有

3　故冠帻一具本自有

4　故黄绢单衣一领本自有

5　故早□一领本自有

（以上第2栏）

6　故白络履一量本自有

7　故收绵十斤本自有

8　及诸故衣物本自□□用

（以上第3栏）

（反面）

9　故杂缯三百匹本自有

10　故穀具本自有

（以上第4栏）

11　故弩基郭一枚本自有

（以上第5栏）

周南衣物疏（1. 正面；2. 反面。高台县博物馆藏，贾小军摄）[①]

年次未详十二月耿少平、孙阿玿墓券

高台骆驼城98GLM6：1木牍，长26厘米、宽12厘米、厚1厘米；齐头11行楷书，两种墨迹，文曰：

> 耿氏男祥，字少平，年廿，命在金／。
> 孙氏女祥，字阿玿，年十五，命在土／。
> 谨案黄帝司马季主九天酱（图）、太史历记言得用。／今年十二月廿三日，月吉日良，星得岁对，宿得天仓，五男四／女九子法，冢

[①] 按：本件衣物疏高台博物馆称"周南衣物疏"，其时代（前凉）据高台博物馆展出资料誊录。正面为2009年拍摄，反面为2016年拍摄。

前交车，作舍作芦（庐），穆穆雍雍，两家合同，雍雍/穆穆，两家受福，便利姑妐、叔妹，共上仓（苍）天，共作衣裳，共作/旃（毡）被，共作食饮，共上车，共卧共起，共向冢，共向宅，共取新（薪），共取水，共/产儿子儿大〈女〉，共使。千秋万岁不得犯害家人。生死异路，各有城郭/，生人前行，死人却略，生人上台，死人深藏埋，生人富贵，死人日/远。自今相配合，千秋万岁之后不得还反。时共和合/，赤松子如地下二千石、灶君共三画，青乌子共知要。急急如律令。

据曹国新《骆驼城出土珍贵文物》，《丝绸之路》1999年第3期；赵雪野、赵万钧《甘肃高台魏晋墓墓券及所涉及的神祇和卜宅图》，《考古与文物》2008年第1期；刘卫鹏《甘肃高台十六国墓券的再释读》，《敦煌研究》2009年第1期；刘乐贤《"生死异路，各有城郭"——读骆驼城出土的一件冥婚文书》，《历史研究》2011年第6期。

某年十二月耿少平、孙阿玿墓券（高台博物馆藏，贾小军摄）

年次未详某人招魂幡文

嘉峪关新城招魂幡，紫红色，残为两半，为极薄且透亮的平纹绢，上用黑墨线画一人面兽身像，下写"死人之阴、生人之阳"之类的幡文。

据《嘉峪关新城十二、十三号画像砖墓发掘简报》，1982年第8期；王素、李方《魏晋南北朝敦煌文献编年》，第59页。

年次未详正月某人衣物疏

玉门毕家滩出土某人衣物疏，2002年6月甘肃省文物考古研究所发掘出土。该衣物疏位于在墓主人胸部，怀揣在胸前交叉衣服的大襟中，即是有意地放在死者的怀中。长27厘米、宽5.1厘米、厚0.6厘米，用松木制成，已残碎。文曰：

故青䄟根一枚　故袜一枚　故绵绔一枚　故绵四五两　故布绢一枚　故□□

故同针二枚　故布裤一枚　故内衣一枚　故绣襦一枚　故履一枚凡十八□

故青头一枚　故布衫一枚　故□耳具　故绣绔一枚　故布皮一枚所素

故缯两当一枚　□□一枚　故布裙一枚　故手帛一枚　M51A

□□年正月十一日□□从南山买松棺顾钱九千九万□

知状左青龙右白虎前朱雀后玄武□

如律令　杂綵百匹　M51B

据张俊民《甘肃玉门毕家滩出土的衣物疏初探》，《湖南省博物馆馆刊》2010年第七辑。

年次未详砖刻文

高台骆驼城南魏晋墓群出土刻字砖，具体位置不详，现藏高台博物馆，共四块，均呈长方形。笔者据所拍摄的相关图片，并参考高台博物馆相关展出信息，对之释读如下。

其（一）文字刻于在砖面右侧，自右至左竖书3行。文曰：

都凡己者千五百八十

年次未详砖刻文（一）（高台博物馆藏，贾小军摄）

其（二）文字刻于在砖面中央，自上至下1行。文曰：

都凡六百七十

其（三）文字刻于在砖面中央，自右至左竖书2行。文曰：

好人唐阿姓□□王阿先

其（四）文字刻于在砖面中央，自上至下1行。文曰：

户名曹春阳

114 / 魏晋十六国河西镇墓文、墓券整理研究

（二）　　　　　（三）　　　　　（四）

年次未详砖刻文（二、三、四）（高台博物馆藏，贾小军摄）

下 卷

魏晋十六国河西镇墓文、墓券研究

一　事死如事生：魏晋十六国河西镇墓文解读

20世纪50年代以来，河西地区发现较多的魏晋十六国镇墓文。这些镇墓文主要书写死者去世时间及建除十二直、死者生前所在郡县乡里、死者姓名及相关信息、解注辞与隔绝生死辞、沟通人鬼的神灵以及代替死者承受央咎和罚作的承负之物等五个方面的内容，主要目的在于隔绝生死、使死者安息、为生人除害。这反映出民众"事死如事生"的丧葬观念，并在一定程度上再现了魏晋十六国时期河西民众丰富的生活世界。

镇墓文又称"解注文""解谪文""劾鬼文"等，是指东汉中后期出现的用朱砂书写在镇墓陶器上的解殃文辞，目的主要是为地下死者解谪祛过，为世上生人除殃祈福，免再受罚作之苦，祈求保佑生人家宅安宁，使死者的冢墓稳定；同时也是为了隔绝死者与其在世亲人的关系，使之不得侵扰牵连生人。

20世纪以来，考古工作者在河西地区魏晋十六国墓葬中发现了大量镇墓文，主要集中在敦煌新店台和祁家湾，在酒泉、嘉峪关等地也有零星出土。据笔者不完全统计，目前所见有一定文字内容的大约90件。魏晋十六国河西镇墓文自发现起，学术界就开始了考古学、历史学或者民俗学等方面的研究①。本节拟在前贤研究的基础上，进一步就魏晋十六国河西镇墓文的内容与格式、主旨及所反映的社会历史信息进行解读。

（一）魏晋十六国河西镇墓文的内容与格式

根据已经公布的相关资料，魏晋十六国河西镇墓文有繁有简，繁者百余字，简者仅寥寥数字。总体看来，主要包括以下几个方面内容。

一是死者去世时间及建除十二直信息。如《泰熙元年（290）四月吕阿丰镇墓文》②："泰熙元年四月庚寅朔，六日乙未直平，吕阿丰之身死。"《建兴十七年（329）四月郭綦香镇墓文》③："建兴十七年四月癸酉朔，一日癸酉直执，大女西乡郭綦香，今死终。"《升平十二年（368）二月郭遥黄镇墓文（一）》④："升平十二年二月戊午朔，十二日乙巳直除，郭遥黄之身死。"《建兴廿九年（341）八月万安镇墓文（一）》⑤："建兴廿九年八月辛酉朔，廿二日壬午直□。"《永安元年韩治镇墓文》⑥："永安元年八月丙寅朔，十一日丙子直□，大男韩治，汝身死。"等等。

二是死者生前所在郡县乡里信息。如《神玺二年（398）八月□富昌

---

① 其中主要资料及研究成果有：甘肃省文物考古研究所等《敦煌祁家湾西晋十六国墓葬发掘报告》（以下简称《敦煌祁家湾》，文物出版社1994年版）、王素、李方《魏晋南北朝敦煌文献编年》（以下简称《编年》，新文丰出版公司1997年版）、［日］关尾史郎编《中国西北地域出土镇墓文集成（稿）》［以下简称《集成（稿）》，新高速印刷株式会社2005年3月发行］、黄景春《早期买地券、镇墓文整理与研究》（博士学位论文，华东师范大学，2004）、张勋燎、白彬《中国道教考古》（第一卷）（线装书局2006年版）等。论文主要有：吴荣曾《镇墓文中所见到的东汉道巫关系》，《文物》1981年第3期；蔡运章《东汉永寿二年镇墓瓶陶文考略》，《考古》1989年第7期；鲁西奇《汉代买地券的实质、渊源与意义》，《中国史研究》2006年第1期；吕志峰《东汉镇墓文考述》，《东南文化》2006年第6期；张全民《曹魏景元元年朱书镇墓文读解》，《考古与文物》2007年第2期；储晓军《敦煌魏晋镇墓文研究》，《敦煌研究》2009年第1期；等等。

② 甘肃省文物考古研究所等：《敦煌祁家湾》，第102页；［日］关尾史郎编：《集成（稿）》，第14页；摹本《敦煌祁家湾》第103页图七二之3。

③ ［日］关尾史郎编：《集成（稿）》，第35页。

④ 甘肃省文物考古研究所等：《敦煌祁家湾》，第112页；［日］关尾史郎编：《集成（稿）》，第53页；摹本《敦煌祁家湾》第113页图七七之2。

⑤ 甘肃省文物考古研究所等：《敦煌祁家湾》，第109—110页；［日］关尾史郎编：《集成（稿）》，第45页；摹本《敦煌祁家湾》第109页图七五之2。

⑥ 王素、李方：《编年》，第70—71页；［日］关尾史郎：《集成（稿）》，第21页。

镇墓文》①："神玺二年八月辛酉朔，廿三日癸未，敦煌郡西乡里民口富昌，命绝身死。"《建兴十三年（322）五月阎芝镇墓文》②："建兴十三年五月丙子朔四月己卯，效谷东乡口口里民大女阎芝身死。"《建兴十九年（331）七月李兴初镇墓文》③："建兴十九年七月庚申朔十七日丙子直定，敦煌郡效谷县东乡延寿里大男李兴初，年卅四，身死。"《神玺二年（398年）八月口富昌镇墓文（二）》④ 等。

三是死者姓名及相关信息。有关墓主姓名内容，下文将有专门讨论，兹不赘述。而与死者相关的其他信息，主要包括去世年龄、婚配与否、配偶姓名等。如前引《建兴十九年（331）七月李兴初镇墓文》中说李兴初"年卅四，身死"；《玄始十年八月张法静镇墓文（一）》⑤："玄始十年八月丁丑朔廿六日壬寅，张德政妻法静。"《升平十三年（369）闰（正）月汜心容镇墓文（一）》⑥："升平十三年闰月甲子朔廿一壬寅，张弘妻汜心容。"另外，敦煌佛爷庙湾 80DFM3 为夫妻合葬墓，夫姬令熊、妻姬女训，均有镇墓文⑦。

四是沟通人鬼的神灵以及代替死者承受央咎、罚作的承负之物。在魏晋十六国河西镇墓文中，这部分内容主要有青鸟（乌）子、北辰、斗鸡子、斗瓶、五谷、铅人等。如《神玺二年（398）八月口富昌镇墓文》："今下斗瓶、铅人、五穀，用当地上之福，死者自受央咎。"《泰熙元年（290）四月吕阿丰镇墓文》："今下斗瓶、五谷、铅人，用当复地上生人，青乌子、北辰，诏令死者自受其央。"《年次未详张某镇墓文》⑧："口鸡子

---

① 甘肃省文物考古研究所等：《敦煌祁家湾》，第 116 页；[日] 关尾史郎编：《集成（稿）》，第 69 页；摹本《敦煌祁家湾》第 115 页图七八之 3。
② [日] 关尾史郎编：《集成（稿）》，第 24 页。
③ 同上书，第 36 页。
④ 甘肃省文物考古研究所等：《敦煌祁家湾》，第 116 页；[日] 关尾史郎编：《集成（稿）》，第 70 页；摹本《敦煌祁家湾》第 115 页图七八之 3。
⑤ [日] 关尾史郎编：《集成（稿）》，第 82 页。
⑥ 同上书，第 56 页。
⑦ 王素、李方：《编年》，第 98—99 页；[日] 关尾史郎编：《集成（稿）》，第 62、63、64、67、68 页；甘肃省敦煌县博物馆：《敦煌佛爷庙湾五凉时期墓葬发掘简报》，《文物》1983 年第 10 期。
⑧ 甘肃省文物考古研究所《甘肃酒泉西沟村魏晋墓发掘报告》，《文物》1996 年第 7 期；[日] 关尾史郎编：《集成（稿）》，第 151 页；摹本《甘肃酒泉西沟村魏晋墓发掘报告》第 16 页图三二。

□□□闻。"《建兴廿七年（339）三月傅长然镇墓文（一）》①："青乌子、北辰，诏令死者自受其央。"

五是解注辞与隔绝生死辞。由文书性质所决定，在众多的魏晋十六国河西镇墓文中，解注辞与隔绝生死辞所表现的内容及思想，是书写镇墓文最为直接的目的。虽然繁简有别，但在几乎所有镇墓文中都有反映。如前引《神玺二年（398）八月□富昌镇墓文》："生死各异路，不得相注忤，便利生人。"《建兴十七年（329）四月郭綦香镇墓文》："自今已□，生人之郡行，死者封之，生死异路，各不与相注移。除注，月注，日注，举注，行注，□注。"《建兴廿九年（341）八月万安镇墓文（二）》②："天注去，地注去，月注去，如律令！"《永安元年（304）韩治镇墓文》③："天注、月注、日注、地注、岁注、注□如□□，千秋□（万）岁，不得相忤，便利生人。"《升平十三年（369）闰（正）月氾心容镇墓文（三）》④："天注、地注、……氾（？）注、玄注（？）、注、风注、火注、人注。"

据上可知，保存较完好的魏晋十六国河西镇墓文的格式大体如下：

> 死者去世时间与建除十二直（年号+具体年份+朔日天干地支+具体日期+某日天干地支+某直）+死者生前所在郡县乡里（某郡+某县+某乡+某里）+沟通人鬼的神灵以及代替死者承受央咎、罚作的承负之物（"今下斗瓶、五谷、铅人，用当复……"+"青乌子、北辰，诏令……"）+解注辞与隔绝生死辞（"某注+某注+某注"+"乐莫相念、苦莫相思、生人前行、死人却步"）

---

① [日] 关尾史郎编：《集成（稿）》，第43页。
② 甘肃省文物考古研究所等：《敦煌祁家湾》，第110页；[日] 关尾史郎编：《集成（稿）》，第46页；摹本《敦煌祁家湾》第111页图七六之1。
③ 王素、李方：《编年》，第70—71页；[日] 关尾史郎编：《集成（稿）》，第21页。
④ [日] 关尾史郎编：《集成（稿）》，第58页。

不同镇墓文又有繁有简，其中死者姓名、去世时间与隔绝生死辞出现最多，这进一步说明镇墓文书写的目的，即为隔绝生死、使死者安息、为生人除害。较之东汉镇墓文[①]，对死者去世时建除十二直的记载、解注内容的丰富，以及镇墓文纪年的连续性，无疑是魏晋十六国河西镇墓文的重要特点。

（二）魏晋十六国河西镇墓文中的民俗文化与民间信仰信息

据上，魏晋十六国河西镇墓文内容中所涉及的死者去世时间、死者生前所在郡县乡里以及死者姓名等内容，都应该是现实社会某些信息的客观记述。而建除十二直、解注之法以及青鸟（乌）子、北辰等民俗文化与民间信仰的重要内容，我们亦可从中窥知一二。

1. 建除十二直

又称"建除十二神""建除十二辰"，是古代术数家根据天文历法以占断人事吉凶的一种方法，即以天上十二辰分别象征十二种人事的情况，依次为建、除、满、平、定、执、破、危、成、收、开、闭十二字，为使用方便，取"建""除"二字而简称。十二直与十二地支相对应。

《淮南子·天文训》："寅为建，卯为除，辰为满，巳为平，主生；午为定，未为执，主陷；申为破，主衡；酉为危，主杓；戌为成，主少德；亥为收，主大德；子为开，主太岁；丑为闭，主太阴。"[②]

"辰"本义指日、月的交会点。《左传·昭公七年》："日月之会是谓辰。"今注云："辰，月球运行到太阳和地球之间，与太阳同时出没，古人以为是日月相会，把它叫作辰，也叫合朔。这正是夏历每月的月底。"[③] "十二辰"则为夏历一年十二个月的月朔时太阳所在的位置，实际是中国古代对周天的一种划分法，即沿天赤道从东向西将周天等分为十二个部分。十二辰命名沿用地支，即子、丑、寅、卯、辰、巳、午、未、申、酉、戌、亥。

---

① 黄景春：《早期买地券、镇墓文整理与研究》，博士学位论文，华东师范大学，2004年。
② 《淮南子》卷三《天文训》，《诸子集成》本，上海书店出版社1986年版，第48页。
③ 《左传·昭公七年》，岳麓书社2001年版，第550页。

建除十二直在魏晋十六国时期河西葬俗中得到广泛使用。就笔者目前所见，魏晋十六国河西镇墓文及墓券①中反映建除十二直信息的共有21例，如下表所示②：

表1　　魏晋十六国河西镇墓文、墓券建除十二直信息统计

墓　主	建除十二直	六神	吉凶	墓　主	建除十二直	六神	吉凶
吕阿丰	直平	司命	吉	□黑奴	直□		
□民仁	直除	天牢	凶	万安	直□		
窦□	直开	玉堂	吉	傅女芝	直□		
韩治	直□			郭遥黄	直除	天牢	凶
苏治	直定	青龙	吉	工□子	直执	朱雀	凶
苏治	直定	青龙	吉	工□子	直执	朱雀	凶
郭綦香	直执	朱雀	凶	姬女训	直执	朱雀	凶
某人	直□			姬女训	直执	朱雀	凶
郭邵子	直定	青龙	吉	孙阿惠	直执	朱雀	凶
李兴初	直定	青龙	吉	樊氏	直执	朱雀	凶
□黑奴	直□						

注：表中六神为黄黑道十二种之黄道六神、黑道六神，其与十二直、吉、凶的对应情况，均据邱博舜、蔡明志《敦煌阳宅风水文献初探》③一文表12"P.2962v所示五姓、地支与黄黑道十二神之配属"④。

据上表所示，建除十二直清晰可考者共15例，其中直执最多，共7例；直定次之，共4例；直除复次，2例；直平、直开各1例。吉者6

---

① 仅1例，即高台《建元十八年高俟墓券》[本件木牍内容据笔者摄自高台县博物馆的照片，并参照刘卫鹏《甘肃高台十六国墓券的再释读》（《敦煌研究》2009年第1期）、寇克红《高台骆驼城前秦墓出土墓券考释》（《敦煌研究》2009年第4期）作了校对]。

② 资料来源：《敦煌祁家湾》《编年》《集成（稿）》《中国道教考古》（第一卷）及本文所引相关文章。

③ 邱博舜、蔡明志：《敦煌阳宅风水文献初探》，《中国建筑史论汇刊》第二辑，2009年10月，第399—444页。

④ 同上书，第419页。

例，凶者9例。据前引《淮南子》十二直与地支的对应情况，并参照敦煌文献 P.2962v 所示"五姓、地支与黄黑道十二神之配属"，可知直执所对应的朱雀、直除对应的天牢为凶神，所值时间、方位，诸事不宜；直平对应的司命、直开对应的玉堂、直定对应的青龙为吉神，所值时间、方位，宜一切事务进行。就此而言，表中所引诸人身死之时并不能保证为"吉"，而且很有可能为"凶"。这就更需要强调"生死各异路，不得相注忤，便利生人"。显而易见，反映死者去世之后的建除十二直信息，使魏晋十六国河西镇墓文中的道教气息更为浓郁，亦是魏晋十六国河西镇墓文的一个显著特色。

2. 解注

"注"亦称"注连"或"注忤"。《释名·释疾病》云："注病，一人死，一人复得，气相灌注也。"盖犹今之言传染病。隋巢元方《诸病源候论》卷24"注病之条"："凡注之言住也，谓邪气在人身，故名曰注。"此种"注复生人"之事，亦称曰"注祟""复连"[①]。有学者指出，"解注"即"解疰"，解除疾病之意[②]。也有学者指出：解注"运用在镇墓文中的解除之法，实则包含两项重要内容，即'为死人解谪（注）'和'为生人除殃'"[③]。结合魏晋十六国河西镇墓文中的解注内容分析，相关"解注"（"解谪"）大体有两种情况：一是防止死者鬼魂返回阳世作祟生者；二是为死者解除罪责，亦即前述"为死人解谪（注）"和"为生人除殃"。其根本目的仍在于隔绝生死、使死者安息、为生人除害。

需要注意的是，解注（解谪）无论在东汉镇墓文，还是魏晋十六国河西镇墓文中都为重要内容，但解注内容又不限于此。相关内容除去其隔绝生死、使死者安息、为生人除害的目的，在一定程度上还透露出墓主因何而死的信息，如《年次未详壹官廿年镇墓文》云："壹官廿年……相注

---

① 王素、李方：《魏晋南北朝敦煌文献编年·饶序》，第2—3页。
② 吴荣曾：《镇墓文中所见到的东汉道巫关系》，《文物》1981年第3期；刘昭瑞：《谈考古发现的道教解注文》，《敦煌研究》1991年第4期。
③ 储晓军：《敦煌魏晋镇墓文研究》，《敦煌研究》2009年第1期。

而死"①;《刘伯平镇墓文》:"刘伯平薄命蚤[终],……医药不能治"②;等等。

3. 青鸟(乌)子、北辰

青鸟(乌)子是汉代民间信仰中的重要神灵。《风俗通义·佚文·姓氏》:"汉有青鸟(乌)子,善术数。"后世堪舆术士以其为祖师。《抱朴子·极言篇》:"昔黄帝生而能言……相地理则书青鸟(《艺文类聚》、《御览》引作'乌')之说。"③

北辰,即北极星。《尔雅·释天》:"北极谓之北辰。"④《晋书》卷一二《天文志中》:"辰星见,则主刑……亦为杀伐之气,战斗之象。"⑤ 术数家借用其诏令震慑鬼神。

青鸟(乌)子、北辰等神灵在镇墓文中出现的主要意义,在于地上生人通过他们"向地下鬼神通告亡人之殁亡(包括告知亡人居地、死亡时间等),自此之后依归地下"⑥。所谓"青鸟(乌)子告北辰",是说青鸟(乌)子已经为死者择得佳处,并告知北辰之神,如此则死者可以合理占用地下墓冢,从而顺利进入地下世界,同时不再骚扰地上生人。

(三)事死如事生:魏晋十六国镇墓文所见河西社会

前已述及,镇墓文的书写目的是为地下死者解谪祛过,为世上生人除殃祈福,免再受罚作之苦,同时也是为了隔绝死者与其在世亲人的关系,使之不得侵扰牵连生人。就此而言,上述建除十二直、解注之法、青鸟子、北辰等,都是为了很好地完成这一使命。而且,这些镇墓文所携带的大量世俗社会信息,为我们深入了解魏晋十六国时期河西社会全貌提供了

---

① 甘肃省文物考古研究所等:《敦煌祁家湾》,第108—109页;[日]关尾史郎编:《集成(稿)》,第85页;摹本《敦煌祁家湾》第109页图七五之1。
② 黄景春:《早期买地券、镇墓文整理与研究》,博士学位论文,华东师范大学,2004年,第142—143页。
③ 《抱朴子内篇》卷一三《极言》,《诸子集成》本,上海书店出版社1986年版,第57—58页。
④ 郝懿行:《尔雅义疏·尔雅郭注义疏中之四·释天第八》,中国书店1982年版,第22页。
⑤ 《晋书》卷一二《天文志中》,中华书局1974年版,第319页。
⑥ 鲁西奇:《汉代买地券的实质、渊源与意义》,《中国史研究》2006年第1期。

重要资料，也更深刻地反映了河西民众"事死如事生"的丧葬观念。

1. 魏晋十六国河西镇墓文相关统计

为了较全面、客观地反映魏晋十六国河西镇墓文相关信息，笔者据前引相关资料，对有清楚纪年及郡县乡里信息的镇墓文统计如下：

表2　　　　　　　　　魏晋十六国河西镇墓文相关统计

墓主	地区	墓葬	郡县乡里	纪年
段清	嘉峪关	新城1		甘露二年257
吕阿徽	敦煌	祁家湾320		咸宁二年276
顿霓儿	敦煌	祁家湾209		太康六年285
吕阿丰	敦煌	祁家湾321		泰熙元年290
窦□	敦煌	祁家湾210		元康六年296
韩治	敦煌	新店台40		永安元年304
苏治	敦煌	新店台4		永嘉三年309
樊氏	酒泉	酒泉三百户墓群		永嘉五年311
吕来业	敦煌	祁家湾320		建兴元年313
吕轩女	敦煌	祁家湾319		建兴二年314
徐男	敦煌	祁家湾364		建兴四年316
顿盈姜	敦煌	祁家湾208		建兴九年321
阎芝	敦煌	新店台135	效谷东乡□□里	建兴十三年325
郭綦香	敦煌	新店台187	西乡	建兴十七年329
某人	敦煌	新店台67	效谷东乡□□里	建兴十七年329
郭□子	敦煌	祁家湾328		建兴十八年330
李兴初	敦煌	新店台176	效谷东乡延寿里	建兴十九年331
赵季波	敦煌	新店台31		建兴二十五年337
黑奴	敦煌	新店台33		建兴二十六年338
傅长然	敦煌	新店台65		建兴二十七年339
万安	敦煌	祁家湾218		建兴二十九年341
□佛女	敦煌	三危山		建兴三十年342
吴仁姜	敦煌	祁家湾356		建兴三十一年343
傅女芝	敦煌	新店台64		建兴四十六年358
郭遥黄	敦煌	祁家湾349		升平十二年368

续表

墓主	地区	墓葬	郡县乡里	纪年
氾心容	敦煌	新店台1		升平十三年369
魏德昌	敦煌	祁家湾371		前秦建元六年370
姬令熊	敦煌	佛爷庙湾3		咸安五年375
工□子	敦煌	祁家湾348		前秦建元十三年377
姬女训	敦煌	佛爷庙湾3		麟加八年396
□富昌	敦煌	祁家湾310	敦煌郡西乡里	神玺二年398
某人	敦煌	祁家湾310	敦煌西乡里	神玺二年398
张辅（德政）	敦煌	佛爷庙湾1	效谷东乡昌利里	庚子六年405
畫房奴	敦煌	祁家湾336	敦煌郡敦煌县都乡里	建初五年409
魏平友	敦煌	祁家湾369	敦煌郡敦煌县西乡里	建初十一年415
□安富	敦煌	祁家湾312	敦煌郡敦煌县都乡里	玄始九年420
张法静	敦煌	佛爷庙湾1	敦煌县东乡昌利里	玄始十年421

2. 纪年镇墓文与魏晋十六国河西政局变迁

表2所见年号涉及曹魏（高贵乡公）、晋武帝（咸宁、太康、泰熙）、晋惠帝（元康、永安）、晋怀帝（永嘉）、晋愍帝（建兴）、东晋穆帝（升平）、前秦苻坚（建元）、东晋简文帝（咸安）、后凉吕光（麟加）、北凉段业（神玺）、西凉李暠（庚子、建初）、北凉沮渠蒙逊（玄始）。上述镇墓文所见年号的更迭沿袭，详细地反映出魏晋十六国时期河西地区政权更迭的历史。地上政权的更迭，在镇墓文中几乎无一例外地反映出来。

值得注意的是，统计镇墓文纪年信息中缺前凉年号，而有西晋愍帝建兴、东晋穆帝升平年号，这与前凉政治密切相关。张轨、张寔、张茂时期为西晋地方割据政权，因此沿用西晋年号；张骏时期"不奉正朔"，力图割据凉州，故"犹称建兴二十一年"[①]；张重华以后，前凉政局动荡、国力衰微，尤其是张天锡时期（363—376），时刻都有被前秦灭掉的危险，

---

① 《晋书》卷八六《张骏传》，中华书局1974年版，第2239页。

不得已而遥尊东晋，以为声援。表现在镇墓文纪年中，一改往日沿用西晋愍帝建兴年号的习惯，而用东晋穆帝升平年号（升平十二年、十三年）。升平十三年（369）以后，形势又变。前秦灭前凉的压力更甚于前，张天锡不得不虚与委蛇，周旋于前秦、东晋之间。史称："时苻坚强盛，每攻之，兵无宁岁。天锡甚惧，乃立坛刑牲，率典军将军张宁、中坚将军马芮等，遥与晋三公盟誓，献书大司马桓温，刻六年夏誓同大举。遣从事中郎韩博、奋节将军康妙奉表，并送盟文。"① 因此，公元370年的"魏德昌镇墓文"纪年写成前秦建元六年，375年的"姬令熊镇墓文"又写作咸安五年。376年前秦灭前凉，故377年的"工□子镇墓文"纪年为前秦建元十三年。镇墓文纪年反映出370—376年，前凉统治者因外交形势变化而做过多种努力，即委曲求全、远交近攻，等等。

3. 镇墓文与河西大族婚姻

表2所列37人，就其姓氏而言，在可考的19姓中，窦、苏、郭、李、氾、张、盖7姓皆为汉晋十六国时期河西著名姓氏，如窦氏自两汉之交的窦融开始，即为河西大姓；氾氏、张氏为河西"魏晋旧门"，其发迹较早，在数百年的沧桑巨变中门户经久不衰②；敦煌盖氏自东汉盖勋开始，就已显于当世，史载："盖勋字元固，敦煌广至人也。家世二千石。"③ 李贤注云："《续汉书》曰：'曾祖父进，汉阳太守。祖父彪，大司农。'《谢承书》曰：'父字思齐，官至安定属国都尉。'"④ 等等。此外，吕姓在上述19姓中占4位，且皆出自敦煌祁家湾相邻的319、320、321号墓中⑤，这种情况显示出这4位吕姓人士属于同一家族⑥，不过应当指出的是，此处的吕姓4人，应为汉族吕姓，与后凉政权的创建者氐族人

---

① 《晋书》卷八六《张天锡传》，中华书局1974年版，第2251页。
② 赵向群：《河西著姓社会探赜》，载氏著《五凉史探》，甘肃人民出版社1996年版，第332—345页。
③ 《后汉书》卷五八《盖勋列传》，中华书局1965年版，第1879页。
④ 同上。当然，盖颜仲也可能为卢水胡人，盖氏亦为卢水胡著姓，据研究，张掖临松乃卢水胡的起源地，敦煌与张掖同处河西走廊，且在汉晋十六国之时皆以农牧兼营的生产活动为主（参见赵向群《五凉史探》，第210—219页）。
⑤ 甘肃省文物考古研究所等：《敦煌祁家湾》，第6页。
⑥ 同上书，第153页。

吕光没有必然的联系，而且根据321号墓的形制推断，墓主人吕阿丰"当为有一定经济实力和势力的豪族地主"①；顿姓2位，这二人墓葬分别为敦煌祁家湾紧紧相连的208、209号墓②，二人当出自同一家族③。这或许也能说明，魏晋时期门阀政治盛行，河西地区概莫能外。门阀大姓除了本身具有显赫地位之外，"一切士族都通过缔结与之门第、地位相适应的婚姻关系来巩固既得利益，增强对外力量"④。西凉李暠曾训诫诸子云："此郡（按：指敦煌郡）世笃忠厚，人物敦雅，天下全盛时，海内犹称之，况复今日，实是名邦。正为五百年乡党婚亲相连，至于公理，时有小小颇回，为当随宜斟酌。"⑤ 所谓"五百年乡党婚亲相连"，正说明长期以来敦煌地方大族之间通过互结姻亲来巩固既得利益、增强对外力量的实质。表中能够表明家族之间婚姻关系的一为张德政、张法静夫妇，二为张弘、氾心容夫妇。张氏、氾氏皆为河西著姓，他们之间的姻亲结合，正应了我们的上述判断。需要指出的是，镇墓文中的张德政、张法静、张弘、氾心容诸人，未必在当时有显赫的地位，但在魏晋之际"大姓雄张"⑥的敦煌地区，他们很可能即为当地大族张氏、氾氏成员⑦。据研究，敦煌佛爷庙湾氾心容之墓为形制较为简单的单室墓，⑧而在祁家湾墓群中，使用双耳室就有一定数量，这从另一个侧面反映出魏晋时期河西著姓垄断政治、经济乃至社会的特点。

---

① 甘肃省文物考古研究所等：《敦煌祁家湾》，第171、21、22页。
② 同上书，第5页。
③ 同上书，第153页。
④ 赵向群：《河西著姓社会探赜》，《西北师大学报（社会科学版）》1989年第5期；又载氏著《五凉史探》，第332—345页。
⑤ 《晋书》卷八七《凉武昭王李玄盛传》，第2262页。
⑥ 《三国志》卷一六《仓慈传》，中华书局1959年版，第512页。
⑦ 1960年敦煌佛爷庙湾发掘的M1，据发掘者分析，墓主为前凉晚期张重华部将张弘妻氾心容（敦煌文物研究所考古组：《敦煌晋墓》，《考古》1974年3期）。张重华部将张弘在《晋书·张重华传》中屡次与宋修、辛挹等人一起出现，则其为河西著姓张氏成员无疑。又据《晋书·张重华传》及蒋福亚《前秦史》（北京师范学院出版社1993年版，第37页），张弘于公元351年征讨苻雄时阵亡，"重华痛之，素服为战亡吏士举哀号恸，各遣吊问其家"。（《晋书》卷八六《张轨传附张重华传》，第2244页）。
⑧ 甘肃省文物考古研究所等：《敦煌祁家湾》，第171页。

4. 郡县乡里

表 2 所列墓主人所属乡里较为明确者最早为前凉建兴十三年五月（公元 322 年）效穀（县）东乡□□里，最晚的为玄始十年八月（公元 421 年）敦煌郡敦煌县东乡昌利里，相隔一个世纪。酒泉《永嘉五年樊氏镇墓文》也说："生人有里，死人有乡。"[①] 高台《建元十八年高俟墓券》也有"建康郡表是县都乡杨下里高丘物故""生人有城，死人有郭"诸辞，说明魏晋十六国时期乡里制度不独集中出现于出土镇墓文较多的敦煌，酒泉、高台等地亦有出土。作为基层组织的乡里，从前凉延续至北凉，既说明其作为中国基层社会组织生命力的顽强，也说明河西地区在前凉、西凉、北凉时期较为稳定的社会环境。

综上所论，在以隔绝生死、使死者安息、为生人除害为目的的魏晋十六国河西镇墓文中，死者姓名、去世时间、生前所在郡县乡里等内容，都应该是现实社会某些信息的客观记述。而建除十二直、解注之法及青鸟（乌）子、北辰等，又是古代民俗文化与民间信仰的重要内容，再现了魏晋十六国时期河西民众丰富的生活世界。如此种种，都深刻反映出魏晋十六国时期河西民众"事死如事生"的丧葬观念。

[①] 杨永生主编：《酒泉宝鉴》，甘肃文化出版社 2012 年版，第 52 页。

二 魏晋十六国敦煌"薄命早终"镇墓文研究

魏晋十六国时期敦煌"薄命早终"镇墓文反映了丰富的社会生活信息。其书写的基本意图在于隔绝生死、为生人除害,相关内容还反映出当时人们的神鬼观念、生命观念、生者处理死者的细节等内容,也对我们考察该时期河西地区(尤其是敦煌)镇墓文书写格式、民众婚龄、丧龄等具有重要价值。在一定程度上,这些"薄命早终"镇墓文较真实地反映了逝者"薄命早终"的事实。鉴于此,为生人安宁、死者安息计,在埋葬习俗中形成强调死者"因为薄命,所以早终"并与生者无关、在镇墓文中突出解注内容、以冥婚的方式安顿死者等一系列解殃除咎之法。

20世纪40年代以来,敦煌地区出土了一批魏晋十六国时期的镇墓文,其中反映镇墓文主人"薄命早终"的镇墓文(以下简称"'薄命早终'镇墓文")有十余份。对于此类镇墓文及所反映的社会生活信息,学界尚未进行深入研究。多位墓主"薄命早终",在反映他们寿命较短的同时,在研究魏晋十六国敦煌民众社会生活其他方面的状况也具有重要意义,很值得深入探究。本节拟通过解读这些镇墓文,考察其中所蕴含的社会历史信息。

(一)魏晋十六国敦煌"薄命早终"镇墓文

据笔者统计,敦煌地区出土,反映镇墓文主人"薄命早终"的镇墓文共有 14 份①。分别为《西晋元康七年（297）陈小晴镇墓文》《建兴元年（313）吕来业镇墓文》《建兴十八年（330）六月郭□子镇墓文》《建兴卅六年（358）正月傅女芝镇墓文》《咸安五年（375）十月姬令熊镇墓文（一、二）》《庚子六年（405）正月张辅镇墓文（三）》《玄始十年（421）张法静镇墓文》《年次未详壹官廿年镇墓文》②《年次未详盖颜仲镇墓文》《年次未详翟宗盈镇墓文（一、二）》《年次未详□阿平镇墓文（一）》。今据各家录文，对上述镇墓文进行校释。

1—2. 西晋元康七年（297）陈小晴镇墓文③

（87DXM152：14、87DXM152：15）元康七年八月廿八日癸卯日死。乡［卿］自薄命蚤［早］终，不得相注误［忤］，不得注母，亦不得注兄弟、妻子。诸及来者，皆不相注。地下事，皆罚陈小晴。如律令！

3. 建兴元年（313）吕来业镇墓文④

建兴元年□……□□□死者……□□于郭父子年□□□人，得会□□。吕来业汝自薄命，寿终身死，□［值］八魁九坎，□□［远］与他乡。□［如］律令！

---

① 本节资料来源：甘肃省文物考古研究所等《敦煌祁家湾西晋十六国墓葬发掘报告》（以下简称《敦煌祁家湾》），文物出版社 1994 年版；张勋燎、白彬《中国道教考古》（第一卷）（以下简称《道教考古》），线装书局 2006 年版；［日］关尾史郎编《中国西北地域出土镇墓文集成（稿）》（以下简称《集成（稿）》），新高速印刷株式会社 2005 年 3 月发行；王素、李方《魏晋南北朝敦煌文献编年》（以下简称《编年》），新文丰出版公司 1997 年版；等等。
② 据《敦煌祁家湾》，第 108—109 页；《集成（稿）》释为"年次未详□宫华镇墓文"，第 85 页；摹本《敦煌祁家湾》第 109 页图七五之 1 改。
③ 1987 年出土于敦煌新店台墓群。据《道教考古》，第 395—397 页。
④ 1985 年出土于敦煌祁家湾西晋十六国墓葬。据《敦煌祁家湾》，第 106 页；《道教考古》，第 385 页；《编年》，第 75—76 页；《集成（稿）》，第 25 页。

陈小晴"薄命早终"镇墓瓶（敦煌博物馆藏，贾小军摄）

4. 建兴十八年（330）六月西郭邵子镇墓文①

建兴十八年六月丙寅朔，三日戊未，直定。西郭邵子之身，汝自薄命早终，算尽寿穷。汝自往应之。苦莫相念，乐莫相思②，别，无令死者注仵生人，千秋万岁。如律令！

5. 建兴四十六年（358）正月傅女芝镇墓文③

建兴四十六年正月丙辰朔五日庚申直□，之□傅女芝，汝自薄命早终，□尽寿穷。汝死，见重复八魁九坎，太山长阅，死者傅女芝，自往应之。苦莫相念，乐莫相思。从别以后，□□死者注□□人。祠

---

① 1985 年出土于敦煌祁家湾西晋十六国墓葬。据《敦煌祁家湾》，第 103、107—108 页；摹本《敦煌祁家湾》第 103 页图七二之 1；《道教考古》，第 420 页；《编年》，第 81 页；《集成（稿）》，第 37 页。
② 原释文为"□莫相死"，今据《敦煌祁家湾》摹本改。
③ 1982 年出土于敦煌新店台西晋十六国墓葬 82DXM64 墓。据《编年》，第 92 页；《集成（稿）》，第 52 页；敦煌博物馆考古组、北京大学考古实习队《记敦煌发现的西晋十六国墓葬》，载《敦煌吐鲁番文献研究论集》第四辑，北京大学出版社 1987 年版，第 630 页。

社腊伏，□□□千里□岁，乃复得□。如律令！

6. 咸安五年（375）十月姬令熊镇墓文（一）①

（80DFM3：13）咸安五年十月癸酉朔，［姬］令［熊］死日不时，□［汝］自薄命□［早］终，算尽［寿］［穷］。汝死□□［之］［日］，□［适］值八魁九坎，太山长问见，死者［姬］令［熊］自往应之。□［任］苦莫相念，乐莫相思，从别以后，无□［令］死者注忤生人，祠腊社伏，万秋千世，死者乃□［复］得［会］。如律令！

7. 咸安五年（375）十月姬令熊镇墓文（二）②

（80DFM3：14）咸安五年十月□□□，［姬］令□［熊］，□□薄命早终，□算□寿穷。汝死，见□复□□八魁九坎，太山［长］问。□死□□□□□□□□□□□□□□□□□□□□□□□□□□□□□□□得□□□□如律令！

8. 庚子六年（405）正月张辅镇墓文（三）③

（80DFM1：34）庚子六年正月水未朔廿七日己酉，敦煌郡敦煌县东乡昌利里张辅，字德政，薄命早终，算尽寿穷，时值八魁九坎，今下斗瓶，用当重复。解天注、地注、人注、鬼注、岁注、月注、日

---

① 1980年出土于敦煌佛爷庙湾编号80DFM3墓。据《道教考古》，第447—449页；《编年》，第98—99页；《集成（稿）》，第62页；甘肃省敦煌博物馆《敦煌佛爷庙湾五凉时期墓葬发掘简报》，《文物》1983年第10期。

② 1980年出土于敦煌佛爷庙湾编号80DFM3墓。据《集成（稿）》，第63页；甘肃省敦煌博物馆《敦煌佛爷庙湾五凉时期墓葬发掘简报》，《文物》1983年第10期。

③ 1980年出土于敦煌佛爷庙湾编号80DFM1墓。据《道教考古》，第463页；《编年》，第108—110页；《集成（稿）》，第74页。

注、时注、乐莫相念，□[苦]莫相思，生人前行，死人却步，生死不得相□[注]俟[件]。如律令！

9. 玄始十年（421）张德政妻法静镇墓文①

玄[始]十年八月丁丑朔廿六日壬寅，张法静之身死，不□適值八魁九坎，[天]注、地注、岁[注]、月注、日注、[时]注、汝寿□[尽]□[算]穷，□□□□，□□□得□□□。□□□□律令！

10. 年次未详壹官廿年镇墓文②

壹官廿年③，薄命早终，相注而死。今送铅人一双、斗瓶、五谷，用赎生人魂魄④，须铅人☒，五谷死生，乃当死。生死各异路，不得更相注☒忤，除重复，便利生人，如律令！

11. 年次未详盖颜仲镇墓文⑤

盖颜仲，今自薄命早终。诸天注、地注、生注、死注、星注，皆自故坮玉。生人前行，死人却步，不得相注忤。如律令！

---

① 1980 年出土于敦煌佛爷庙湾 80DFM1 墓。据《编年》，第 122—123 页；《集成（稿）》，第 83 页。
② 1985 年出土于敦煌祁家湾西晋十六国 85DQM206 墓。据《敦煌祁家湾》，第 108—109 页；摹本《敦煌祁家湾》第 109 页图七五之 1；《道教考古》，第 483—485 页；《编年》，第 81—82 页；《集成（稿）》，第 85 页。
③ 《敦煌祁家湾》本句释文为"■宫华年"，据摹本辨识，应为"壹官廿年"。
④ 本件镇墓文中明确说明了斗瓶、五谷等物的用途，为统计镇墓文中所仅见。
⑤ 1985 年出土于敦煌祁家湾西晋十六国 85DQM302 墓。据《敦煌祁家湾》，第 108 页；摹本《敦煌祁家湾》第 107 页图七四之 1；《道教考古》，第 482—483 页；《编年》，第 102 页；《集成（稿）》，第 95 页。

12—13. 年次未详翟宗盈镇墓文①

翟宗盈，汝自薄命蚤［早］终，寿穷算尽，死见八鬼［魁］九坎。太山长阅（问），汝自往应之。苦莫相念，乐莫相思。从别以后，无令死者注于生人，祠腊社伏，徼于郊外。千年万岁，乃复得会。如律令。

14. 年次未详□阿平镇墓文（一）②

阿平，死者□□，汝自薄命蚤终，□尽寿穷。汝死者见□，复值八□［魁］九坎，太山长□，死者阿平自往应之。苦莫相□，乐莫相□，从别以后，无令……注……

（二）"薄命早终"镇墓文所反映的社会生活信息

考察上述 14 例"薄命早终"镇墓文，我们可以得到如下信息：

第一，14 例"薄命早终"镇墓文保存状况基本完好，主要包括墓主去世时间、墓主生前所在郡县乡里名称、墓主姓名及相关信息、解注辞、隔绝生死辞等内容。其中墓主去世时间格式（也即镇墓文开头格式）为"年号＋具体年份＋朔日天干地支＋具体日期＋某日天干地支"，本文所引十余例镇墓文基本都遵循这一格式；解注辞格式大体为"天注＋地注＋人注＋鬼注＋岁注＋月注＋日注＋时注"而或详或简；隔绝生死辞则包括"乐莫相念、苦莫相思、生人前行、死人却步"等内容。以此来看，前引"薄命早终"镇墓文的主要意图，仍然在于说明墓主人已经去世，并祈求逝者保佑生人家宅安定，死者墓冢稳定，目的在于为死者解谪

---

① 1944 年出土于敦煌佛爷庙东区 1001 号墓。据《道教考古》，第 479 页；郭永利、杨惠福《敦煌翟宗盈墓及其年代》，《考古与文物》2007 年第 4 期；《集成（稿）》，第 131 页。

② 1982 年出土于敦煌新店台西晋十六国墓葬 82DXM21 墓。据《编年》，第 82 页；《集成（稿）》，第 138 页。

祛过，为世上生人除殃祈福，同时隔绝死生，为生人除害。

第二，与其他镇墓文不同的是，"薄命早终"镇墓文除了上述共同点之外，尚有"薄命早终、算尽寿穷"诸辞。镇墓文中有"薄命早终"并非只出现于魏晋十六国时期的敦煌地区，山西忻州、河南洛阳等地也发现有东汉后期的类似镇墓文①。吐鲁番出土的《西凉建初十四年（418）韩渠妻随葬衣物疏》（63TAM1：11）②中也有"□［薄］命早终"诸字。但敦煌地区出土的此类镇墓文一般有"薄命早终、算尽寿穷"八字，这既与河西地域其余镇墓文不同，也异于魏晋之前的其他诸种镇墓文。这为释读其他类似镇墓文提供了参照。据此似可认为，上述镇墓文书写"薄命早终、算尽寿穷"诸字，应是魏晋十六国时期敦煌地方性的特点。

第三，前引"薄命早终"镇墓文出土地分别为敦煌新店台（4例）、祁家湾（4例）、佛爷庙湾（6例），集中于今敦煌市东西两侧③，这14例镇墓文约占目前考古所见河西镇墓文总数（共89例④）的16%，这在众多的河西镇墓文中比例不小。

第四，"薄命早终"镇墓文主人分别为陈小晴、吕来业、郭邵子、傅女芝、姬令熊、张辅、张法静、壹官（廿年？）、盖颜仲、翟宗盈、阿平。吕氏、张氏、盖氏为汉晋十六国时期河西的著名姓氏，其中张辅与张法静为夫妇，他们与盖颜仲是否为河西著姓成员尚未可知。据《敦煌祁家湾》，吕来业墓为85DQM320，与此相邻的85DQM321、85DQM319墓主人属同一家族⑤，其中85DQM321墓主人吕阿丰"当为有一定经济实力和势

---

① 据黄景春《早期买地券、镇墓文整理与研究》（博士学位论文，华东师范大学，2004），魏晋以前的多例镇墓文中，目前仅见4件"薄命早终"镇墓文，分别是《熹平二年张叔敬镇墓文》（"张叔敬薄命蚤死"，第125页）、《大吉日陶镇墓文》（"弓主凉薄命蚤□［终］"，第139页）、《刘伯平镇墓文》（"刘伯平薄命蚤［终］"，第142—143页）、《初平元年郭氏镇墓文》（"郭□□□，汝□［命］薄蚤死"，第145—146页）。

② 参见唐长孺主编《吐鲁番出土文书（壹）》，文物出版社1992年版，第5页。

③ 参见《敦煌祁家湾》图一《敦煌祁家湾墓群位置示意图》，第2页；甘肃省文物考古研究所《敦煌佛爷庙湾西晋画像砖墓》图一《佛爷庙湾—新店台墓群位置示意图》，文物出版社1998年版，第3页。

④ 《集成（稿）》辑录镇墓文共143例，涉及河西者87例，今据张勋燎、白彬《中国道教考古》（第一卷）补《西晋元康七年（297）陈小晴镇墓文》两例，故统计总数为89例。

⑤ 《敦煌祁家湾》，第6、153页。

力的豪族地主"①，则吕来业至少为吕氏豪族当中的普通成员。

第五，上述14例镇墓文有纪年者9例，分别为西晋元康七年（297）、建兴元年（313）、建兴十八年（330）、建兴四十六年（358）、咸安五年（375）、庚子六年（405）、玄始十年（421）。其余5例年次未详。据相关资料，盖颜仲墓85DQM302，当属前凉末及前秦、后凉时期墓葬②，翟宗盈墓当为西晋早期墓葬③，壹官（廿年）墓85DQM206时间为前凉中期约建兴九年和十八年之间到4世纪中叶④。时间从西晋早期（265—290）延续至421年，涉及西晋、前凉、西凉、北凉四个时期，延续时间达一个半世纪之久。这似乎反映出在镇墓文中说明逝者"薄命早终"，已成为当地镇墓文书写中的习俗。

第六，此类镇墓文所反映墓主"薄命早终"，大抵指墓主去世之时很年轻，但"早终"具体所指逝者年龄多少已不可详知。查阅河西地区其他镇墓文，反映逝者具体年龄的目前仅见《建兴十九年（331）七月李兴初镇墓文》⑤一例，似可有助于判断这些"薄命早终"镇墓文墓主的去世年龄：

> 建兴十九年七月庚申朔十七日丙子直定，敦煌郡效谷县东乡延寿里大男李兴初，年卅四身死，时值八魁九坎。今下斗瓶、黑豆、离[梨]子、五谷、铅人，用生者当重复，死者解除忧。死者自受其殃，不得注地上生人。使青鸟子告北辰诏，罚不加两，除殃转[咎]，远与他乡。急急如律令！

---

① 同上书，第171、21、22页。
② 同上书，第160、170页。
③ 关于翟宗盈墓葬的年代，夏鼐认为是魏晋时期的墓葬（《敦煌考古漫记（一）》，《考古通讯》创刊号，1955年，第2—5页）。阎文儒认为是六朝初期墓葬（夏鼐：《河西考古简报（上）》，《国学季刊》7卷1期。1950年7月，第115—120页）。张朋川认为此墓其下限可能晚至十六国时期，年代晚于魏晋时期（张朋川：《河西汉晋绘画简述》，《文物》1978年6期）。郭永利、杨惠福认为是西晋早期墓葬（郭永利、杨惠福：《敦煌翟宗盈墓及其年代》，《考古与文物》2007年第4期），此从郭、杨说。
④ 据《敦煌祁家湾》，第160、169页。
⑤ 据《道教考古》，第422—424页；《编年》，第83页；《集成（稿）》，第36页。

该镇墓文云李兴初"年卅四身死",但并未说李兴初"薄命早终"。按常理推断,34 岁身死也应属于"早终"者,但未写出"薄命早终",未知何故。笔者推测,古人云"三十而立",逝者 34 岁已过而立之年,既非薄命,亦不算"早终"。若如此,则"薄命早终"镇墓文的墓主去世时年龄都未满 30 岁。其余保存较完整的镇墓文中,反映逝者生卒的信息,仅有"某某之身死""某某身死""死终""某某命绝身死"等,如《太康六年(285)顿霓儿镇墓文》("顿霓儿之身死")[①]、《泰熙元年(290)四月吕阿丰镇墓文》("吕阿丰之身死")、《元康五年(295)十月□民仁镇墓文》("民仁身死")、《永嘉三年正月苏治镇墓文》("苏治身死")、《建兴十七年(329)四月郭𦯔香镇墓文》("今死终")、《神玺二年(398)八月□富昌镇墓文》("□富昌命绝身死"),等等。镇墓文"某某之身死""某某身死""死终""某某命绝身死"云云,我们可以视作逝者乃正常死亡,而所谓"薄命早终"者,则是明显区别于上述诸种情形的早逝者。这些"薄命早终"镇墓文涉及墓主 11 人,占目前发现的河西镇墓文墓主总人数(89)的 12% 强,即在 89 位逝者当中,"薄命早终"者占 12% 强,比例甚高。

第七,"薄命早终、算尽寿穷"诸字是否为镇墓文书写中约定俗成的一种套话,与年龄无关?前引《西晋元康七年(297)陈小晴镇墓文》云:"不得注母,亦不得注兄弟、妻子。"则陈小晴去世之时其母健在,另有兄弟妻子。《大吉日陶镇墓文》云:"不得□□生人母弟。"与陈小晴颇为相似。《刘伯平镇墓文》:"刘伯平薄命蚤[终],……医药不能治。"明确说明刘伯平因病医药不能治而"薄命早终"。则"薄命早终"诸词并非套话,而具有一定的实际意义。

第八,在镇墓文中强调逝者"薄命早终",其目的应当与镇墓文的解注目的一致,即强调逝者因自身原因而早逝,与生者无关,借以隔绝生死、为生人除害。前引几例"薄命早终"镇墓文分别称"(陈小晴)乡

[①] 《集成(稿)》,第 12、13 页。以下几例镇墓文分别引自《集成(稿)》,第 14、16、23、35、69 页。

［卿］自薄命蚤［早］终""吕来业汝自薄命，寿终身死""（郭邵子）汝自薄命早终""（傅女芝）汝自薄命早终""（姬令熊）□自薄命□终""（张辅）薄命早终""（壹官廿年）薄命早终""（盖颜仲）今自薄命早终""（翟宗盈）汝自［薄］命蚤［早］终""（阿平）汝自薄命蚤［早］终"等，都是如此，其主要意义可以解释为"因为薄命，所以早终"，目的在于"无令死者注于生人"①，这一点对生者至关重要。

至于逝者"早终"的具体原因，很可能是疾病（如"刘伯平薄命蚤［早］［终］……医药不能治"），或者其他。上述"薄命早终"镇墓文中，陈小晴、西郭邵子、傅女芝、姬令熊、张辅、张法静、壹官（廿年？）、盖颜仲、翟宗盈、阿平镇墓文中都提及"注""注件"。"注"亦称"注连"或"注件"。《释名·释疾病》云："注病，一人死，一人复得，气相灌注也。"盖犹今之言传染病。隋巢元方《诸病源候论》卷二十四"注病之条"："凡注之言住也，谓邪气在人身，故名曰注。"此种"注复生人"之事，亦称曰"注祟""复连"②。有学者指出，"解注"即"解疰"，解除疾病之意③。当然，上述镇墓文所谓"注""注件"也很有可能仅为约定俗成的镇墓文书写习惯，与"注病"并无关系。

第九，在书写形式上，"薄命早终"镇墓文有第二人称（"汝自薄命早终"）和第三人称（"［某某］薄命早终"）两种形式，这样的称谓有助于区别死生，同样与镇墓文的解注目的一致。

（三）河西魏晋十六国墓葬出土其他年龄文书及相关问题

"薄命早终"镇墓文之外，魏晋十六国时期河西地区其他出土文献也有关于河西民众年龄的相关信息，解读这些出土文献，对进一步理解上述"薄命早终"镇墓文，以及深入了解魏晋十六国时期河西民众的社会生活状况具有重要价值。

---

① 参见《年次未详翟宗盈镇墓文（一、二）》。
② 王素、李方：《魏晋南北朝敦煌文献编年·饶序》，第2—3页。
③ 吴荣曾：《镇墓文中所见到的东汉道巫关系》，《文物》1981年第3期；刘昭瑞：《谈考古发现的道教解注文》，《敦煌研究》1991年第4期。

新出临泽《田产争讼爰书》① 中也有反映前凉临泽县民孙香父母、祖母去世的相关信息。简 6300 云：

十二月四日故郡吏孙香对：薄祐九岁丧父母，为祖母见养。年十七祖丧土，香单弱，时从兄发、金龙具（俱）偶居城西旧坞

简文说孙香父母、祖母分别去世于孙香 9 岁、17 岁时，其余相关年龄未知。西晋南北朝时期，政府对男女婚龄有明文规定。泰始九年（273）十月辛巳晋武帝下令："制女年十七父母不嫁者，使长吏配之。"② 北周武帝建德三年（576）武帝下诏称："自今以后，男年十五，女年十三已上，爰及鳏寡，所在军民，以时嫁娶，务从节俭，勿为财币稽留。"③ 南朝宋人周朗也曾经建议："女子十五不嫁，家人坐之。"④ 几则材料中，西晋政府的规定只有女性婚龄，南朝宋人的建议也只有对女性婚龄的限制，而北周时期则明确规定男子 15 岁、女子 13 岁为法定婚龄。以北周的规定为参照，男性法定婚龄高于女性两岁，则西晋时期男性婚龄应为 19 岁，南朝宋为 17 岁。我们取 17 岁、15 岁为男女法定婚龄，以结婚次年为已婚夫妇生子年龄，则孙香父母去世时分别是 27 岁、25 岁，而孙香祖母年龄应长于孙香之父 16 岁，为 43 岁，八年之后孙香祖母去世，丧龄则为 51 岁。如此，以"薄命早终"镇墓文做参照，则孙香父母亦可谓"薄命早终"。

我们还可以参照敦煌文书《西凉户籍残卷》中西凉时期敦煌郡敦煌县西宕乡高昌里 14 对夫妇婚龄的相关记载，对孙香父母、祖母的婚龄、丧龄进行推断。

---

① 参见杨国誉《"田产争讼爰书"所展示的汉晋经济研究新视角——甘肃临泽县新出西晋简册释读与初探》，《中国经济史研究》2012 年第 1 期；贾小军《临泽出土〈田产争讼爰书〉释读及相关问题》，《鲁东大学学报》（哲学社会科学版）2012 年第 5 期。
② 《晋书》卷三《武帝纪》，中华书局 1974 年版，第 63 页。
③ 同上书，第 83 页。
④ 《宋书》卷八二《周朗传》，中华书局 1974 年版，第 2094 页。

《西凉户籍残卷》①对每户成员的年龄作了详细的记录，其中阴怀户籍称阴怀"年十五"，其母"高年六十三"；随杨"年廿六"，其母"年五十四"，两户都为孤儿寡母相依的两口人之家，阴怀之父、随杨之父都应已经逝去，不在户籍之内。若以当时男女婚配男子年龄稍长（约2岁，详下）、该户造籍之时阴怀之父、随杨之父刚刚故去推断，则阴怀之父、随杨之父丧龄分别在65岁、56岁左右。但西凉建初十二年（416）敦煌地区为西凉统治时期，虽然未有大的战事，但西凉与北凉的较量一直都在持续，西凉割据政府很可能无暇制作新的户籍，因此造籍周期应该不短，速度也不会很快。如此，则阴怀之父、随杨之父的丧龄应分别小于65岁、56岁。但若二人实际年龄远远高于其妻，则又另当别论了。另外，该籍中年龄超过50岁的仅有三人，分别是阴怀母（高年63），随嵩姊（年74）、随杨母（年54），此三人配偶皆不在籍，当已故去。

《西凉户籍残卷》中，婚龄可确知的男性有10位，平均婚龄为29岁；女性婚龄可确知者12位，平均婚龄约为27（26.84）岁②，计算所得男女婚龄差距2岁，也正与前引诸种史料相同。以此为准，则孙香父母、祖母丧龄分别为39岁、37岁、63岁。仍以"薄命早终"镇墓文做参照，孙香父母丧龄仍然不高，但已不属"薄命早终"了。

1998年出土于甘肃高台县骆驼城98—6号墓的《高台骆驼城耿少平、孙阿玿墓券》③，经学者研究，是一件反映中国古代冥婚现象的冥婚文

---

① 又称"建初十二年正月敦煌郡敦煌县西宕乡高昌里籍"，参见中国科学院历史研究所资料室编《敦煌资料》（第一辑）（中华书局1961年版，第3—7页），又见郝春文主编《英藏敦煌社会历史文献释录》（第一卷）（科学出版社2001年版，第183—189页）。

② 参见贾小军《魏晋十六国河西史稿》，天津古籍出版社2009年版，第218—225页。

③ 曹国新、赵雪野和赵万钧、刘卫鹏、刘乐贤先后对本件文书进行释读（分别见曹国新《骆驼城出土珍贵文物》，《丝绸之路》1999年第3期；赵雪野、赵万钧《甘肃高台魏晋墓墓券及所涉及的神祇和卜宅图》，《考古与文物》2008年第1期；刘卫鹏《甘肃高台十六国墓券的再释读》，《敦煌研究》2009年第1期；刘乐贤《"生死异路，各有城郭"——读骆驼城出土的一件冥婚文书》，《历史研究》2011年第6期）。笔者据自己拍摄于高台县博物馆的文书照片核对，以为刘乐贤释文更加客观，今从之。

书①，其中有对冥婚男女双方耿少平、孙阿诏丧龄的记载：

> 耿氏男祥，字少平，年廿，命在金。
> 孙氏女祥，字阿诏，年十五，命在土。

该墓券所载冥婚男女双方耿少平、孙阿诏丧龄分别为 20 岁、15 岁，若参照前引"薄命早终"镇墓文，则耿少平、孙阿诏亦可谓"薄命早终"。但因文书性质的差异及地域性原因，该墓券并未直言双方"薄命早终"。需要注意的是，由于冥婚性质的特殊性，使婚配双方无法完全遵从现实世界中关于婚配年龄等内容的法律规定，因此较之前述现实世界河西民众的婚配年龄，耿少平、孙阿诏并不符合双方年龄 2 岁的差距。但男性长于女性这一点仍然得到反映。结合上引诸种文书及相关史料可知，魏晋南北朝时期政府对于民众婚配年龄的相关法令在河西地区得到贯彻和执行。

本件文书中，也有"千秋万岁不得犯害家人。生死异路，各有城郭，生人前行，死人却略"的相关内容，刘乐贤指出："这件墓券实际上是生人与两个死人之间达成的一个协议或形成的一个契约：生人为死人举行婚配仪式，让其在地下享受到家庭生活的种种乐趣和好处，死者则要保证从此以后永不再回家来侵扰生人。"② 这与前引"薄命早终"镇墓文隔绝生死、为生人除害的意图仍然一致。

本节所引几件文书都有较明确的年龄记录，加上通过相关计算所得诸人婚龄、丧龄，反映出文书所载诸人寿命虽有超过花甲、古稀者，但总体看来他们寿命普遍较短，这在一定程度上说明，前引 19 余件"薄命早终"镇墓文在承担隔绝生死、为生人除害目的的同时，也较真实地反映了逝者"薄命早终"的事实，以及生者对长寿的企望。

---

① 参见刘乐贤《"生死异路，各有城郭"——读骆驼城出土的一件冥婚文书》，《历史研究》2011 年第 6 期。

② 同上。

（四）结论

据上，我们可以得出如下结论：

1. 魏晋十六国时期敦煌"薄命早终"镇墓文书写的基本意图在于隔绝生死、为生人除害，这一点与其他镇墓文一致。同时，此类镇墓文还反映出当时人们的神鬼观念、生命观念、生者处理死者的细节等内容。

2. 参照此前其他地区出土的镇墓文以及同一时期河西地区其他墓葬出土文书，其反映了丰富的社会生活信息，尤其对我们考察该时期河西（尤其是敦煌）地区地方行政建制（如郡县乡里[①]）、民众婚龄、丧龄等具有重要价值。在一定程度上，这些"薄命早终"镇墓文较真实地反映了逝者"薄命早终"的事实。

3. 就目前内容可考的"薄命早终"镇墓文及相关文书来看，魏晋十六国时期河西地区（尤其是敦煌地区）墓葬文书所载逝者年龄较小，尤其是小于30岁、因疾病或其他原因早逝的很可能占有相当比例。这能否说明该时期河西民众寿命普遍较短虽未可知，但有一批人早逝却是不争的事实。

4. 针对这一现象，为生人安宁、死者安息计，在埋葬习俗中形成了一系列解殃除咎之法。一是在镇墓文中强调死者因为薄命，所以早终，与生者无关；二是在镇墓文中突出解注内容；三是以冥婚的方式安顿死者。若死者英年早逝且尚未婚配，生人根据现实世界中男女婚配的基本要求，选择年龄相仿的死者为之安排冥世的婚姻，以使这些冥界的男祥鬼、女祥鬼[②]得以安息。并强调"生死异路，各有城郭，生人前行，死人却略""千秋万岁不得犯害家人"[③]。否则男祥鬼、女祥鬼很可能就会作祟害人。如此幽冥之事虽不可信，但仍在一定程度上折射出当时民众生活的若干片段。

[①] 参见贾小军《魏晋十六国河西史稿》，天津古籍出版社2009年版，第202页。
[②] 男祥鬼、女祥鬼，指未获婚配的男女死者。参见刘乐贤《"生死异路，各有城郭"——读骆驼城出土的一件冥婚文书》，《历史研究》2011年第6期。
[③] 参见前引《高台骆驼城耿少平、孙阿昭墓券》。

三 《神玺二年八月□富昌镇墓文（一）》考释

本书所录 89 例镇墓文，保存情况各不相同，其中部分镇墓文文字已经漫漶难考，但其中仍有保存较好者，如《神玺二年八月□富昌镇墓文（一）》即是一例较为典型的十六国时期河西镇墓文。笔者拟对之逐句考释，并就其中所反映的相关问题进行探讨。

（一）《神玺二年八月□富昌镇墓文（一）》

已如本书《上编》所录，《神玺二年八月□富昌镇墓文（一）》书写于敦煌祁家湾 85DQM310：15 斗瓶肩腹部，墨书 14 行 65 字，文曰：

神玺二年八
月辛酉朔
廿三日癸未敦
煌郡西乡里
民□富昌
命绝身死
今下斗瓶铅
人五谷用当
地上之福死者
自受央咎生
死各异路不
得相注忤便
利生人如

律令

今断句如下：

神玺二年八月辛酉朔，廿三日癸未，敦煌郡西乡里民☐富昌，命绝身死。今下斗瓶、铅人、五穀，用当地上之福，死者自受央咎。生死各异路，不得相注忤，便利生人。如律令！

（二）文本考释

以下就此镇墓文逐句进行考释：

神玺二年八月辛酉朔，廿三日癸未

据考，镇墓文最早出现在东汉明帝永平三年（60）[1]，以东汉晚期墓葬为多见，开头多为纪年月日，具体格式为"年号＋具体年份＋具体月份＋朔日天干地支＋具体日期＋某日天干地支"[2]。从本书所录有纪年镇墓文开头来看，都遵循这一格式，如《麟加八年闰（三）月姬女训镇墓文（二）》[3]开头为"麟加八年闰月甲辰朔，六日己酉"；《玄始十年八月张法静镇墓文（一）》开头为"玄始十年八月丁丑朔，廿六日壬寅"；《建兴廿七年三月傅长然镇墓文（二）》开头为"建兴廿七年三月丙子朔，三日戊寅"；等等。可见，十六国时期河西镇墓文也继承了汉代以来的传统。与其他镇墓文相比，本例少了建除十二直"直×"信息，有关此点，本书《下编》之《事死如事生：魏晋十六国河西镇墓文解读》有专门讨论，不赘。神玺为北凉段业（397—401年在位）的年号，神玺二年为

---

[1] 咸阳市文物考古研究所：《咸阳教育学院汉墓清理简报》；刘卫鹏：《汉永平三年朱书陶瓶考释》，并见《文物考古论集——咸阳文物考古研究所成立十周年纪念》，三秦出版社2000年版。转引自张全民《曹魏景元元年朱书镇墓文读解》，《考古与文物》2007年第2期。
[2] 吕志峰：《东汉熹平二年张叔敬朱书瓦击考释》，《中文自学指导》2007年第2期。
[3] 本节所引镇墓文出处与《上编》所录对应镇墓文出处相同，不另注。

398年。

敦煌郡西乡里民□富昌，命绝身死

敦煌郡，汉武帝后元元年（前88）置①。西乡里，为死者生前居住的小地名。□富昌，为死者姓名。命绝身死，表明民□富昌去世的事实。"乡间民里作为人们的聚居之地，并带有一定的社会组织形式，西周时也已出现。然而作为国家一级行政管理机构，则始于秦而盛于汉。秦汉时期……乡里则成为国家机器中最底层、最有强控制力和使役力的链条，在国家管理、维护政权、统治人民的过程中起过非常重要的作用。"② 正史极少有关于汉晋时期河西"乡里"记载，河西所出汉代简牍却保存了大量的相关资料。据何双全③、陈国灿④、李并成等先生考证，"西汉敦煌郡共得32里；其中敦煌县21里、效谷7里、龙勒2里、广至1里、佚名县1里"⑤。另据吐鲁番哈那和卓九六号墓出土文书反映，大约在北凉玄始十二年（423）至义和二年（432）间的高昌郡尚有"都乡"⑥。本书所录镇墓文中，乡里可考者为19例，分别为□□里⑦、效谷东乡□□里⑧、西乡⑨、敦煌东乡□山里⑩、敦煌郡效谷县东乡延寿里⑪、敦煌郡西乡里⑫、

---

① 刘光华：《秦汉西北史地丛稿》，甘肃文化出版社2007年版，第115—124页。
② 李并成：《河西走廊历史地理》，甘肃人民出版社1995年版，第153页。
③ 何双全：《〈汉简·乡里志〉及其研究》，载《秦汉简牍论文集》，甘肃人民出版社1989年版。
④ 陈国灿：《唐五代敦煌县乡里制的演变》，《敦煌研究》1989年第3期。
⑤ 李并成：《河西走廊历史地理》，第157页。
⑥ 参见唐长孺主编《吐鲁番出土文书（壹）》，文物出版社1992年版，第41页。
⑦ 《永嘉十三年（319）韩某镇墓文（一）》。
⑧ 《建兴十三年（325）五月阎芝镇墓文（一）（二）》。
⑨ 《建兴十七年（329）四月郭綦香镇墓文（一）（二）》。
⑩ 《建兴十七年（329）八月某人镇墓文》。
⑪ 《建兴十九年（331）七月李兴初镇墓文（一）（二）》。
⑫ 《神玺二年八月□富昌镇墓文（一）（二）》《神玺二年（398）十一月□富昌妻镇墓文》。

敦煌郡敦煌县东乡昌利里[①]、敦煌郡敦煌县都乡里[②]、敦煌郡敦煌县西乡里[③]，墓券中乡里可考者3例[④]，涉及前凉、前秦、西凉、北凉四个政权。按：十六国时期，后凉统治范围亦曾包括河西全境，本书所录镇墓文中亦有后凉麟加八年（396）纪年，但镇墓文未见后凉时期河西乡里的记载，这是否说明后凉与前述诸凉不同，并未推行乡里制度？尚待新的考古资料证明。若从敦煌建郡的后元元年（前88）算起，至本书所录有乡里信息的镇墓文纪年最晚的玄始十年（421），敦煌乡里制度已延续了五百年之久，这从一个侧面反映了其作为中国基层社会组织生命力的顽强，另一方面也不能不说是河西地区在十六国时期社会环境较为稳定的有力证据。

今下斗瓶、铅人、五谷，用当地上之福

斗瓶，即镇墓陶瓶，据《敦煌祁家湾》，该斗瓶"长颈歪领。口径3.5厘米、底径5厘米、高7.2厘米"[⑤]。"铅人"，本写作"鈆人"，"鈆"是"铅"的异体字。铅人的作用是代替死者，承受鬼邪带来的央咎或冥界的苦难与劳役。"五谷"，《论语·薇子》："四体不勤，五谷不分。"此处泛指粮食作物，作地下赋役之用。"當地上之福"，其余镇墓文多作"生者当重复"[⑥]"当复地上"[⑦]"当地上生人"[⑧]"当重复地上生人"[⑨]等，

---

① 《庚子六年（405）正月张辅镇墓文（一）（二）（三）》《玄始十年（421）八月张法静镇墓文（一）》，按：《玄始十年（421）八月张法静镇墓文（一）》无"乡里"相关信息，但张辅、张法静为夫妇，上述镇墓文同出一墓，生前所居"乡里"自当相同。

② 《建初五年（409）闰［十］月画房奴镇墓文（一）（二）》《玄始九年（420）九月☐安富镇墓文》。

③ 《建初十一年（415）十二月魏平奴镇墓文》。

④ 均为"建康郡表是县都乡杨下里"，分别是《建元十八年（382）正月高俟墓券（一）》《建元十八年（382）正月高俟墓券（二）》《建元十八年（382）正月高容男墓券》。

⑤ 《敦煌祁家湾》，第116页。

⑥ 《建兴十九年七月李兴初镇墓文》。

⑦ 《建兴廿六年正月☐黑奴镇墓文（一）》。

⑧ 《升平十二年二月郭遥黄镇墓文（一）》。

⑨ 《建元六年九月魏得昌镇墓文（一）》。

据此，该镇墓文所云"當地上之福"应与"当复地上"同，"福"通"复"，意为"以斗瓶、铅人、五穀"替代地上生人为死者之所作。

死者自受央咎

此句承上，意为既然地下之劳役、赋役已为上述诸物替代，则诸种央（殃）咎应为死者自身承担。

生死各异路，不得相注忤，便利生人。

此语在镇墓文中极为重要，体现了镇墓文的核心功能，即"便利生人"，断绝死者与世上生人之间的关系，希望死者不要再来打扰生者。本书所录其他镇墓文中多有类似表述。如《永安元年（304）八月韩治镇墓文（一）》："千秋□岁，不得相忤，便利生人"；《麟加八年（396）闰（三）月姬女训镇墓文（二）》："生人前行，死人却步，生死道异，不得相［撞］"；《庚子六年（405）正月张辅镇墓文（三）》："生人前行，死人却步，生死不得相□"；《建初五年（409）闰（十）月画虏奴镇墓文（二）》："生死异路，千秋万岁，不得相注忤，便利生人"；等等。

如律令

或作"急急如律令"，意为"请按法令执行"，为汉代公文常用的结尾语词，后多为道教念咒驱使鬼神时所用的末语。

综上所论，《神玺二年（398）八月☐富昌镇墓文》就其功用而言，与前述镇墓文概念完全吻合，尤其在"为地下死者解谪祛过，为世上生人除殃祈福，隔绝死者与其在世亲人的关系，使之不得侵扰牵连生人"诸方面表现得最为完备。但就其内容而言，较之此前较为典型的镇墓文，如前引《汉张叔敬墓避央瓦盆文》①、《曹魏景元元年朱书镇墓文》②而言，简练了许多。这应当不是一个偶然现象。据笔者统计，本书所录较为典型、完整的镇墓文，如《建兴廿七年（339）三月傅长然镇墓文（一、二）》、《建兴十九年（329）七月李兴初镇墓文》等，也仅为103字，其余全文多为几十字。而从这一时期河西镇墓文的总数来看，却为其他地域所难比拟。所以说，就镇墓文的重要性而言，自汉至十六国一直未变，但其作为一种墓葬中较为通用的文体，向着更加"方便生人"的方向发展，这与镇墓文文体完全吻合。

---

① 吕志峰标点的《汉张叔敬墓避央瓦盆文》全文为："熹平二年十二月乙巳朔，十六日庚申，天帝使者告张氏之众三丘五墓、墓左墓右、中央墓主、冢丞冢令、主冢司命、魂门亭长、冢中游徼等；敢告移丘丞墓柏、地下二千石、东冢侯、西冢伯、地下击椬卿、□里伍长等：今日吉良，非用佗故，但以死人张叔敬，薄命蚤死，当来下归丘墓。黄神生五岳，主死人录；召魂召魄，主死人籍。生人筑高台，死人归，深自埋，眉须以落，下为土灰。念故进上复除之药，欲令后世无有死者。上党人参九枚，欲持代生人。铅人持代死人。黄豆瓜子，死人持给地下赋。立制、牡厉辟涂各，欲令祸央不行。□到，约令地吏，勿复烦扰张氏之众。急急如律令！"转引自吕志峰《东汉熹平二年张叔敬朱书瓦击考释》，《中文自学指导》2007年第2期。

② 张全民标点的《曹魏景元元年朱书镇墓文》全文如下："景元元年十二月己卯朔十八日」丙申。军假司马张（？）……」为父，以地为母。……」去乡里☐地口第（？）犯……」段以神瓶，淳（？）酒（？）不哺（？）……，」谢土央堂，☐日（？）食（？）……。」上天仓仓，入地茫茫。死人□□，」生人有乡，死人……」行。生死异路，不得……」相仿。今日解□咎，大……，」富利后世。□兴（？）……」丘五墓冢中新地……，」悉解无☐。张……」十三人得天之福，……」煞，子孙番息……，」央（殃）祸不起。即欲……」焦豆生，鸡子雏鸣，……」可经□人府月，乃……」听相取。生人得□， 死 」人 得 □。……归。」急如 律 令 ！"转引自张全民《曹魏景元元年朱书镇墓文读解》，《考古与文物》2007年第2期。

四　临泽出土《田产争讼爰书》释读及相关问题浅探

2010年，考古工作者在甘肃省张掖市临泽县城西南约4.5公里处的黄家湾滩墓群进行考古发掘时，发现一批保存较为完好的木质简牍，共计27枚，计900余字。这批简牍出土时已经散乱，经杨国誉先生排序、标点与释读，大体判断这是一份西晋晚期张掖郡临泽县地方政府对一起争讼田产的民事纠纷案件的审理记录，故称之为"田产争讼爰书"[①]。这批简文对研究魏晋十六国社会经济史具有重要意义。正如杨国誉先生所说："这份简牍文书……几乎是完整地记录了西晋晚期一次民事经济纠纷案件的审理过程，对于两汉魏晋南北朝时期的经济史研究，具有无可替代的史料价值。"本节拟在杨先生校释的基础上对这批简文作进一步探索，并对简文所反映的西晋十六国河西民众社会生活相关问题进行初步研究。

（一）简文释读

6300 十二月四日，故郡吏孙香对：薄祐九岁丧父母，为祖母见养。年十七祖丧亡，香单弱，时从兄发、金龙具（俱）偶居城西旧坞。

"故郡吏孙香"，是在强调此案中原告孙香的身份。曾担任过"故郡吏"的孙香因与从兄孙发、孙金龙发生田产纠纷而提起诉讼，不知与他

[①] 据杨国誉《"田产争讼爰书"所展示的汉晋经济研究新视角——甘肃临泽县新出西晋简册释读与初探》，《中国经济史研究》2012年第1期。本节所据该批简文内容，均居该文，并参考张荣强《甘肃临泽新出西晋简册考释》（《魏晋南北朝隋唐史资料》第三十二辑，2015，第187—202页）作了校对。

的经历是否有关。但无论此案孙香是否胜诉，西晋十六国时期河西民众能够依法维权的现象却值得我们重视。另，据孙香及从兄孙发、孙金龙"居城西旧坞"判断，"坞"为普通百姓居所，又"旧"与"新"相对，可见当时建坞居住在百姓生活中较为常见。

6301 以坞西田借发、金龙耩佃。发、金龙自有旧坞在城北，金龙中自还居城北，发住未去。发有旧田坞卖与同县民苏腾（？），今因名香所

简文所云"坞西田"之"坞"，即简6300所称"城西旧坞"，据此，孙香认为自己城西有坞、坞西有田，孙发、孙金龙在城北亦有"旧坞"，但孙发的"旧田坞卖与同县民苏腾"。孙发卖于苏腾的，除了"坞"还有"田"，由此似可推知，"坞"与"田"往往相伴存在，这与"坞"最初且耕且守的性质一致。

6303 借田，祖母存时与买，无遗令及托子侄券书以田与发之文。祖父母存时为香父及叔季分异，各有券书，发父兄弟分得城北田

"借田""以田"之"田"，皆指上文所说孙香借给孙发的"坞西田"。"祖父母存时为香父及叔季分异，各有券书，发父兄弟分得城北田"句，联系简6298"父同产兄弟三人，庶叔三人共同居同籍，皆未分异"，是说孙香父亲兄弟三人分田产之事。这种兄弟分异，各自组成小家庭从事生产生活活动的现象，应在西晋十六国时代的河西较为普遍，在某种程度上，这种由4—5人组成的个体农民家庭，是推动该时期河西社会生产发展的核心力量[①]。

另，联系简6300、6301、6303，孙氏在"香父及叔季分异"之前，于城西、城北各有田坞。又据简6309"割金龙田六十亩益发坞"、简6311

[①] 参见贾小军《魏晋十六国河西社会生活史》，甘肃人民出版社2011年版，第172页。

"割香、发田各四十亩及坞舍……与香中分临藁坞,各别开门,居山作坝塘,种桑榆杏柰"判断,孙氏在当地拥有一定数量田产,规模应较为可观。

6313 坞二处。今自凭儿子强盛,侮香单弱,辞诬祖母,欲见侵夺。乞共发、金龙对共校尽,若不如辞,占具装二具入官,对具。

"城北田坞二处",未知是否为附近有田的坞两处,联系简 6301 内容,田、坞似乎仍相伴生。简文所称(孙发)"自凭儿子强盛,侮香单弱……欲见侵夺"虽为孙香一面之辞,但也在一定程度上说明该时期民众在处理田产问题时,存在恃强凌弱的不公平现象。

6298 十二月六日,老民孙发对:被召当与从庶弟香了所居坞田土。父同产兄弟三人,庶叔三人共同居同籍,皆未分异。荒毁之中,俱皆亡没,唯祖母

"所居坞田土",仍为前述孙香所称自己的城西坞田。"荒毁"即荒乱破毁,据简册中相关时间可知,孙香、孙发兄弟分田应是晋武帝泰始九年(273)左右的事情,而在之前的泰始六年(270),因西晋政府在措置羌胡问题的不当,导致"凉州之乱"爆发。简文所称"荒毁"之因,当指"凉州之乱"。

6296 存在,为发等分异。弟金龙继从伯得城北坞田,发当与香

"城北坞田",即简 6301 所云之城北旧坞及田。

6309 共中分城西坞田。祖母以香年小,乍胜田,二分,以发所得田分少,割金龙田六十亩益发,坞与香中分。临藁坞各别开门,居山作坝塘,种桑榆杏柰。

"以发所得田分少，割金龙田六十亩益发坞"句中，值得注意的除了当时百姓分田产时秉承公平原则之外，"割金龙田六十亩益发坞"可理解为"割田益坞"，即"以孙金龙之田补孙发不足之坞"，似在说明"田"与"坞"在某种程度上指代同一事物。

简文称"中分临藁坞"，"临藁坞"当为坞名。既能"中分"，亦可"各别开门"，说明该坞有一定规模。

"居山作坝塘"，在一定程度上说明孙氏经济实力较雄厚，能依山修建坝塘，以作灌溉之用。

"种桑榆杏柰"，说明当时该地有桑、榆、杏、柰种植。《齐民要术》卷四《柰林檎第三十九》称："张掖有白柰，酒泉有赤柰。"[1]《晋书》卷八六《张天锡传》："会稽王道子尝问其（按，指张天锡，引者）西土所出，天锡应声曰：'桑葚甜甘，鸱鸮革响，乳酪养性，人无妒心。'"[2] 张天锡用桑葚、乳酪指代"西土所出"，可知在前凉时代，此二者实有重要影响。此外，据"种桑榆杏柰"判断，孙氏坞田中应当包括专门的果木园。这在嘉峪关壁画墓中可找到相关证据。据《嘉峪关壁画墓发掘报告》表四的统计，嘉峪关新城壁画墓共有果木画砖四幅，其中4号墓、5号墓各2幅。[3] 4号墓020号画砖内容是果木园四周高墙围绕，果木枝叶伸出墙外；049号画砖绘一童在围墙外持长杆看护果木园。5号墓016号画砖绘一果木园，四周有墙，门半开[4]；048号画砖绘一守园人持棒护园，园四周围墙，树枝出墙头，树梢有一飞鸟[5]。

> 6305 今皆茂盛，注列黄籍，从来四十余年。今香横见诬言，云发借田寄居，欲死诬生，造作无端。事可推校，若不如对，占人马具

---

[1] （北魏）贾思勰著、石声汉校释：《齐民要术今释》（上册），中华书局2009年版，第374页。
[2] 《晋书》卷八六《张天锡传》，中华书局1974年版，第2252页。
[3] 甘肃省文物队等：《嘉峪关壁画墓发掘报告》，文物出版社1985年版，第79页。
[4] 同上书，图版五七之2。
[5] 同上书，图版五七之1。

装入官，

"会皆民盛，论列黄籍，从来四十余年"句，杨国誉先生已经指出，反映的是占田令颁布后即太康年间以来全国户口数猛增的现象①。不过需要补充的是，简文所述乃同时期张掖郡临泽县的具体情况，这对西晋十六国时期河西地区经济发展、人口增长的现象更具说服力。据《晋书·地理志》，西晋太康元年（280）张掖郡有户三千七百②。若以每户5人计，则张掖郡有18500人；若以西晋太康年间每户平均6.68人计③，则张掖郡人口数为24716人。据相关研究，河西地区人口发生较大的增长是在前凉时期，一度达到户约20万，口约100万④。"从来四十余年"约指晋武帝泰始九年（273）到太康建兴元年（313）四十年间的事情，正与前述研究结论一致。

6319 对具。到，立下重自了，里令分割。

6307 十二月七日，民孙金龙对：被召当了庶从弟香所争田。更遭荒破，父母亡没。唯有祖母存在，分异，以金龙继养亡从伯后，得城北田，祖

"荒破"，即简6298所云之"荒毁"，即因"凉州之乱"带来的荒乱与破败。

6315 母割金龙田六十亩益发，分居以来四十余年，今香、发诤，非金龙所知。有从叔丞可问，若不如对，占人马具装入官，对具。

---

① 杨国誉：《"田产争讼爰书"所展示的汉晋经济研究新视角——甘肃临泽县新出西晋简册释读与初探》，《中国经济史研究》2012年第1期。
② 《晋书》卷一四《地理志上》，中华书局1974年版，第433页。
③ 据梁方仲《中国历代户口、田地、田赋统计》，中华书局2008年版，第56页。
④ 刘汉东：《从西凉户籍残卷谈五凉时期的人口》，《史学月刊》1988年第4期。

"祖母割金龙田六十亩益发",在父辈已经离世的情况下,兄弟分异时,尚健在的祖母无疑具有重要影响力,因此,具体田产的分配可由祖母指定,并有一定的约束力。但当祖母逝去,券书又不完备(简6290"祖母存时命发息为弘后,无券,香所不知")的情况下,难免有人借机发难,从而占有更多的田产。

6294 建兴元年十二月壬寅朔十一日壬子,临泽令氂移孙司马:"民孙香、孙发、孙金龙兄弟共诤田财,诣官纷云,以司马为证,写

本简为纪年简,杨国誉先生指出:"历史上使用'建兴'作为年号的政权先后有蜀汉后主刘禅、东吴废帝孙亮、成汉武帝李雄、西晋愍帝司马邺、前凉、后燕世祖慕容垂及渤海国宣王大仁秀,且时间相对集中",由于蜀汉、东吴、成汉、后燕、渤海国地望均与河西无关,前凉则"从建兴五年(317)方始沿用建兴年号",对照陈垣先生《二十史朔闰表》可知,"愍帝建兴元年十二月朔日干支正是壬寅",故此简"应该正是在西晋愍帝司马邺的建兴元年(313)的十二月间"[1]。需要补充的是,公元313年为前凉政权的奠基人张轨任凉州刺史的第13年,张轨的政治方针是"尊晋攘夷"和"保宁域内"[2],简文所称西晋愍帝司马邺的建兴元年,也是张轨统辖的凉州为西晋地方政权的一个实证。

6292 辞在右。司马是宗长,足当知尽,移达,具列香兄弟部分券书,会月十五日,须得断决如律令。"

"司马",即简6294所云之"孙司马",联系简6288,孙司马似即为"孙丞"。又简6290孙丞自称"平史"(仲裁人),说明身为宗长的孙丞有仲裁宗族成员之间纠纷的职责。简文称孙司马(丞)是孙香、孙发、孙

---

[1] 杨国誉:《"田产争讼爰书"所展示的汉晋经济研究新视角——甘肃临泽县新出西晋简册释读与初探》,《中国经济史研究》2012年第1期。

[2] 据赵向群《五凉史探》,甘肃人民出版社1996年版,第40页。

金龙诸人宗长（从叔），"足当知"孙香弟兄分田产之事，也说明西晋愍帝时期的河西地区宗族势力仍具一定的影响力，并在政府相关部门解决民事纠纷时起着重要作用。联系魏晋十六国时期坞壁广布的特点及简文中"坞田"、"坞舍"等相关内容判断，宗族势力在这一时期的坞壁、坞田、坞舍日常生活中仍具重要作用。

6288 建兴元年十二月壬寅十五日丙午［辰］，户民孙丞敢言之。临泽廷移壬子书："民孙香、孙发讼田，丞是宗长，足知尽。香、发早各

本简亦为纪年简，"建兴元年"即前述西晋愍帝司马邺建兴元年（313）。简文所称"丞是宗长，足知尽"进一步说明，宗长对宗族内部事务的掌握与了解不仅是政府相关部门的认识，宗长本人也承认这一点。

6290 自有田分。香父兄弟三人孙蒙、孙弘、孙翘，皆已亡没。今为平决，使香自继其父蒙。祖母存时命发息为弘后，无券，香所不知。

6311 翘独无嗣，今割香、发田各四十亩及坞舍分，命亲属一人以为翘祠（嗣）。平决已了，请曹理遣，敢言之。"

"今割香、发田各四十亩及坞舍"句，与简 6301、6313 关于坞田、坞舍内容相近，仍反映出"坞田"与"坞舍"伴生，有"坞田"则往往有"坞舍"。"分命亲属一人以为翘祠（嗣）"为宗长所指定，反映出宗长对宗族成员具有重要的影响力。

6323 户曹掾史王匡、董惠白："民孙香、孙发、孙金龙共诤田坞相

6327 诬冒。求问从叔丞，移丞列正，今丞移报：'香、发早自有田

6325 分。香父兄弟三人，孙蒙、孙翘、孙弘皆亡没。今为平决，
6321 使香自继其父蒙。祖母存时命发息为弘后，无券
6286 书，香不知。翘无嗣，今割香、发田各四十亩及坞舍分，
命亲

"割香、发田各四十亩及坞舍"句，与简6311"割香、发田各四十亩及坞舍分命亲属一人以为翘祠（嗣）"同。

6317 属一人为翘继。'香、发占对如丞所断，为了。香、发兄弟
6281 不和，还相诬言，不从分理，诣官纷云，兴长讼，诉平
官法。

简6317、6281所载虽为孙香、孙发兄弟争讼不已之琐事，但却在一定程度上反映出河西地方民众对自身权益尤其是土地所有权的重视。并且，在建兴元年（313）即张轨出任凉州刺史的第13年里，河西民众能屡次依靠官府解决争讼，也说明当时凉州地方政治的稳定。

6280 请事诺，罚香、发鞭杖各百五十，适行事一月。听如丞，
6284 移使香、发人出田四十亩及坞舍分与继者。又金龙未相

"香、发人出田四十亩及坞舍分与继者"句，与简6311"割香、发田各四十亩及坞舍分命亲属一人以为翘祠（嗣）"、简6286"割香、发田各四十亩及坞舍"句同。

联系前后简文，简6311、6286、6284"香、发人出田四十亩及坞舍分与（孙翘）继者"，即孙翘继承者可得田八十亩，这一数额比西晋"户调式"规定的所载一户占数额（一百亩）要低。《晋书·食货志》称："男子一人占田七十亩，女子三十亩。"[①] 西晋十六国时期的河西地区为地

---

① 《晋书》卷二六《食货志》，中华书局1974年版，第790页。

广人稀之地，一户占田尚不足百亩，其中缘由尚不得而知。不过联系相关简文，这似乎与孙翘继承者八十亩田地的来源有关。已如杨国誉先生所指出的，这八十亩田地，并非国家授田，而是孙氏子孙相承的私有田地。所谓"占田"，只不过是国家对民众已有土地进行承认和保护。无论孙氏共拥有多少田地，其数量必然有限，而孙翘继承者田地的获得又较为特殊，既如此，那么他占田数额不足户调之数也在情理之中了。这也在一定程度上说明西晋占田制是"西晋政府通过登记全国土地而重新确认登记者土地所有权的一种方法，是对现存土地关系的合法化认定"①。

  6282 争，田为香所认，前已罚四十，差不坐。谨启如前。
    如□□□□不出……钱
  6283 教诺田钱□但五十鞭断……"（以下漫漶，不可解）

（二）简文所见西晋十六国河西民众的社会生活

1. 案情述要

  简文较完整地记录了西晋晚期（前凉早期）张掖郡临泽县地方政府审理孙香兄弟争讼田产民事纠纷案件的全过程。根据相关案情，此案中矛盾重要集中在孙香与孙发身上，孙香有备而来，志在必得，孙发沉着应对，寸土不让，因而"不从分理，诣官纷云，兴长讼"，结果是"香、发人出田四十亩及坞舍分与继者"，表面看来似乎两败俱伤。但此案中孙香其实也达到了部分目的。因"香、发早自有田分"，孙香父亲兄弟三人的田产则由孙发实际占有，孙香在此案中与孙发的后人（继承孙弘）及由宗长孙丞指定的孙翘继承者三分这分田产（包括坞田、坞舍等），所以孙香在原来"自有田分"的基础上又得到了一份田产（继承父亲孙蒙），而孙发实际占有的田产除了分成三分以外，还要"出田四十亩及坞舍分与（孙翘）继者"，可谓一分再分，实际占有的田产越来越少（但孙发原来

---

① 童超：《论西晋土地、田赋、劳动人口管理体制的改革》，《中国史研究》1987 年第 4 期。

的"自有田分"并未减少)。据此来看,"香、发兄弟不和,还相诬言,不从分理,诣官纷云,兴长讼"的主要症结是在孙发想保全原来占有的田产,而孙香"诣官纷云",则因自己是孙蒙、孙弘、孙翘三兄弟唯一的直系继承者,想要得到被孙发实际占有的全部田产。最终此案中的渔翁得利者,既非孙香,亦非孙发,而是被宗长孙丞指定并得到政府承认的孙翘继承者。

此案中对田产的处理可谓考虑周全。既照顾到了原田产所有者(孙蒙、孙弘、孙翘三兄弟)直系亲属孙香的继承权,也对这分田产的实际占有者孙发(实际为继承孙弘田产的孙发子女)的应得权益予以承认,并对无子嗣的孙翘的应得权益进行承认,虽则孙香、孙发"不从分理,诣官纷云,兴长讼",但由宗长孙丞提出并得到政府承认的解决方案无疑是比较公平的,这也在一定程度上说明河西地区经过前凉张轨十几年的治理,政治清明、社会环境日益转好。

2. 河西民众的法律意识与政府的控制力

此案除反映孙香、孙发弟兄二人因田产纠纷互不相让外,在一定程度上还说明此二人均有较强的法律意识,能够利用国家相关法律维护自己权益。无独有偶,与本简册性质类似的《建武三年(公元27年)侯粟君所责寇恩事》[①]册所反映的一起民事诉讼,也发生在黑河流域的今张掖地区,与临泽相近。这是否能够说明该地民众具有依法维权的传统虽未可知,但即便这仅仅是互不相连的个人行为,按照国家相关规定维护自己权益,都应该肯定。

而就临泽县地方政府而言,先是委托孙氏宗长提出处理意见,再作出最终裁决,在孙香、孙发"诣官纷云,兴长讼"的情况下,"罚香、发鞭杖各百五十……移使香、发人出田四十亩及坞舍分与继者",强制执行政府的最终裁决,又反映出此时的张掖郡临泽县对基层民众而言既具有公信力,也能够保证政府法令最终得到执行,进一步说明在张轨治理凉州十三年之后,西晋凉州地方政府对基层的控制力不弱反强,这与中原地区战火

---

① 甘肃省文物考古研究所等:《居延新简》,文物出版社1990年版,第475—478页。

纷飞、民不聊生的情况形成鲜明的对比。

3. 兄弟分异与小家庭生产

此案为孙香、孙发、孙金龙兄弟因田产问题而发生的争讼，严格说来，孙香祖母当年主持的田产分割，实际为孙香之父孙蒙、孙弘、孙翘兄弟三人的田产分异，而孙香、孙发争讼的核心问题就是孙蒙、孙弘、孙翘兄弟三人田产的分配。除去田产分配问题，此案反映的兄弟分异及由此形成的小家庭模式，却是西晋十六国时期河西经济社会发展的重要推动力。

有关魏晋十六国时期河西地区的家庭规模状况，出土文书及河西壁画墓资料都有不同程度的反映。敦煌文书《建初十二年正月敦煌郡敦煌县西宕乡高昌里籍》（又称《西凉户籍残卷》）① 与吐鲁番文书《北凉蔡晖等家口籍》② 所记载的家庭，多为 2—5 人组成、以一夫一妇为核心的小家庭。《西凉户籍残卷》所载家庭情况，人数在 2—5 人之间的家庭基本为 1—2 代人组成的家庭，没有三代同堂的状况。比如裴晟家四口人，由一父、二子、一媳组成；吕沾家五口人，由一夫、一妻、二男、一女组成；隨嵩家五口人，由一夫、一妻、一儿、一媳、附一夫姊组成；隨杨家两口人，由一儿一母组成；阴怀家两口人，由一儿一母组成；吕沾家五口人，由一夫一妻、二男一女组成，分别为 56 岁的吕沾、43 岁的吕沾妻赵氏、17 岁的吕沾之子吕元、7 岁的吕元弟吕腾、2 岁的吕腾妹吕华；甚至六口人的家庭，也仅由两代人组成，如吕德家，由一夫、一妻、三子、一女组成。《北凉蔡晖等家口籍》共记录了十五户家口数，所有家庭人口都不多，最多的仅为五人。其中一人者一户，两人者五户，三人者三户，四人者三户，五人者两户，一户人数不详。《西凉户籍残卷》所反映的时间与《北凉蔡晖等家口籍》相比略早，但由于基本处于同一地域，我们可以相信其中反映的家庭构成也比较接近。因此，《北凉蔡晖等家口籍》所记录的人口数可考的 14 户人家，也应为 1—2 代人组成的家庭。而在魏晋十六国河西墓葬壁画中，也有较多的以一夫一妇劳作为主题的画砖，反映

---

① 中国科学院历史研究所资料室编：《敦煌资料》（第一辑）中华书局 1961 年版，第 3—7 页；又见郝春文主编《英藏敦煌社会历史文献释录》（第一卷），科学出版社 2001 年版，第 183—189 页。

② 唐长孺主编：《吐鲁番出土文书》（壹），文物出版社 1992 年版，第 80 页。

了播种、回家、场上、运输等多种生活场景。这些"夫妇劳作图"及其反映的生活场景，应与汉魏以来河西地区社会生产中作为基本生产单位的一夫一妇家庭，以及民众的家庭规模有关①。

上述材料反映的小家庭，是构成魏晋十六国时期河西社会的真正细胞，他们是推动这一时期河西社会生产发展的核心力量。

4. "坞"及相关问题

根据相关资料，河西地区的"坞"出现比较早。如居延汉简中就有大量关于"坞"的记载，如简：

（1）坞高丈四尺五寸，按高六尺，衔□高二尺五寸，任高二丈三尺 175.19A②

（2）五凤二年八月辛巳乙酉□，甲渠万岁隧成，廼十月戊寅夜堕坞徒伤要有瘳，即日视事敢言之。6.8（甲44）③

简（2）"五凤"为西汉宣帝年号，"五凤二年"为公元前56年，这说明河西地区的"坞"至迟在西汉宣帝时期已经出现。

另，《后汉书》卷六五《段颎传》中称张掖附近有"钜鹿坞"：

明年春（指汉桓帝延熹三年，公元160年），余羌复与烧何大豪寇张掖，攻没钜鹿坞，杀属国吏民，又招同种千余落，并兵晨奔颎军。

此处所谓"钜鹿坞"，今地不详，但据上下文判断，应该是当时位于今张掖附近某处的防御性建筑。

有关魏晋十六国时期河西的坞壁情况，考古资料和传统史籍都有较多的反映。既有称"坞"者，如嘉峪关新城1号墓035号画砖："左为坞，

---

① 详参贾小军《魏晋十六国河西社会生活史》，甘肃人民出版社2011年版，第160—172页。
② 陈梦家：《汉简缀述》，中华书局1980年版，第154页。
③ 同上。

坞外有马、牛、羊等，画上有朱书题榜'坞'字。"① 也有称"村坞"者，如《魏书》卷一一四《释老志》："凉州自张轨后，世信佛教。敦煌地接西域，道俗交得其旧式，村坞相属，多有塔寺。"② 还有非常具体的赵羽坞③、侯坞、若厚坞等名称：

《晋书》卷一一九《沮渠蒙逊载记》：

> （蒙逊率兵）比至氐池，众逾一万。镇军臧莫孩率部众附之，羌胡多起兵响应。蒙逊壁于侯坞。④

> （秃发）傉檀来伐，蒙逊败之于若厚坞。⑤

上述这三类"坞"名各自代表了坞壁发展的不同阶段和不同生活环境。"坞"主要为防御工事，"村坞"是对居民生活世界的统称，侯坞、若厚坞、赵羽坞等，则是已在居民普遍认同的"村坞"世界中的若干小环境，经过较为长久的时段之后，成为某地的小地名，甚至与代表国家基层行政组织的"乡里"并称，如《西凉户籍残卷》中就将敦煌郡敦煌县西宕乡高昌里居民的居住点称为"赵羽坞"。据此，则至西晋十六国时期河西地区的"坞"发展应当已经比较成熟了。

笔者以为，《田产争讼爰书》简文多次提到"坞""坞田""坞舍"以及"临藁坞"，正反映出"坞"在历史变迁过程中的一个重要阶段。若根据前引文献对河西地区的"坞"按时间先后排序，我们就会得到以下这个序列：

"钜鹿坞"（东汉）→"坞"（曹魏）→"坞""坞田""坞舍""临藁坞"（西晋）→"村坞"（前凉）→"赵羽坞"（西凉）、"侯

---

① 甘肃省文物队等：《嘉峪关壁画墓发掘报告》，文物出版社1985年版，第98页。另，据《嘉峪关壁画墓发掘报告》，新城1号墓为曹魏甘露二年的墓葬，第74页。
② 《魏书》卷一一四《释老志》，中华书局1974年版，第3032页。
③ 参前引《建初十二年正月敦煌郡敦煌县西宕乡高昌里籍》。
④ 《晋书》卷一一九《沮渠蒙逊载记》，中华书局1974年版，第3191页。
⑤ 同上书，第3195页。

坞"（北凉）、"若厚坞"（北凉）

由于东汉时期坞壁产生不久，因此"钜鹿坞"虽为具体坞名，但主要就防御意义而言，而西凉时期的"赵羽坞"，已成为居民点的名称了。可见，《田产争讼爰书》简文多次提到"坞""坞田""坞舍"是"坞"在由防御设施向民众具体生活空间转变过程中的重要步骤，正是由于"坞"与"坞田""坞舍"紧密相连，才有后来与代表国家基层行政组织的"乡里"并称的"赵羽坞"出现。

5. "临泽令""户曹掾史"、宗族与基层社会控制

"户曹掾史"，"当为临泽县户曹任事官员"[1]。根据此案处理过程，先后参与此案处理的人员或机构依次是临泽令髦初、宗长（司马、仲裁人？）孙丞、临泽县户曹掾史王匡、董惠。其中髦初当为临泽县负责军政事务的县令，孙丞则身为孙氏宗长、并由临泽令髦初指定的此案仲裁人，户曹掾史王匡、董惠为负责此案判决结果的最终执行者。此案主要的评判环节并非由临泽令髦初或户曹掾史王匡、董惠负责，而是作为孙氏宗长的孙丞，孙丞还在本案中指定了孙翘的继承人。虽然宗族成员孙香、孙发对宗长孙丞的裁决并未绝对服从，但这仍然反映出"其时宗长对宗主成员具有一定的控制权"，"这一权力的行使也得到了地方政府的赞同和支持"[2]，进而言之，其时政府对基层社会的控制，在很大程度上仍然通过宗族组织来实现。

6. 西晋十六国时期河西民众的饮食结构

据简册相关内容判断，本案中的孙香、孙发、孙金龙等人，在拥有一份田地（应种植传统农作物）的同时，还能够"居山作坝塘，种桑榆杏柰"，显示出"桑榆杏柰"在民众生活中具有重要地位。有关河西地区桑、榆、杏、柰等果木的种植，史书中也有相关记载。《齐民要术》卷二《种瓜第十四》："《广志》曰：'瓜之所出，以辽东、庐江、敦煌之种为

---

[1] 杨国誉：《"田产争讼爰书"所展示的汉晋经济研究新视角——甘肃临泽县新出西晋简册释读与初探》，《中国经济史研究》2012年第1期。

[2] 同上。

美。……瓜州大瓜，大如斛，出凉州。'……《汉书·地理志》曰：'敦煌，古瓜州地，有美瓜。'"① 张澍《凉州府志备考》卷一《物产·食物类》"大瓜"条："《宋书》：凉州有大瓜，狐入其中首尾不见。"②《齐民要术》卷四《柰林檎第三十九》又称："张掖有白柰，酒泉有赤柰。"③ 另，北凉段龟龙《凉州记》也有相关记载："吕光时，敦煌太守宋歆献同心之梨。"④ 比起瓜、梨，桑葚则更具代表性。《晋书》卷八六《张天锡传》称："会稽王道子尝问其（按，指张天锡，引者）西土所出，天锡应声曰：'桑葚甜甘，鸱鹗革响，乳酪养性，人无妒心。'"⑤ 张天锡用桑葚、乳酪指代"西土所出"，可知在前凉时代，此二者实有重要影响。

此外，这一时期时期河西粮食品种和肉类也很丰富，有大麦、小麦、谷、豆类、牛肉、羊肉、猪肉等。如产于河西的"卢水麦"就是是麦类中的优良品种。⑥ 贾思勰《齐民要术》卷二《大小麦第十》："《广志》曰：'卢水麦，其实大麦形，有缝。禾宛麦，似大麦，出凉州。'"⑦ 在吐鲁番出土的五凉时代文书中，多次出现"麦"的相关记录。据《吐鲁番出土文书（壹）》，文书《刘普条呈为得麦事》（63TAM1：15）⑧、《北凉真兴六年（424）出麦帐》（75TKM96：29（b））⑨、《掬子等取麦帐》（75TKM96：28）⑩、《奴婢月廪麦帐》（75TKM91：17）⑪ 等，都记录了与麦子相关的内容。麦饭用麦子蒸制而成，因其价格较低廉，所以为一般百姓经常食用。将小麦以磨加工成面粉后，即可制成各种各样的美味食品。而在河西魏晋壁画墓中，大量的宰牲图又反映出肉食在该时期民众生活中

---

① （北魏）贾思勰著、石声汉校释：《齐民要术今释》（上册），中华书局2009年版，第179页。
② 张澍辑著：《凉州府志备考》，武威市市志编纂委员会办公室1986年校印，第76页。
③ （北魏）贾思勰著、石声汉校释：《齐民要术今释》（上册），第374页。
④ 王晶波点校：《二酉堂丛书史地六种》，甘肃人民出版社1992年版，第105页。
⑤ 《晋书》卷八六《张天锡传》，中华书局1974年版，第2252页。
⑥ 赵向群：《五凉史探》，甘肃人民出版社1996年版，第234页。
⑦ （北魏）贾思勰著、石声汉校释：《齐民要术今释》（上册），中华书局2009年版，第142页。
⑧ 参见唐长孺主编《吐鲁番出土文书》（壹），文物出版社1992年版，第7页。
⑨ 同上书，第33页。
⑩ 同上书，第37页。
⑪ 同上书，第77页。

居于重要地位①。

《田产争讼爰书》简文所载孙香、孙发等人最多也只是生活条件较好的个体农民，在种植主要的粮食作物之外，辅之以桑、榆、杏、奈、瓜等蔬果产品，再加上河西地区的畜牧传统影响，食肉也应为日常生活的重要内容。由此看来，食用麦饭、肉类和各种蔬果，成了这一时期河西民众的主要饮食内容。以现今眼光观之，这样的饮食结构无疑是较为合理、科学的。魏晋十六国时期河西人口的增长，当与此有关。

总之，临泽出土的《田产争讼爰书》简册因其保存较为完好，内容完整，反映了丰富的社会历史信息，对研究西晋十六国时期河西民众社会生活问题具有重要价值。

---

① 详参贾小军《魏晋十六国河西社会生活史》，甘肃人民出版社2011年版，第235—246页。

五　魏晋十六国河西出土文献纪年信息申论

河西地区出土的魏晋十六国镇墓文、墓券、发愿文、写经题记等文献中的纪年信息，涉及魏晋十六国时期曹魏、西晋、前凉、后凉、西凉、北凉等政权统治河西的各个阶段。考察这些纪年信息，对了解魏晋十六国时期河西政局变化和民众对这种变化的适应过程，以及普通民众对所在王朝的认同意识，具有重要意义。

在河西地区出土的魏晋十六国镇墓文、墓券、发愿文、写经题记等文献中，有较多反映时间的内容，其中最明显的就是纪年信息。据笔者统计，这些纪年信息最早者为曹魏明帝青龙四年（236），最晚者为北凉奉行的北魏太武帝太缘（太延）二年（436），涵盖曹魏、西晋以及十六国时期河西历史的各个阶段。这些纪年信息虽较凌乱，但若将之集中起来做一考察，其中所反映的魏晋十六国时期河西政局变化及民众对这种变化的适应过程，以及普通民众对所在王朝的认同意识，很值得我们重视。笔者不揣浅陋，根据相关资料对此进行考察，以就教于学界。

（一）魏晋十六国河西出土文献纪年信息相关统计

为了较全面、客观地反映魏晋十六国河西出土文献所载纪年信息，笔者据相关资料，对有纪年信息的镇墓文、墓券等统计如下表所示：

表1　　　　魏晋十六国河西出土文献纪年信息统计

序号	事主	出土地	墓葬及其他	纪年信息
1	左长	武威	新华乡缠山村	青龙四年236

续表

序号	事主	出土地	墓葬及其他	纪年信息
2	段清	嘉峪关	新城1号墓	甘露二年 257
3	不详	敦煌	大方盘城东南土丘	泰始十一年 275
4	吕阿徴	敦煌	祁家湾320号墓	咸宁二年 276
5	石兴（？）	居延	破城子灰堆	太康四年 283
6	顿霓儿	敦煌	祁家湾209号墓	太康六年 285
7	吕阿丰	敦煌	祁家湾321号墓	泰熙元年 290
8	某人铭旌	高台	骆驼城东南古墓	元康元年 291
9	窦□	敦煌	祁家湾210号墓	元康六年 296
10	韩治	敦煌	新店台40号墓	永安元年 304
11	苏治	敦煌	新店台4号墓	永嘉三年 309
12	樊氏	酒泉	酒泉三百户墓群	永嘉五年 311
13	吕来业	敦煌	祁家湾320号墓	建兴元年 313
14	孙香	临泽	黄家湾滩晋墓	建兴元年 313①
15	吕轩女	敦煌	祁家湾319号墓	建兴二年 314
16	徐男	敦煌	祁家湾364号墓	建兴四年 316
17	赵阿兹	高台	骆驼城南古墓	建兴五年 317
18	某人	高台	许三湾古墓	建兴八年 320②
19	顿盈姜	敦煌	祁家湾208号墓	建兴九年 321
20	阎芝	敦煌	新店台135号墓	建兴十三年 325
21	郭綦香	敦煌	新店台187号墓	建兴十七年 329
22	某人	敦煌	新店台67号墓	建兴十七年 329
23	郭□子	敦煌	祁家湾328号墓	建兴十八年 330
24	李兴初	敦煌	新店台176号墓	建兴十九年 331
25	周振、孙阿惠	高台	骆驼城古墓	建兴二十四年 336③

① 杨国誉：《"田产争讼爰书"所展示的汉晋经济研究新视角——甘肃临泽县新出西晋简册释读与初探》，《中国经济史研究》，2012年第1期。
② 何双全、狄晓霞：《甘肃省近年来新出土三国两晋简帛综述》，《西北师大学报（社会科学版）》2007年第5期。
③ 赵雪野、赵万钧：《甘肃高台魏晋墓墓券及所涉及的神祇和卜宅图》，《考古与文物》2008年第1期；刘卫鹏：《甘肃高台十六国墓券的再释读》，《敦煌研究》2009年第1期；寇克红：《高台骆驼城前秦墓出土墓券考释》，《敦煌研究》2009年第4期。

续表

序号	事主	出土地	墓葬及其他	纪年信息
26	故郡吏	高台	骆驼城古墓	建兴二十四年 336①
27	赵季波	敦煌	新店台 31 号墓	建兴二十五年 337
28	黑奴	敦煌	新店台 33 号墓	建兴二十六年 338
29	假凉都督某妻	武威	旱滩坡晋墓	咸康四年 338②
30	傅长然	敦煌	新店台 65 号墓	建兴二十七年 339
31	王群（洛子）	武威	磨咀子	建兴二十八年 340③
32	万安	敦煌	祁家湾 218 号墓	建兴二十九年 341
33	□佛女	敦煌	三危山墓	建兴三十年 342
34	吴仁姜	敦煌	祁家湾 356 号墓	建兴三十一年 343
35	某人	敦煌	新店台 20 号墓	建元六年 348④
36	魏德昌	敦煌	祁家湾 371 号墓	建元六年 348⑤
37	某人	敦煌	祁家湾 351 号墓	（建兴）三十七年 349⑥
38	姬瑜	武威	旱滩坡晋墓	建兴四十三年 355⑦
39	姬瑜	武威	旱滩坡晋墓	建兴四十四年 356⑧
40	姬瑜	武威	旱滩坡晋墓	建兴四十六年 358⑨
41	傅女芝	敦煌	新店台 64 号墓	建兴四十六年 358
42	郭遥黄	敦煌	祁家湾 349 号墓	升平十二年 368

---

① ［日］町田隆吉：《甘肃省高台县出土魏晋十六国汉语文书编年》，载中共高台县委等《高台魏晋墓与河西历史文化研究》，甘肃教育出版社 2012 年版，第 162 页。

② 李均明、何双全：《散见简牍合辑》，文物出版社 1990 年版，第 26—29 页。

③ 饶宗颐：《记建兴廿八年"松人"解除简——汉"五龙相拘绞"说》，《简帛研究》（第 2 辑），法律出版社 1996 年版。

④ 敦煌县博物馆考古组、北京大学考古实习队：《记敦煌发现的西晋、十六国墓葬》，《敦煌吐鲁番文献研究论集》第 4 辑，北京大学出版社 1987 年版。

⑤ 王素：《高昌史稿·统治编》，文物出版社 1998 年版，第 114—115 页。对此处纪年的判断，学界颇有争议一说为前秦苻坚建元年号，一说为东晋康帝建元年号，笔者也一度认为是前秦苻坚建元年号，但综合当时前凉、前秦形势，东晋康帝建元说应更加可能。

⑥ 王素：《高昌史稿·统治编》，文物出版社 1998 年版，第 110 页；钟长发、宁笃学：《武威金沙公社出土前秦建元十二年墓表》，《文物》1981 年第 2 期。

⑦ 李均明、何双全：《散见简牍合辑》，文物出版社 1990 年版，第 26—29 页。

⑧ 同上。

⑨ 同上。

续表

序号	事主	出土地	墓葬及其他	纪年信息
43	姬瑜	武威	旱滩坡晋墓	升平十三年 369①
44	氾心容	敦煌	新店台 1 号墓	升平十三年 369
45	胡运	高台	骆驼城古墓	升平十三年 369②
46	姬令熊	敦煌	佛爷庙湾 3 号墓	咸安五年 375
47	梁舒、宋华	武威	墓表	前秦建元十二年 376③
48	工□子	敦煌	祁家湾 348 号墓	前秦建元十三年 377
49	砖铭	高台	许三湾古墓	前秦建元十四年 378④
50	棺板题记	高台	许三湾古墓	前秦建元十四年 378⑤
51	高俟	高台	骆驼城古墓	前秦建元十八年 382⑥
52	高俟、朱吴桑	高台	骆驼城古墓	前秦建元十八年 382⑦
53	高容男	高台	骆驼城古墓	前秦建元十八年 382⑧
54	棺板题记	高台	许三湾古墓	前秦建元二十年 384⑨
55	王相高	敦煌	藏经洞	麟加五年 393
56	姬女训	敦煌	佛爷庙湾 3 号墓	麟加八年 396
57	□富昌	敦煌	祁家湾 310 号墓	神玺二年 398
58	某人	敦煌	祁家湾 310 号墓	神玺二年 398
59	张宜爱	敦煌	藏经洞（？）	西凉癸卯岁 403
60	张辅（德政）	敦煌	佛爷庙湾 1 号墓	庚子六年 405
61	比丘德祐	敦煌	藏经洞	建初元年 405

① 李均明、何双全：《散见简牍合辑》，文物出版社 1990 年版，第 26—29 页。
② [日] 町田隆吉：《甘肃省高台县出土魏晋十六国汉语文书编年》，载中共高台县委等《高台魏晋墓与河西历史文化研究》，甘肃教育出版社 2012 年版，第 163 页。
③ 钟长发、宁笃学：《武威金沙公社出土前秦建元十二年墓表》，《文物》1981 年第 2 期。
④ [日] 町田隆吉：《甘肃省高台县出土魏晋十六国汉语文书编年》，载中共高台县委等：《高台魏晋墓与河西历史文化研究》，甘肃教育出版社 2012 年版，第 163 页。
⑤ 同上。
⑥ 刘卫鹏：《甘肃高台十六国墓券的再释读》，《敦煌研究》2009 年第 1 期；寇克红：《高台骆驼城前秦墓出土墓券考释》，《敦煌研究》2009 年第 4 期。
⑦ 同上。
⑧ 同上。
⑨ [日] 町田隆吉：《甘肃省高台县出土魏晋十六国汉语文书编年》，载中共高台县委等《高台魏晋墓与河西历史文化研究》，甘肃教育出版社 2012 年版，第 166 页。

续表

序号	事主	出土地	墓葬及其他	纪年信息
62	画房奴	敦煌	祁家湾336号墓	建初五年 409
63	姚阿姬	敦煌	藏经洞（？）	西凉乙卯岁 415
64	魏平友	敦煌	祁家湾369号墓	建初十一年 415
65	西凉户籍残卷	敦煌	藏经洞	建初十二年 416①
66	沙门进业	敦煌	藏经洞	建初十二年 416
67	昙摩毗	永靖	炳灵寺	建弘元年 420
68	□安富	敦煌	祁家湾312号墓	玄始九年 420
69	张法静	敦煌	佛爷庙湾1号墓	玄始十年 421
70	马德惠	酒泉	石塔铭	承阳二年 426②
71	田弘	酒泉	石塔铭	承玄元年 428
72	高善穆	酒泉	石塔铭	承玄元年 428
73	白双氏	酒泉	石塔铭	缘禾三年 434
74	索阿俊	敦煌	石塔铭	缘禾四年 435③
75	程段儿	酒泉	石塔铭	太缘二年 436

说明：①上表依据甘肃省文物考古研究所等《敦煌祁家湾西晋十六国墓葬发掘报告》（文物出版社1994年版）、王素、李方《魏晋南北朝敦煌文献编年》（新文丰出版公司1997年版）、甘肃省文物考古研究所、戴春阳、张珑《敦煌祁家湾西晋十六国墓葬发掘报告》（文物出版社1994年版）、关尾史郎编《中国西北地域出土镇墓文集成（稿）》（新高速印刷株式会社，2005年3月发行）、黄景春《早期买地券、镇墓文整理与研究》（博士学位论文，华东师范大学，2004）、张勋燎、白彬《中国道教考古》（第一卷）（线装书局2006年版）等资料制成，部分资料来源为散见的学术论文或考古简报，已专门作注。另外，王素先生《高昌史稿·统治编》（文物出版社1998年版）对上述部分纪年信息有较全面的统计，本表制作时参考了王先生大作。②表中统计文书皆出土于以今甘肃河西走廊为中心的甘肃西部地区。王素、李方《魏晋南北朝敦煌文献编年》所统计的有纪年出土文献较多，但对文献本身尚存争议者本表未录。③表中纪年信息均为文献本身的准确纪年，为笔者据所引资料核对而来，以传统年号纪年并附对应的公元纪年。

---

① 中国科学院历史研究所资料室：《敦煌资料》（第一辑），中华书局1961年版，第3—7页。

② 王毅：《北凉石塔》，《文物资料丛刊》（第一辑），文物出版社1977年版，第179—188页。以下第62、63、64、66编年参考文献同此。另，有关北凉相关年号，学界有较多争议，可参王素先生大作《高昌史稿·统治编》，此不赘述。

③ 该塔现藏美国克林富兰艺术馆。Bulletin of Cleveland Museum of Art, 78-3, June 1991, p.128。转引自王素《高昌史稿·统治编》，第183页。按：殷光明先生认为此塔应造于敦煌（参殷光明《敦煌市博物馆藏三件北凉石塔》，《文物》1991年第11期；殷光明《北凉缘禾、太缘年号及相关问题之辨析》，《敦煌研究》1995年第4期）。

时间上限为曹魏建立（220），下限为北魏灭北凉统一北方（439）。④统计有纪年信息的出土资料共75例，分别代表了魏晋十六国时期11个政权18位帝王的24个年号。⑤表中统计纪年信息中，就文书性质而言，户籍残卷纪年1例，"田产争讼爰书"纪年1例，墓表纪年1例，碑铭纪年1例，石窟题记1例，写经题记5例，简牍记事时间6例，石塔发愿文纪年6例，衣物疏、墓券、砖铭或棺板题记纪年13例，其余均为镇墓文纪年；就出土地点而言，计居延1例，嘉峪关1例，临泽1例，永靖1例，酒泉6例，武威8例，高台12例，敦煌45例。⑥元康元年（291）高台某人铭旌为笔者据甘肃省博物馆藏原件释录；建兴五年（317）赵阿兹衣物疏为笔者据高台博物馆藏原件释录；建兴二十四年（336）周振、孙阿惠墓券据高台博物馆藏原件并参照相关论文释录。

（二）河西墓葬文献纪年与魏晋十六国河西政局变迁

表1所见75例年号涉及曹魏明帝（青龙）、曹魏高贵乡公（甘露）、西晋武帝（泰始、咸宁、太康、泰熙）、西晋惠帝（元康、永安）、西晋怀帝（永嘉）、西晋愍帝（建兴）、东晋康帝（建元）、穆帝（升平）、前秦苻坚（建元）、东晋简文帝（咸安）、后凉吕光（麟加）、北凉段业（神玺）、西凉李暠（庚子、建初）、西秦乞伏炽磐（建弘）、北凉沮渠蒙逊（玄始）、大夏赫连昌（承阳—承光）、北凉沮渠牧犍（承阳）、北魏太武帝拓跋焘（缘禾—延和、太缘—太延）分别代表了魏晋十六国时期11个政权18位帝王的24个年号。这些纪年信息的最初书写目的，主要在于如实记录事件发生时间和所处时代，以及事主归属哪一个政权管辖。如果单独考察这些纪年信息，我们所能获知的信息主要仍在于此。但若将这些年号视为一个整体去考察，则能详细地反映出魏晋十六国时期河西地区政权更迭的历史。地上政权和统治者的更迭，以及政权所处内外形势，在上述纪年序列中几乎无一例外地反映出来。

为了更加清楚地了解上述纪年所反映的魏晋十六国时期河西地区政局变迁，兹将这些年号及其代表的不同时期河西政局变迁历史略述如下。

曹魏明帝青龙四年（236）是统计纪年信息中时间最早者。西晋武帝的4个年号（泰始、咸宁、太康、泰熙）在河西出土文献中都有发现，表明该时期河西地区虽偶有动乱，但总体仍在西晋王朝的控制之下。西晋怀帝永嘉三年（309），河西实际的控制者是张轨，由于中原扰攘，河西此时已经孤悬西北，渐成地方割据政权，但张轨忠心拥戴西晋，表现在出土文献当中，则是如实反映这一状况。建兴五年（317），晋愍帝被杀，西晋亡。同年司马睿即位于建康，是为晋元帝，年号建武，史称东晋。时前凉统治者为张轨子张寔。据上表统计，自张寔起，前凉沿用西晋愍帝建兴年号直到建兴四十六年（东晋穆帝升平二年，358）。胡三省论道："河西张氏，乃心晋室，奉建兴年号至四十余年。"[1] "乃心晋室"四字，道出前凉奉西晋愍帝建兴年号的实质。然前凉张氏长期奉西晋愍帝建兴年号，还显示出前凉虽偏踞西陲，却有继承西晋王朝正统之意。梁启超先生将古人判定正统的依据列为六条，其中之一即为"以前代血胤为正"[2]，长期奉建兴年号，在一定程度上可理解为继承西晋"血胤"。[3] 张骏时期，前凉进入全盛，史称其"不奉（指东晋，引者）正朔"，力图割据凉州，故"犹称建兴二十一年"[4]。348年（东晋康帝建元六年），前凉张重华在位。此时西晋难以复兴，前凉内部要求改奉东晋年号的呼声日高，故才有东晋康帝建元六年纪年出现[5]。不过到张重华以后，前凉政局动荡、国力衰微，内忧外患迭相交织。张重华子耀灵"嗣事"[6] 不久，为其伯父张祚所害。张祚一度称帝，"改建兴四十二年为和平元年"[7]，张祚死后，张玄靓继立，张天锡"专掌朝政，改建兴四十九年，奉升平之号"[8]，可谓前凉年号变迁的两个小插曲，但也反映出前凉政局的动荡。到了张天锡时期（363—376年），时刻都有被前秦灭掉的危险，不得已而遥尊东晋，以为声援。表现在镇墓文纪年中，一改往日沿用西晋愍帝建兴年号的习惯，而用东晋穆帝升平年号。升平十一年（367），张天锡发兵讨伐叛将李俨，在前期进兵很顺的情况下，由于前秦出兵救援而功败垂成，前秦占领枹

---

[1]《资治通鉴》卷九七，穆帝永和十年正月条胡注，中华书局1956年版，第3137页。
[2] 梁启超：《中国历史研究法》，中华书局2009年版，第198页。
[3] 此点承敦煌研究院马德先生提示，谨致谢忱。
[4]《晋书》卷八六《张轨传》，中华书局1974年版，第2239页。
[5] 王素：《高昌史稿·统治编》，文物出版社1998年版，第114—115页。
[6]《晋书》卷八六《张轨传》，中华书局1974年版，第2245页。
[7] 同上书，第2246页。
[8] 同上书，第2249页。

罕，李俨亦被押回长安。此役虽非前秦进攻前凉的战争，但前凉军队仍然损失惨重，"死者十二三"①。赵向群先生指出："这次遭遇战拉开了前秦灭凉的战幕。枹罕被秦军占领，等于前秦军事势力已深入陇西和河南一带，而前凉东部防线退缩到洮水和黄河口岸。此后，两家在这一带经常交兵。"② 上表中的升平十二年（368）、十三年（369）纪年，正反映出在上述情形下，前凉不得已而遥尊东晋的权宜之计。史称："时苻坚强盛，每攻之，兵无宁岁。天锡甚惧，乃立坛刑牲，率典军将军张宁、中坚将军马芮等，遥与晋三公盟誓，献书大司马桓温，剋六年夏誓同大举。遣从事中郎韩博、奋节将军康妙奉表，并送盟文。"③ 因此，公元 375 年的"姬令熊镇墓文"写作东晋简文帝咸安五年。376 年前秦灭前凉，故 377 年的"工囗子镇墓文"纪年为前秦建元十三年。镇墓文纪年反映出 368—376 年，前凉统治者因外交形势变化而做过远交近攻等多种努力。

前秦建元十九年（383），前秦苻坚败于淝水之战。从建元二十年（384）六月到建元二十一年（385）六月，慕容冲包围前秦国都长安整整一年，不过河西地区仍属前秦凉州刺史梁熙治下，故镇墓文仍有"前秦建元二十年"纪年。建元二十一年（385）十月，吕光擒斩梁熙，进入姑臧，自领凉州刺史、护羌校尉。建元二十二年（386）秋，吕光闻知苻坚为姚苌所杀，下令凉州全城上下举哀。十一月，奉太安年号。东晋孝武帝太元十四年（389），吕光改元麟加，即三河王位，正式建立后凉政权。姬女训镇墓文中的麟加八年（396），吕光"僭即天王位，大赦境内，改年龙飞"④。吕光末年，穷兵黩武，引致各方不满，北凉、南凉、西凉先后脱离后凉自立。吕光龙飞二年（397），因征讨西秦乞伏氏失败，诿罪于卢水胡酋豪沮渠罗仇和沮渠麹粥而杀之，沮渠蒙逊起兵反凉，并拥戴吕光建康太守段业为凉州牧，改龙飞二年为神玺元年，初步建立起北凉政权。神玺二年（398）囗富昌、某人两例镇墓文纪年就反映出敦煌地区已

---

① 《晋书》卷八六《张轨传》，中华书局 1974 年版，第 2251 页。
② 赵向群《五凉史探》，甘肃人民出版社 1996 年版，第 97 页。
③ 《晋书》卷八六《张轨传》，中华书局 1974 年版，第 2239 页。
④ 《晋书》卷一二二《吕光载记》，中华书局 1974 年版，第 3060 页。

用北凉年号，接受北凉统治的事实。东晋安帝隆安四年（400），北凉晋昌太守唐瑶叛段业而推举李暠为大都督、大将军、凉公、领秦凉二州牧、护羌校尉，"玄盛乃大赦境内，建年为庚子"①，标志着西凉正式立国。庚子六年（405）张辅镇墓文纪年即反映了敦煌地区新的政治变迁。同年李暠把都城从敦煌迁往酒泉，改元建初。史称："义熙元年（405），玄盛改元曰建初。"② 所以建初五年（409）画庬奴镇墓文、建初十一年（415）魏平友镇墓文均出现在李暠迁都酒泉之后。

表中所列最后两例纪年信息为北凉沮渠蒙逊玄始年号。上表所反映的几处北凉时代纪年信息，又反映出北凉政权所面对的内外形势，与当年的前凉有惊人相似之处。玄始九年（420），北凉军队击杀西凉后主李歆，攻占酒泉，西凉亡，北凉完成了对河西走廊的重新统一。玄始九年（420）囗安富镇墓文、玄始十年（421）张法静镇墓文皆为西凉亡国以后北凉势力深入敦煌的见证。来自西部强敌西凉的威胁解除之后，北凉政权的主要威胁来自东南的西秦。玄始十三年（424）、十四年（425）、十五年（426），西秦连续入侵北凉。北凉不得已实施远交近攻之计，臣服大夏，于是北凉石塔发愿文才有大夏承阳（承光）二年（426）的记载。但此后大夏势力日衰，到了428年三月，夏主赫连昌更被北魏所擒，所以大约在此事件前后，北凉又改元承玄，于是又有承玄元年（428）发愿文纪年。431年，西逃的大夏赫连定突然攻灭西秦，赫连定旋即又被吐谷浑所擒，大夏灭亡。西北形势发展至此，北凉必须直接面对北魏强大的压力，而北凉雄主沮渠蒙逊又于义和三年（433）去世。为此，继任的沮渠牧犍只能虚与委蛇，向魏示好。北凉石塔发愿文中的缘禾（延和）三年（434）、缘禾四年（435）、太缘（太延）二年（436）即由此而来。

太缘（太延）二年（436）为统计纪年信息中最晚者，此年距北凉沮渠牧犍投降北魏的439年仅有三年。至此，魏晋十六国河西墓葬出土文献的纪年信息，从北方统一的曹魏明帝青龙四年（236）开始，又以北魏逐

---

① 《晋书》卷八七《凉武昭王李玄盛传》，中华书局1974年版，第2259页。
② 同上。

步完成北方统一的太延二年（436）作结，两者相距整整两百年，不能不说是历史的巧合。

还需注意的是，上述纪年信息中有1例西秦纪年，缺南凉纪年。西秦、南凉均为十六国时期活跃于河陇地区的地方割据政权，统治中心并不在河西腹地，这或许就是上表中西秦、南凉纪年信息较少的重要原因。

（三）出土文献纪年与魏晋十六国河西民众王朝认同的表达

镇墓文、墓券等魏晋十六国河西出土文献的书写，其意并非向后人传达相关纪年信息或者魏晋历史。但因这些文书的出现脱离不了当时政治、经济等因素的影响，所以分析这些文书，仍然可以了解魏晋十六国时期河西社会史的相关情况。在一定意义上，这些文书所反映的相关信息，可补正史记载之不足。

上文已对相关纪年信息所反映的魏晋十六国时期河西政局变迁的历史作了交代。但这些事关政局变迁的大事，在河西民众生活中究竟有如何的影响，也即河西民众如何适应政局的变化，以及他们对统治自己的王朝认同意识如何形成，以至于需要他们在涉及日常生活的镇墓文、墓券、发愿文当中，准确地将似乎只有统治者才会非常在意的年号变迁反映出来，这都需要我们做进一步的考察。

年号是汉代以来我国古代政治制度中非常重要的内容，除了纪年的作用，还主要用来祈福、歌功颂德或者表示改朝换代。新年号的使用，往往也代表统治者对其统治正统性的宣示，其象征性的"符号"意义非常明显。而民众对某一年号的使用，则是对使用该年号的王朝的认同。上表所统计的年号涉及的中原中央王朝有曹魏、西晋、前秦、东晋、北魏，其中只有西晋完成过短期的统一。其余皆为河西地方政权年号，如后凉吕光（麟加）、北凉段业（神玺）、西凉李暠（庚子、建初）、北凉沮渠蒙逊（玄始）。而西晋愍帝的建兴年号，在愍帝死后四十一年还为前凉所用，已如前述，实际从建兴六年（318）到建兴四十六年（358），"建兴"已成为河西割据政权前凉的年号，而与西晋无关。因此，镇墓文等墓葬文献中对上述年号的使用，在如实记录墓主人去世时间以及生前归属哪个政权管辖等信息,并从整体上反映河西政局变迁的同时,也反映出河西民众对所属政权的敏感程度。在一定意义上,这正是河西普通民众王朝认同意识的反映。

所谓"认同","是指自我在情感上或者信念上与他人或其他对象联接为一体的心理过程。也可以说,认同就是一种归属感"。"国家认同所讨论的,则是人们对于国家的归属感的状态、性质和表达方式等问题"。"(近代以前)国家认同的核心……是王朝认同"[1]。无论是统一的西晋,还是割据的前凉、后凉、西凉、北凉,在普通民众心中,都是不同的王朝。不过与后世有所区别的是,居于西北边陲的魏晋十六国河西民众还是第一次面对如此频繁的王朝更迭问题,因为他们没有更多可资借鉴的历史经验,因而他们对于王朝认同意识的形成更加接近自然。

在前述河西出土墓葬文献纪年所见魏晋十六国河西政局变迁的过程中,有几个细节值得注意。一是前凉张天锡时期和北凉沮渠蒙逊晚年至沮渠牧犍时期,为生存不得不虚与委蛇,周旋于强敌之间,因此年号不停更换(前凉:升平十三年→咸安五年→建元十三年;北凉:玄始十年→承阳二年→承玄元年→缘禾三年、四年→太缘二年)。在河西政局不断变化的形势下墓葬文献纪年仍能如此精确,不能不叫人惊叹!二是相关纪年信息变化最大的是后凉、北凉、西凉并立时期(麟加八年→神玺二年→庚子六年→建初五年→玄始九年)和前述北凉末年,这正与地上政治形势的变化相一致,反映出普通民众对年号及所代表的王朝很是敏感。以上两种情况,正是普通民众对现实世界中自身所处王朝归属感的独特表达。三是西凉李暠庚子六年(405)张辅镇墓文与北凉沮渠蒙逊玄始十年(421)张法静镇墓文的墓主为夫妻关系,但因政局变迁,竟出现"生时共枕眠,隔世异国人"的现象,而镇墓文的书写者又对此不予理会,这恐怕为此夫妇二人所未料及。镇墓文纪年在此处仅具时间意义,还是前述民众对王朝的归属感的表达,我们已很难确知了。

当然,上述纪年信息的变化,是否也反映出割据政权对普通民众极强

---

[1] 姚大力:《中国历史上的民族关系与国家认同》,《中国学术》2002 年第 4 期。

的控制力，我们也不得而知。但镇墓文等内容多出现于墓葬当中，这种可能性虽有但不很大。可见，普通民众对王朝认同的表达，显然没有士族名流的那样具有轰动效应，而就实践层面而言，普通民众及时又主动的归属感无疑会更具普遍影响。而纪年信息的出现，很大程度上可能仅仅是因文体格式使然，但正是在这种不经意间反映出的王朝认同信息，客观地反映出了历史的某个真实细节。

六　民族融合背景下西北边疆民众的生存空间

——以魏晋十六国时期河西走廊为中心的考察

魏晋十六国时期，位于西北边疆地区的河西走廊诸河流域水草丰美，大小绿洲宜农宜牧，成为汉族、匈奴、鲜卑、氐、羌等农牧民族生活的基本场所。各族民众在绿洲之上择善处而居，或城或坞，或穹庐草屋，甚或洞窟。但城、坞、穹庐的居住者已不再单一，居住形式的不同已不能简单区分居者的身份，如城内居有胡汉各族官员，高大的穹庐内也可能居住各族酋豪或政府属佐，这是民族大融合时期民众生存空间中出现的新气象。

魏晋十六国时期，位于西北边疆地区的河西走廊在经历了东汉末三国初年的动荡以后，经过曹魏、西晋和前凉等政权的治理[①]，逐渐恢复平静。河西域内的汉、羌、氐、鲜卑、卢水胡等各族民众，在长期交流、冲突与融合的基础上，辛勤耕耘、劳作于此，创造了一个河西历史上经济发展、人口增长、文化繁盛的全新时代。再现这一时代生存于斯的各族民众生存空间，对深入了解汉唐间西北边疆社会历史具有重要意义。

（一）河湖与绿洲：魏晋十六国河西民众的基本生存空间

河西走廊是一条东西长一千多公里的狭长地带，在走廊之内，从祁连山发源的河川自东向西汇成石羊河、黑河、疏勒河三大内陆河水系，分别

[①] 参见田澍、何玉红、马啸主编《西北边疆管理模式演变与社会控制研究》，天津古籍出版社2011年版，第97—158页。

流经武威、永昌绿洲平原，张掖、酒泉绿洲平原，玉门、敦煌绿洲平原，对当地农牧业生产的灌溉十分有利。上述河西走廊三大河流，隋唐以前曾经都有它们的终端湖，分别是石羊河下游的潴野泽（休屠泽）、黑河下游的居延海和疏勒河下游的冥泽。这三条河流及其水面浩淼的终端湖，奠定了河西绿洲水草丰美、宜农宜牧的基础。另外，据河西不远的罗布泊，汉时称"蒲昌海"，一名"盐泽"，"去玉门、阳关三百余里，广袤三百里，其水亭居，冬夏不增减"[①]。魏晋十六国时期依然保持着浩淼的水面。曹魏、西晋、前凉、前秦、后凉、西凉、北凉相继控制该区域，因此在这一时期该地居民的生产生活中也具有重要地位。

魏晋十六国时期，上述河湖却都保持着良好的存在状态。属于疏勒河水系的党河流量在魏晋十六国时期也很惊人。西凉末年，北凉围攻敦煌，敦煌太守李恂"闭门不战，蒙逊自率众二万攻之，三面起堤，以水灌城。恂遣壮士一千，连扳为桥，潜欲决堤，蒙逊勒兵逆战，屠其城"[②]。沮渠蒙逊引党河水灌敦煌城，此时党河流量应当颇为可观。沮渠蒙逊在北凉段业时期率军攻后凉西郡，"蒙逊引水灌城，城溃，执太守吕纯以归"[③]。西郡治所日勒县，在今甘肃永昌县定羌庙东十里[④]。能够引水灌城并使"城溃"，该河流量亦应相当可观。现今河西走廊最大的黑河在明清时代，仍有相当大的流量。顾祖禹《读史方舆纪要》卷六三《陕西十二》"弱水"条称其"自甘州删丹县西至合黎山，与张掖河合，其水力不胜芥，然可以皮船渡，环合黎山东北入居延泽"[⑤]。而石羊河流域的姑臧城周围，水草丰美，也为时人所重。《魏书》卷四下《世祖纪下》称："初，世祖之伐河西也，李顺等咸言姑臧无水草，不可行师。恭宗有疑色。及车驾至姑臧，乃诏恭宗曰：'姑臧城东西门外涌泉合于城北，其大如河。自余沟流入泽中，其间乃无燥地。泽草茂盛，可供大军数年。'"[⑥] 上述河西诸条内

[①] 《汉书》卷九六上《地理志上》，中华书局1962年版，第3871页。
[②] 《晋书》卷八七《凉武昭王李玄盛传》，中华书局1974年版，第2271页。
[③] 《晋书》卷一二九《沮渠蒙逊载记》，中华书局1974年版，第3190页。
[④] 史为乐主编：《中国历史地名大辞典》，中国社会科学出版社2005年版，第935页。
[⑤] （清）顾祖禹：《读史方舆纪要》卷六三《陕西十二》，中华书局1957年版，第2717页。
[⑥] 《魏书》卷四下《世祖纪下》，中华书局1974年版，第108页。

流大河之外，一些较小河流迟至明清时代仍然保持着相当的流量，如水磨川。《读史方舆纪要》卷六十三《陕西十二》"永昌卫"条："水磨川，卫西南二十里，一名云川……水势汹激，能转水磨，因名。"① 明清之时黑河尚"可以皮船渡"，水磨川"能转水磨"，魏晋十六国时期的水流情况应更胜一筹。

此外，五凉时期新增设的河西郡县亦可反映这一时期河西水草丰美的自然环境。据《晋书·地理志》，五凉时期新增的河西郡县主要有晋昌郡、武兴郡、晋兴郡、广武郡及所属永登县等②。晋昌郡治为曹魏、西晋时期敦煌郡冥安县治。李吉甫《元和郡县图志》卷四十"瓜州晋昌县"条说："冥水，自吐谷浑界流入大泽，东西二百六十里，南北六十里。丰水草，宜畜牧。"③ "大泽"即前述冥泽。据谭其骧主编《中国历史地图集》，晋昌及所属会稽、新乡二县正位于大泽之南不远处④，可知唐人所云此地"丰水草，宜畜牧"并非虚言。另外，曹魏敦煌郡渊泉县即在大泽南缘，酒泉郡沙头县亦在大泽正南不远处⑤。至于武兴郡和晋兴郡，有学者指出："张轨将武兴郡置于姑臧城西北的谷水西岸，将晋兴郡置于西平郡和金城郡之间的黄河南岸，其中的用意很清楚，就是为了发展生产，因为这两郡地带是待开发区，又有水利之便。"⑥ 此外，尚有后凉所置凉宁郡。《读史方舆纪要》卷六三《陕西十二》"肃州卫"条："凉宁城，在（肃州）卫东北，后凉所置郡也。晋隆安五年，沮渠蒙逊所部酒泉、凉宁二郡叛降于西凉。魏收志：凉宁郡领园池、贡泽二县，西魏废。"⑦ 据研究，凉宁所领二县皆以池或泽命名，表明该郡当位于池、泽近旁，这恰与位于今肃南裕固族自治县明花区明海乡驻地南5公里的明海子城周围

---

① （清）顾祖禹：《读史方舆纪要》卷六三《陕西十二》，中华书局1957年版，第2727页。
② 《晋书》卷一四《地理志上》，中华书局1974年版，第434—435页。
③ （唐）李吉甫：《元和郡县图志》卷四〇《陇右道下》，中华书局1983年版，第1028页。
④ 谭其骧主编：《中国历史地图集·三国西晋时期》，中国地图出版社1982年版，第45—46页；《中国历史地图集·东晋十六国南北朝时期》，中国地图出版社1982年版，第7—8页。
⑤ 谭其骧主编：《中国历史地图集·三国西晋时期》，中国地图出版社1982年版，第17—18页。
⑥ 赵向群：《甘肃通史·魏晋南北朝卷》，甘肃人民出版社2009年版，第129页。
⑦ （清）顾祖禹：《读史方舆纪要》卷六三《陕西十二》"肃州卫"条，中华书局2005年版，第2983页。

地貌景观符合，有可能即后凉至西魏凉宁郡园池或贡泽县城①。

（二）绿洲之上的河西城镇

魏晋十六国时期，连绵不断的战争给人们的居住环境带来严重的破坏，但往往在破坏之后，新生的政治经济力量又会迅速重建，并较之前有所进步。与中原地区相比，居于西北边地的河西因为独特的地理位置和上述优越的自然条件，政治、经济环境要安定许多，世家大族、普通百姓都力图营建一个太平安乐的家园。以此为契机，河西城镇在汉代发展的基础上，有了较大的进步。

汉魏以来，在河西农、牧、手工诸业发展的基础上，核心城镇进一步发展，并初步形成古代河西地区城市群②。魏晋十六国时期先后统治河西地区的曹魏、西晋、五凉以及前秦政权，管理河西的基本模式都是首先控制河西地方政治中心，进而控制整个河西地区。曹魏、西晋凉州地方政权及诸凉政权政府所在地姑臧、敦煌、酒泉、张掖、乐都、西平诸城因此优先得到重视。

姑臧为河西诸城之翘楚。魏晋十六国时期的姑臧城在匈奴、两汉基础上建成。汉魏之际因颜俊之乱③颇受荼毒，但经曹魏、西晋时期的治理，尤其是五凉时代前凉张氏的营建，逐渐成为河西走廊诸城中的代表性城池。史称："（张轨）大城姑臧。其城本匈奴所筑也，南北七里，东西三里，地有龙形，故名卧龙城。"④ 这是五凉修筑姑臧城的开始。张轨之子张茂"复大城姑臧，修灵钧台"⑤，在其父的基础上对姑臧城进行修缮。张骏"又于姑臧城南筑城，起谦光殿……殿之四面各起一殿……其傍皆有直省内官寺署"⑥。张骏所筑，实际是一个以谦光殿为中心规模庞大的建筑群。截至北凉灭国，姑臧城"大城之中，小城有五"，结构已与唐代

---

① 李并成：《河西走廊历史时期沙漠化研究》，科学出版社2003年版，第64页。
② 贾小军：《魏晋十六国河西史稿》，天津古籍出版社2009年版，第179—182页。
③ 《三国志》卷一五《张既传》，中华书局1959年版，第474页。
④ 《晋书》卷八六《张轨传》，中华书局1974年版，第2222页。
⑤ 《晋书》卷八六《张茂传》，中华书局1974年版，第2232页。
⑥ 《晋书》卷八六《张骏传》，中华书局1974年版，第2237—2238页。

相近，五个小城分别是北城、南城、东城（苑）、西城（苑）、内城（禁城、中城）。唐人所谓"凉州七城十万家"，其基础正是五凉所奠定。姑臧城中的具体建筑，除灵钧台、谦光殿及直省内官寺署外，还有闲豫堂、永训宫、万秋阁、龙翔殿、融明观等。另据史载，前凉姑臧城"街衢相通，二十二门"，其余"宫殿观阁"，多为前凉和以姑臧为都城的诸凉宫城建筑。宫殿观阁、二十二门之间，皆以"街衢相通"①。顾祖禹云凉州'州城周四十五里'②，这一数据与笔者计算所得相若③。陈寅恪先生指出："姑臧本为凉州政治文化中心，复经张氏增修，遂成河西模范标准之城邑，亦如中夏之有洛阳也。"④ 诚为确论。

姑臧之外，魏晋十六国时期河陇地区其他主要城池往往由内外两城构成，如前凉的枹罕城、后凉的允吾城、南凉的乐都城和西凉的敦煌城。《晋书·张重华传》称："麻秋进攻枹罕，时晋阳太守郎坦以城大难守，宜弃外城。武城太守张悛曰：'弃外城则大事去矣，不可以动众心。'宁戎校尉张琚从之，固守大城。"⑤《晋书·吕光载记》："光寻擢尉祐为宁远将军、金城太守。祐次允吾，袭据外城以叛。"⑥《晋书·秃发傉檀载记》记载，尉肃言于武台曰："今（乐都）外城广大，难以固守，宜聚国人于内城，肃等率诸晋人距战于外，如或不捷，犹有万全。"⑦《晋书·凉武昭王李玄盛传》："时有赤气起于玄盛后园，龙迹见于（敦煌）小城。"⑧ 北凉建康郡城骆驼城则由南北两城构成。骆驼城为北凉段业所居之建康郡城，由南北两城（一说为宫城和皇城⑨）组成，周围尚有烽燧、小城堡数

---

① （北魏）郦道元：《水经注》卷四〇《都野泽》引王隐《晋书》，上海古籍出版社 1990 年版，第 765 页。
② 顾祖禹《读史方舆纪要》，中华书局 2005 年版，第 2992 页。
③ 贾小军《前凉姑臧城新探》，《"凉州与中国的文化交流与文明嬗变"学术研讨会论文集》，中西书局 2021 年版，第 57—76 页。
④ 陈寅恪：《隋唐制度渊源略论稿》，中华书局 1963 年版，第 70 页。
⑤ 《晋书》卷八六《张重华传》，中华书局 1974 年版，第 2242 页。
⑥ 《晋书》卷一二二《吕光载记》，中华书局 1974 年版，第 3056 页。
⑦ 《晋书》卷一二六《秃发傉檀载记》，中华书局 1974 年版，第 3156 页。
⑧ 《晋书》卷八七《凉武昭王李玄盛传》，中华书局 1974 年版，第 2258 页。
⑨ 西北师范大学古籍整理研究所编：《甘肃古迹名胜词典》，甘肃教育出版社 1992 年版，第 310 页。

处[①]。骆驼城曾为北凉前期都城，其建筑规模应与后来作为北凉都城的张掖，西凉都城敦煌、酒泉，南凉都城乐都、西平等相当或者略小。以此推断，魏晋十六国时期河西曾经做过割据政权都城的诸城，里面应当建有类似骆驼城的"宫城""皇城"以及诸城门外的瓮城，而城外不远处都应有相应承担防御作用的"卫星城"及其烽火台等。由此形成以姑臧为中心，集政治、经济、军事以及文化作用于一身的城市体系。诸城罗列于河西走廊之上，成为当时走廊里的政治、经济、军事和文化中心。

另据相关记载，该时期河西主要城池还建有学校等文化设施。以五凉为例，各政权都在非常重视文教建设，重要的表现就是在都城多建有学校[②]或者泮宫[③]，并设有"国子祭酒"[④]"博士祭酒"[⑤]等职；在"邑里"设有"庠序"[⑥]等，北凉沮渠蒙逊甚至专门兴建了游林堂，"图列古圣贤之像"，常与群臣在此"谈论经卷"[⑦]。如此，文化设施也成为上述诸城的重要组成部分。

（三）城镇之外的河西村坞

河西城镇虽然在汉魏之际发展的基础上有了较大的进步，但在魏晋十六国乱世之中，以"坞壁"或"坞堡"为代表的居住形式，却成为这一时期河西城镇之外广泛存在的建筑物。

有关魏晋十六国时期河西的坞壁情况，考古资料和传统史籍都有较多的反映。既有称"坞"者，如嘉峪关新城1号墓035号画砖："左为坞，坞外有马、牛、羊等，画上有朱书题榜'坞'字。"[⑧] 也有称"村坞"者，如《魏书》卷一一四《释老志》："凉州自张轨后，世信佛教。敦煌

---

① 李并成：《河西走廊历史时期沙漠化研究》，科学出版社2003年版，第56—59页。
② 《晋书》卷八六《张轨传》，中华书局1974年版，第2222页。
③ 《晋书》卷八七《凉武昭王李玄盛传》，中华书局1974年版，第2259页。
④ （清）汤球：《十六国春秋辑补》卷七〇《前凉录四》，中华书局1985年版，第502页。
⑤ 《晋书》卷一二六《秃发利鹿孤载记》，中华书局1974年版，第3146页。
⑥ 同上。
⑦ （清）汤球：《十六国春秋辑补》卷九六《北凉录二》，中华书局1985年版，第666页。
⑧ 甘肃省文物队等：《嘉峪关壁画墓发掘报告》，文物出版社1985年版，第98页。另据《嘉峪关壁画墓发掘报告》，新城1号墓为曹魏甘露二年的墓葬（第74页）。

地接西域，道俗交得其旧式，村坞相属，多有塔寺。"① 还有非常具体的赵羽坞②、侯坞③、若厚坞④等名称。

上述这三类"坞"各自代表了坞壁发展的不同阶段和不同生活环境。"坞"主要为防御工事，"村坞"是对居民生活世界的统称，侯坞、若厚坞、赵羽坞等，则是已在居民普遍认同的"村坞"世界中的若干小环境，经过较为长久的时段之后，成为某地的小地名，甚至与代表国家基层行政组织的"乡里"并称，如《西凉户籍残卷》就称敦煌郡敦煌县西宕乡高昌里民众居"赵羽坞"。据此，则至西晋十六国时期河西地区的"坞"发展应当已经比较成熟了。

考古学者研究认为："（魏晋时期河西）世家大族和官吏，居住在四周有高墙围绕的坞壁里……房前筑有场圃，屋后有果木园林。"⑤ 新出西晋《田产争讼爰书》⑥ 简文多次提到"坞""坞田""坞舍"以及"临藁坞"，正是这一判断的绝好补充。这也正反映出"坞"在历史变迁过程中的一个重要阶段。

东汉"钜鹿坞"主要用于防御，西凉"赵羽坞"已成为居民点名称。西晋《田产争讼爰书》提到的"坞田""坞舍"，则是"坞"由防御设施向民众具体生活空间转变过程中的重要步骤，在一定程度上也说明此时"坞"的形态已与后世的"村"类似。正因如此，才有后来与代表国家基层行政组织"西宕乡高昌里"并称的"赵羽坞"出现。

而作为秦汉以来基层行政组织的"乡里"，在魏晋十六国时期的河西走廊也仍有遗存。如此，区域中心城市（镇）的兴建与城市（镇）之外

---

① 《魏书》卷一一四《释老志》，中华书局1974年版，第3032页。
② 参敦煌文书《建初十二年正月敦煌郡敦煌县西宕乡高昌里籍》，据中国科学院历史研究所资料室编《敦煌资料》（第一辑）中华书局1961年版，第3—7页；又见郝春文主编《英藏敦煌社会历史文献释录》（第一卷），科学出版社2001年版，第183—189页。
③ 《晋书》卷一一九《沮渠蒙逊载记》，中华书局1974年版，第3191页。
④ 同上书，第3195页。
⑤ 甘肃省文物队等：《嘉峪关壁画墓发掘报告》，文物出版社1985年版，第86页。
⑥ 据杨国誉："田产争讼爰书"所展示的汉晋经济研究新视角——甘肃临泽县新出西晋简册释读与初探》，《中国经济史研究》2012年第1期；贾小军《临泽出土〈田产争讼爰书〉释读及相关问题》，《鲁东大学学报（哲学社会科学版）》，2012年第5期。

的坞壁、乡里一起，构成了当时河西民众的生活世界。

河西地区的"乡里"组织在汉代已经出现[①]。魏晋十六国时期的河西乡里，在该时期河西出土的镇墓文、墓券等文献中有较多反映。据笔者统计[②]，镇墓文记载的魏晋十六国时期河西乡里可考者为11例，分别为东乡□□里、西乡、东乡□山里、东乡延寿里、西乡里（出现3次）、东乡昌利里（出现2次）、都乡里（出现2次）。另据吐鲁番阿斯塔纳一号墓出土文书《西凉建初十四年（418）韩渠妻随葬衣物疏》（63TAM1：11），西凉建初十四年（418）高昌郡还有"高县都乡孝敬里"[③]。据吐鲁番哈那和卓九六号墓出土文书《北凉真兴七年（425）宋泮妻隗仪容随葬衣物疏》，北凉真兴七年（425）高昌郡也有"延寿里"[④]，等。唐长孺先生指出："高昌郡自乡、里以至伍的基层组织与内地完全一致。""这一套制度远承汉魏，近同晋宋。从乡里组织直到郡和军府机构完全和内地郡县相一致。"[⑤] 此外，甘肃高台县骆驼城墓地出土的十六国《"高容男"买地券》《高俟墓券》中还有"凉州建康郡表是县都乡杨下里"、《孙阿惠墓券》中有"凉州建康表是县显平亭部"等记载[⑥]。

将上述河西坞壁与乡里联系在一起的，是魏晋十六国时期空前的战乱以及在此基础上出现的社会整合。坞壁最初仅指建筑物本身，并不具备政治组织的职能，只是由于战乱，中央政权无暇顾及基层政权建设，乡里大族为图自保，啸聚山林陂泽，修筑工事，据险自卫，将家族成员及其追随者由国家的编户齐民变成"坞民"，从而使"坞"逐渐具备了基层组织的性能。一旦社会趋于稳定，原来的乡里基层组织又开始发挥其职能，逐渐与坞壁结合，产生新的基层社会组织"村"。当然，"村"虽为新生事物，

[①] 据李并成《河西走廊历史地理》，甘肃人民出版社1995年版，第153—157页。
[②] 据［日］关尾史郎《中国西北地域出土镇墓文集成（稿）》，新高速印刷株式会社2005年发行。
[③] 唐长孺：《吐鲁番出土文书》（壹），文物出版社1992年版，第5页。
[④] 同上书，第28页。
[⑤] 唐长孺：《山居存稿》，中华书局2011年，第373页。
[⑥] 赵雪野、赵万钧：《甘肃高台魏晋墓墓券及所涉及的神祇和卜宅图》，《考古与文物》2008年第1期；刘卫鹏：《甘肃高台十六国墓券的再释读》，《敦煌研究》2009年1期；寇克红：《高台骆驼城前秦墓出土墓券考释》，《敦煌研究》2009年第4期。

但它毕竟还要依附旧有的"乡里"存在并逐渐壮大，最终取而代之。而魏晋十六国河西考古资料中图文并茂的坞壁内容，正可说明魏晋十六国时代的河西基层社会组织与中原地域一样，也经历了从秦汉乡里向隋唐"村"转变的过程[①]。

（四）城镇村坞中的河西民众居所

魏晋十六国时期河西城镇、村坞中的民众居所，除去地上残存的断壁残垣与尘封地下的其他遗存，已很难确知其具体形态。但据相关历史记载与考古资料，我们仍可窥其大略。河西地区魏晋十六国墓室壁画所反映的，大体为墓主生前生产、生活真实场景的再现。《嘉峪关壁画墓发掘报告》指出："墓室模拟墓主人生前宅第的倾向十分明显。"[②]"墓室的结构和这些朱书题榜，确实具体地反映了墓主人生前居宅的设置情况。""这些墓室是模仿当时世家豪族宅第的构造"[③]。因此，魏晋十六国时期河西大族庄园（或大庄园中的普通族人）生活场所的具体结构，当与壁画墓所反映的内容基本相类，既有各内（卧室）、中合（中门之门旁户），亦有厨里，更有会客、储藏之所等。

2007年8—11月发掘的高台地埂坡晋墓内的仿木建筑结构，为我们了解这一时期河西地区的建筑形式和墓葬结构有重要意义。《甘肃高台地埂坡晋墓发掘简报》称："（M1）前室……南北壁及顶部用原生黄土雕出仿木结构梁架及屋顶，形成面阔一间进深三架椽的类似卷棚顶结构。"这"是河西魏晋墓的一次新发现……对认识了解魏晋时期建筑形式及墓葬结构具有重大意义，同时也再次显示了中原传统文化对河西的影响"[④]。这种仿木建筑结构样式，在敦煌佛爷庙湾西晋37号、118号、133号画像砖

---

① 贾小军：《魏晋十六国河西社会生活史》，甘肃人民出版社2011年版，第197—226页。
② 甘肃省文物队等：《嘉峪关壁画墓发掘报告》，文物出版社1985年版，第11页。
③ 同上书，第11—17页。
④ 甘肃省文物考古研究所、高台县博物馆：《甘肃高台地埂坡晋墓发掘简报》，《文物》2008年第9期。

墓的照墙上就可见到①，高台地埂坡 M4 前室北壁所绘阁亭，也是仿木结构②。这也正好印证了前述"各内""臧内""炊内""车庑""中合"等建筑，很可能与这种仿木建筑结构相似或相近。

上述"各内""臧内""中合"等，皆为世家大族居所内容。但因时代所限以及经济发展水平等原因，当时河西走廊地区居住茅屋草舍的人应当仍占绝大多数，甚至一些士族和较为清廉的官员可能也是如此。茅屋草舍之外，也有部分人居于洞窟之中。据《晋书》卷九四《郭瑀传》记载，前凉时河西著名的大儒郭瑀师事郭荷，郭荷死后，他"遂服斩衰，庐墓三年。礼毕，隐于临松薤谷，凿石窟而居"③，郭瑀先居"庐"而后居"石窟"，正说明当时河西地区民众既有居茅草屋者，亦有居石窟洞穴者。另外，穹庐也是当时河西部分民众的栖居之所。穹庐是游牧民族居住的圆顶帐篷，用毡子做成。魏晋十六国时期河西地区各民族活动频繁，因此穹庐也成为当时各族普通民众的居所之一。《嘉峪关壁画墓发掘报告》中所录图版七四之 2（M3：025）的坞壁旁边，画有两座低矮的穹庐，里面各有一人，似是少数民族成员；图版七六之 1 穹庐（M3：043）画有两座穹庐，两穹庐之间有一株大树，左边穹庐里一人卧于其中，右边穹庐里一人以简单炊具煮食。这也说明穹庐与其他房屋一样，承担者部分民众生活起居乃至炊厨等使命，成为当时河西民众生活活动的重要场所。

在酒泉西沟 5 号墓墓室砖壁画中，也多次出现穹庐帐。岳邦湖等先生认为，酒泉西沟 5 号墓墓室砖壁画中多次出现穹庐帐，说明少数民族的居住方式在河西地区有很大影响④。此外，酒泉西沟魏晋墓壁画砖中也有穹庐出现，如 M7 前室南壁就有两幅《穹庐图》⑤ 以及《穹庐、女子图》⑥。

需要说明的是，居住穹庐并不一定就意味着居住者就极为贫困。高台

---

① 甘肃省文物考古研究所：《敦煌佛爷庙湾西晋画像砖墓》，文物出版社 1998 年版，图版四、一〇、一四、一五。
② 张国荣、冯丽娟：《甘肃高台魏晋墓壁画与壁画砖的艺术特色》图 3，《美术》2009 年第 8 期。
③ 《晋书》卷九四《郭瑀传》，中华书局 1974 年版，第 2454 页。
④ 岳邦湖等：《岩画及墓葬壁画》，敦煌文艺出版社 2004 年版，第 51 页。
⑤ 甘肃省文物考古研究所：《甘肃酒泉西沟村魏晋墓发掘报告》图八三，《文物》1996 年第 7 期。
⑥ 甘肃省文物考古研究所《甘肃酒泉西沟村魏晋墓发掘报告》，《文物》1996 年第 7 期。

县博物馆藏，出土于骆驼城墓群的魏晋《帐居图》[1]，绘一穹庐帐内，一头著介帻、身穿袍服、手持团扇的男性坐于帐中，前置一几，右端盘相侍。此穹庐帐以红、黑两色表现，空间较宽敞，可见这位男性坐者经济条件应当不差。《宋书》卷一八《礼志五》云："帻者，古贱人不冠者之服也……介帻服文吏，平上服武官也。"[2] 据此可知，其身份可能为居于少数民族聚居区的汉族豪强成员，或汉化了的某少数民族首领，并为地方政府属佐。

（五）各类居所中的河西民众

上述城镇、坞壁、乡村、宅院、穹庐、草屋散布于魏晋十六国时期西北边疆的河西走廊绿洲之上。汉、羌、氐、鲜卑、卢水胡等各族民众因其政治经济条件以及民族成分的不同，居所也有所区别。

东汉末年以来，朝廷已逐渐失去对河西的控制能力，盘踞河西诸城的大族伺机而动，显示出此时河西大族在诸城举足轻重的影响。《三国志》卷十五《张既传》称："武威颜俊、张掖和鸾、酒泉黄华、西平麴演等并举郡反，自号将军，相互攻击。""酒泉苏衡反，与羌豪邻戴及丁令胡万余骑攻边县。"[3] 张既出任凉州刺史后，作为凉州地方州、郡政府所在地的河西诸城社会秩序才渐入正轨[4]，诸城的残破状况也日渐改观。十六国时期，曾经作为这一时期河西政治、经济、军事中心的姑臧、张掖、酒泉、敦煌诸城宫观寺署中，集中着各族贵胄的上层。氐族后凉以姑臧为都，其朝廷中就有沮渠罗仇、沮渠麴粥、姚皓、尹景等胡汉名士[5]。南凉先后以乐都、西平、姑臧为都城，其朝廷中"汇集了各民族各地区的头面人物，既包括河西著姓中的阴、郭、麴、杨等家族，也包括氐族中的杨姓、匈奴中的金姓等家族，更多则是侨居河西的中原冠带和士人，可谓人

---

[1] 贺西林、郑岩主编：《中国墓室壁画全集·汉魏晋南北朝》，河北教育出版社2011年版，图版一一一，图版说明第41页。
[2] 《宋书》卷一八《礼志五》，中华书局1974年版，第504页。
[3] 《三国志》卷一五《张既传》，中华书局1959年版，第474页、第476页。
[4] 赵向群：《甘肃通史·魏晋南北朝卷》，甘肃人民出版社2009年版，第40—52页。
[5] 《晋书》卷一二二《吕光载记》，中华书局1974年版，第3053—3064页。

物荟萃，英才济济"①。由临松卢水胡人沮渠蒙逊建立的北凉政权在诸凉政权中享国时间较长，对姑臧城的建设自然更胜一筹。北魏太延五年（439）沮渠牧犍降北魏，北魏"收其城中户口二十余万"，并"徙凉州民三万余家于京师"②，其中多为河西著姓人物。《资治通鉴》卷一二三"宋文帝元嘉十六年十二月"条称："沮渠牧犍尤喜文学，以敦煌阚骃为姑臧太守，张湛为兵部尚书，刘昞、索敞、阴兴为国师助教，金城宗钦世子洗马，赵柔为金部郎，广平程骏、程从弟弘为世子侍讲。"③沮渠氏本身更是河西地方豪强。对于这些供职于各个政权的名流贵胄居所史书并未明言，但可以想见，应在距宫观寺署不远的城中某处。

当然，受魏晋十六国时期河西特殊的民族结构及政治格局变迁影响，某些河西城池在内外城的基础上，往往会把统治民族和以民族区别开来分而治之。如前述前凉姑臧的汉人居住区和胡人居住区、南凉乐都内城的"国人"（鲜卑秃发氏）和外城的"晋人"（汉人）等。

而姑臧、酒泉、张掖诸城之外广大的坞壁村里，更是胡汉民众生活的广阔舞台。已如前述，魏晋十六国时期因战乱频发，包括统治阶层在内的各族豪强往往筑坞自保，因此，在战乱之时，其多居坞壁，不过到了承平之时，各级政府机构仍分布于上述河西诸城，居坞壁者应多以庶族豪强及其部族为主。关于普通民众的居所，史书没有明确的记载，对此应区别看待。部分民众仍可居坞。前引《西凉户籍残卷》中就有多人居"赵羽坞"，新出西晋《田产争讼爰书》中的孙香等人也拥有"坞田"和"坞舍"，前者或许与居住者的兵籍有关，后者的居住者应当拥有一定经济实力。而对绝大多数民众而言，其居所可能非常简陋。嘉峪关、酒泉、高台等地的魏晋十六国河西墓葬壁画，在一定程度上反映了墓主人生前的生产生活状况。就画砖上的人物形象而言，汉人形象为画砖人物主体，另有多幅反映少数民族形象的画砖。据统计，反映少数民族形象的画砖共约34块，其中羌人形象13例，河西鲜卑5例，氐人3例，胡人（龟兹、焉耆、

---

① 赵向群：《五凉史探》，甘肃人民出版社1996年版，第127页。
② 《魏书》卷四《世祖纪》上，中华书局1974年版，第90页。
③ 《资治通鉴》卷一二三，宋文帝元嘉十六年十二月条，中华书局1956年版，第3877页。

高昌或者粟特人）11 例，另有两例族属未明①。这些人多从事耕作、放牧、炊厨或者击鼓等娱乐活动，可想而知，他们的居住场所应当非常简陋，为草屋、穹庐或者洞窟。

而羌人、河西鲜卑人、胡人、汉人等，正是这一时期河西各种事务的主要参与者。他们通过迁徙流动、建立胡汉联合政权、共同参与反对统治者奴役与压迫的斗争、推行儒学教育开展文化交流等途径，逐步完成了各族间的融合②。

综上所论，魏晋十六国时期，河西走廊诸河流域的大小绿洲依靠水草丰美、宜农宜牧的优越条件，成为汉族、匈奴、鲜卑、氐、羌等农牧民族生活的基本场所。各族民众在绿洲之上择善而处，或城或坞，或穹庐草屋，甚或洞窟。围绕居民点，是河西民众更为广阔的生活天地。良好的自然环境成为这一时期掌控河西的中原王朝或者河西割据政权赖以立足、民众赖以生存的基础。正是在这样的环境中，曹魏、西晋以及五凉政权营造了较前代更为发达的河西农牧业经济，而河西域内每一个较小的区域，往往也凭借这一点，能够裂土分疆，进行短期的割据。长期的错居杂处与交流融合，使各族民众的居所也发生了重要变化。城、坞、穹庐的居住者已不再单一，居住形式的不同已不能简单区分居者的身份，如城内居有胡汉各族官员，高大的穹庐内也可能居住各族酋豪或政府属佐，这正是民族大融合时期民众生存空间中出现的新气象。

---

① 贾小军：《魏晋十六国河西社会生活史》，甘肃人民出版社 2011 年版，第 288—305 页。
② 参见陆庆夫《略述五凉的民族分布及其融合途径》，《西北民族学院学报（哲学社会科学版）》1992 年第 1 期。

七 文字、图像与信仰：墓葬所见魏晋十六国河西社会

魏晋十六国时期河西墓葬出土的镇墓文、墓室壁画、画像砖及其榜题等，以"文字+图像"的方式，既反映出墓主生前的经济情况及社会地位，又透露出河西不同阶层民众不同的信仰内容。镇墓文一般出自经济条件较差的平民墓，壁画、画像砖及其榜题则多出自经济条件较好且有一定社会地位的官吏墓葬。以"镇"为宗旨的镇墓文主要强调隔绝死生，视死者为"鬼"故而"劾鬼"；榜题则与墓室壁画、画像砖一道营造了死者死后的"幸福家园"，以及有可能到达的仙境，祈求死者升仙。既有镇墓文，又有较少画像砖的平民墓，则体现了下层民众使用更高等级的墓制以自高身份的追求。

魏晋十六国时期的河西墓葬出土了大量保存较好、内容丰富的墓室壁画和画像砖，并有较多的镇墓文、榜题等文字。对此，学界已做了比较深入的研究，并取得了丰硕的成果[1]，但仍有值得深入探讨的空间。本节拟

---

[1] 代表性的成果有：郑岩《魏晋南北朝壁画墓研究》，文物出版社2002年版；岳邦湖等《岩画及墓葬壁画》，敦煌文艺出版社2004年版；黄景春《早期买地券、镇墓文整理与研究》，博士学位论文，华东师范大学，2004；张勋燎、白彬《中国道教考古》（第一卷），线装书局2006年版；巫鸿《黄泉下的美术：宏观中国古代墓葬》，生活·读书·新知三联书店2010年版；汪小洋《中国墓室绘画研究》，上海大学出版社2010年版；孙彦《河西魏晋十六国壁画墓研究》，文物出版社2011年版；郭永利《河西魏晋十六国壁画墓》，民族出版社2012年版；吴荣曾《镇墓文中所见到的东汉道巫关系》，《文物》1981年第3期；鲁西奇《汉代买地券的实质、渊源与意义》，《中国史研究》2006年第1期；吕志峰《东汉镇墓文考述》，《东南文化》2006年第6期；殷光明《敦煌西晋墨书题记画像砖墓及相关内容考论》，《考古与文物》2008年第2期；储晓军《敦煌魏晋镇墓文研究》，《敦煌研究》2009年第1期；贾小军《事死如事生：魏晋十六国河西镇墓文解读》，载《简牍学研究》第五辑，甘肃人民出版社2014年版；贾小军《魏晋十六国敦煌"薄命早终"镇墓文研究》，《社会科学战线》2015年第3期；等等。

对上述镇墓文、榜题两类墓葬文字及相关墓葬壁画进行比较研究，探求其中反映的社会历史信息，以就教于学界。

（一）镇墓文与榜题之形式与内容

简言之，镇墓文是指用朱砂书写在镇墓陶器上的解殃文辞。就目前河西地区出土、保存较好的镇墓文而言，其格式及内容大体如下：

> 死者去世时间与建除十二直（年号＋具体年份＋朔日天干地支＋具体日期＋某日天干地支＋某直）＋死者生前所在郡县乡里（某郡＋某县＋某乡＋某里）＋沟通人鬼的神灵以及代替死者承受央咎、罚作的承负之物（"今下斗瓶、五谷、铅人，用当复……"＋"青乌子、北辰，诏令……"）＋解注辞与隔绝生死辞（"某注＋某注＋某注"＋"乐莫相念、苦莫相思、生人前行、死人却步"）[1]

虽然不同镇墓文又有繁有简，但其中死者姓名、去世时间与隔绝生死辞出现最多，这进一步说明镇墓文书写的目的，即为隔绝生死、使死者安息、为生人除害。由上述内容所决定，镇墓文又被称为"解注文""解谪文""劾鬼文"等。其书写精神透露出生人对死者及其所在"世界"的戒备、提防甚至恐惧，镇墓文之要，实在于"镇"。因此镇墓文中虽有"乐莫相念、苦莫相思"等安慰死者的言辞，但仍难掩镇墓文刻意辨别生死的目的。因为一旦死者对生、死界线有所逾越，将面临镇墓文中隐约言及的审判与惩罚。镇墓文自死者下葬之日起即与死者一同埋藏地下[2]，并经后世考古工作而重见天日，但其书写目的并非营造死者的彼岸世界，这反映出使用镇墓文的这个群体朴素的生死观与鬼神信仰。镇墓文中给予死者

---

[1] 贾小军：《事死如事生：魏晋十六国河西镇墓文解读》，载《简牍学研究》第五辑，甘肃人民出版社2014年版。

[2] 按：书写镇墓文的斗瓶一般置于墓室内尸体旁边或尸床前后，如敦煌祁家湾 M319 两朱书斗瓶分别置于左肩部和脚下，M356 两朱书斗瓶置于头右部，M320 之两朱书斗瓶分别置于尸床前后，M371 两朱书斗瓶分别置于右肩及两脚间 [以上据甘肃省文物考古研究所、戴春阳、张珑《敦煌祁家湾西晋十六国墓葬发掘报告》（以下简称《敦煌祁家湾》），文物出版社 1994 年版，第 35、36—37、41、52 页]。

在死后世界丰富的用度、利用地下神灵对死者的恐吓这种颇有矛盾的记录，体现出他们"敬鬼而远之"的精神。就此而言，以"劾鬼文"称之可谓恰当。

榜题一般是指题写于墓葬壁画或画像砖内以说明其所指的文字。笔者将目前所见魏晋十六国河西墓葬壁画中的榜题分为三大类七种，即人名与身份、农牧生产场景、器物名、建筑名称等反映现实生活内容的榜题四种，历史人物、以奇禽异兽为代表的祥瑞和神话传说榜题两种，书写于作为墓葬建筑构件的龙头之上表示方位的榜题一种[1]。与前述镇墓文书写精神相比，上述榜题的书写，显得从容而自然。在榜题简练的形式、丰富的内容中，没有生与死的纠缠，而是将榜题所在的空间视作墓主人生存的新世界进行布置，描述了死者所达"彼岸"世界的某些存在，完全没有了对死者戒惧的心态。

显然，镇墓文与榜题不仅在形式上，而且在书写目的及所反映的民众丧葬观念等方面均有很大区别。之所以存在这种区别，可能既与上述两类墓葬文字的使用者有关，亦与这两类墓葬文字所在的具体环境（即墓葬本身）有关。

（二）群体与阶层：土洞墓与壁画墓之墓主

发现较多镇墓文的敦煌祁家湾魏晋十六国墓皆为斜坡墓道土洞墓，墓葬中没有发现关于墓主有官品记录的任何遗物，这批墓葬均属无官品的平民墓，其中双室墓的墓主是有一定经济实力和势力的豪族地主，单室墓则是中小地主，甚至是经济状况不佳的平民和贫民[2]，这批墓葬无论大小，均有随葬斗瓶，瓶腹多朱书镇墓文，少量墨书，部分则素面无文[3]。同时在三座单室墓内（M301、M310、M369）也发现了画像砖，共三块[4]。而发现有较多画像砖并辅以榜题的敦煌佛爷庙湾西晋 M133 等四座画像砖墓

---

[1] 贾小军：《榜题与画像：魏晋十六国河西墓葬壁画中的社会史》，《敦煌学辑刊》2014 年第 2 期。
[2] 甘肃省文物考古研究所：《敦煌祁家湾》，文物出版社 1994 年版，第 171 页。
[3] 同上书，第 16 页。
[4] 同上书，第 42—46、139—140 页。

的墓主人均非品官，而都应是具有相当经济实力的豪族地主①。总体来看，佛爷庙湾四座画像砖墓墓主人经济状况要优于祁家湾墓群墓主。

河西其他地区魏晋时期墓葬亦有较多墓室壁画、榜题出现。酒泉西沟魏晋墓画像砖墓、非画像砖墓及竖穴土坑墓并存。其中五号墓（93JXM5）、六号墓（93JXM6）、七号墓（93JXM7）均为大型墓，但Ⅰ型93JXM5、93JXM7为画像砖墓，Ⅱ型93JXM6内部无画像砖，却出土有镇墓罐，上有"天地昭告张氏……如律令"等朱书镇墓文字若干。发掘者认为，93JXM5画像砖表现了墓主人富裕、奢侈的生活，93JXM7的主人曾在军队担任过下级官职②。93JXM6虽为大型墓，但内部既无画像砖，出土物亦无93JXM5、93JXM7丰富，故墓主人身份当不及后二者，应为一般中小地主。同时期墓室壁画、榜题较集中的嘉峪关新城墓葬，皆为砖室墓并有高大的门楼式照墙、墓室内多绘有壁画。据《嘉峪关壁画墓发掘报告》，新城魏晋一号墓墓主段清既是河西世家豪族，还是地方政府属佐；二号墓墓主也是河西段氏成员；三号、五号、七号墓墓主，大概都是将军、刺史以下的武官；四号墓墓主是当地豪族地主；八号墓墓主与七号墓墓主王沾同属一个家族，起码是当地的豪族③。

由上可知，魏晋十六国河西镇墓文多出自敦煌祁家湾长斜坡墓道洞室墓④，其墓主多为无官品的平民。榜题一般与墓室壁画相联系，多出自画像砖墓、壁画墓，如敦煌佛爷庙湾一号墓、嘉峪关新城一号墓和三号墓、酒泉西沟七号墓，墓主多为河西地方文武官吏⑤。而既有镇墓文，又有画像砖的三座敦煌祁家湾魏晋十六国墓可视为二者之间的过渡。这三座墓各出一块画像砖，三块画像砖是先在砖面上涂抹一层黄色物质，然后用墨线构画，以朱色略加修饰点缀⑥，较之敦煌佛爷庙湾画像砖墓、嘉峪关新城

---

① 甘肃省文物考古研究所：《敦煌佛爷庙湾西晋画像砖墓》（以下简称《敦煌佛爷庙湾》），文物出版社1998年版，第106页。
② 甘肃省文物考古研究所：《甘肃酒泉西沟村魏晋墓发掘报告》，《文物》1996年第7期。
③ 甘肃省文物队等：《嘉峪关壁画墓发掘报告》，文物出版社1985年版，第74—76页。
④ 甘肃省文物考古研究所：《敦煌祁家湾》，文物出版社1994年版，第8页。
⑤ 贾小军：《榜题与画像：魏晋十六国河西墓葬壁画中的社会史》，《敦煌学辑刊》2014年第2期。
⑥ 甘肃省文物考古研究所：《敦煌祁家湾》，文物出版社1994年版，第42—46、139—140页。

壁画墓，数量既少，内容亦较单一。据考古报告，其中 M301、M369 皆为乙 C 型墓[1]，墓主约为一般中、小地主[2]；M310 为丙型墓[3]，墓主约为经济状况不佳的平民和贫民[4]。

考古研究者对形成敦煌祁家湾、嘉峪关新城魏晋墓葬差异的原因做了探讨，认为主要由以下几个方面因素造成：第一，两者墓主社会等级的差别，酒泉、嘉峪关墓葬为有选择的发掘，墓主社会身份一般较高；第二，酒泉、嘉峪关墓葬所在的酒泉绿洲面积是敦煌绿洲的 3 倍以上，前者的经济条件和实力优于后者；第三，地域和经济状况的差别使酒泉、嘉峪关地区较多地具有中原文化传统；第四，与时差相联系的接受中原文化影响的时序过程和两者各自的文化特点[5]。

上述结论基本适用于出土镇墓文较多的敦煌祁家湾墓群和出土榜题较多的河西壁画墓、画像砖墓之间的对比。基于此，我们似可得出如下认识，即镇墓文大体与洞室墓、经济基础及社会地位较弱较低的平民相对应，榜题则与壁画墓、画像砖墓及经济基础和社会地位较高的河西地方中下层官吏相对应，形式与内容大不相同的镇墓文与榜题则分别代表了上述两个群体迥异的丧葬观念。而敦煌祁家湾三座平民墓葬各出一块画像砖，则显示出画像砖墓、壁画墓对他们的吸引力。这也与研究者"追求更高等级的墓制成为自高身份的一种社会时尚"[6] 的判断相合。

（三）解谪、劾鬼与升仙：群体信仰与鬼神殊途

前已论及，出于对死者及其存在"世界"的戒备、提防甚至恐惧，才有镇墓文的书写；而形式简练的榜题完全看不到这一点，只是对死者所在（或所追求）世界的部分存在的直接陈述。显然，集中出土形式不同、内容不同的镇墓文、榜题的平民墓和中下层官吏墓显示了在相近地域内经

---

[1] 甘肃省文物考古研究所：《敦煌祁家湾》，文物出版社 1994 年版，第 42—44 页。
[2] 同上书，第 171 页。
[3] 同上书，第 44—46 页。
[4] 同上书，第 171 页。
[5] 同上书，第 175—176 页。
[6] 同上书，第 171 页。

济、政治及社会状况有较大差异的两个阶层之间信仰及丧葬观念的较大差别。

据前述，平民墓中出土了较多的镇墓文，其中解注辞与隔绝生死辞所表现的内容及思想，是书写镇墓文最为直接的目的[①]。"注"亦称"注连"或"注忤"。《释名·释疾病》云："注病，一人死，一人复得，气相灌注也。"盖犹今之言传染病。隋巢元方《诸病源候论》卷二四"注病之条"："凡注之言住也，谓邪气在人身，故名曰注。"此种"注复生人"之事，亦称曰"注祟""复连"[②]。据研究，"解注"即"解疰"，解除疾病之意[③]。解注"运用在镇墓文中的解除之法，实则包含两项重要内容，即'为死人解谪（注）'和'为生人除殃'"[④]。魏晋十六国河西镇墓文中的相关"解注"（"解谪"）大体有两种情况：一是防止死者鬼魂返回阳世作祟生者；二是为死者解除罪责，即镇墓文所谓"为死人解谪（注）"和"为生人除殃"。

值得注意的是，镇墓文中还有与"解注"相关的内容，与"解注"一道强调隔绝死生。如"千秋万岁，不相注忤"[⑤]"远去他乡，不得复来"[⑥]"生人前行，死者却步，不得□注"[⑦]等。"千秋万岁"这样近乎永久的时间限制，以及"不得……"等直白的命令口吻，告诫死者若对生、死界线有所逾越，将面临镇墓文中隐约言及的审判与惩罚。显然，在镇墓文书写者及墓主后人观念中，无论镇墓文中给予死者在死后世界如何丰富的用度，死者所处的幽冥世界对生人来说仍然充满了恐惧，而死者在这个

[①] 贾小军：《事死如事生：魏晋十六国河西镇墓文解读》，载《简牍学研究》第五辑，甘肃人民出版社2014年版。

[②] 王素、李方：《魏晋南北朝敦煌文献编年·饶序》，新文丰出版公司1997年版，第2—3页。

[③] 吴荣曾：《镇墓文中所见到的东汉道巫关系》，《文物》1981年第3期；刘昭瑞：《谈考古发现的道教解注文》，《敦煌研究》1991年第4期。

[④] 储晓军：《敦煌魏晋镇墓文研究》，《敦煌研究》2009年第1期。

[⑤]《建兴廿七年（339年）三月傅长然镇墓文》（一）（二），[日]关尾史郎：《中国西北地域出土镇墓文集成（稿）》，新高速印刷株式会社，2005年发行，第43—44页。

[⑥]《建兴卅年（342年）□佛女镇墓文》，[日]关尾史郎：《中国西北地域出土镇墓文集成（稿）》，第44页。

[⑦]《建元六年（370年？）某人镇墓文》，[日]关尾史郎：《中国西北地域出土镇墓文集成（稿）》，第61页。

世界即为"鬼",因此才会利用地下神灵对死者进行恐吓以隔绝死生。正因如此,镇墓文又被称为"劾鬼文"。与"解注"相比,"劾鬼"的目的更加直接。

而与中下级官吏的壁画墓、画像砖墓相联系的榜题,虽然也描述了死者所达"彼岸"世界的某些存在,但完全没有了对死者戒惧的心态,这与上述出土较多镇墓文的平民墓形成鲜明对比。在这些壁画墓、画像砖墓中,往往会有墓主人画像。如嘉峪关新城一号墓书写"段清""幼絜"的07号画砖①,应即反映墓主人的画像及榜题;酒泉丁家闸五号墓壁画中居高座之上、观看乐舞表演的中年男子画像亦当为墓主人画像②。

嘉峪关新城 M1:07 宴饮③

---

① 甘肃省文物队:《嘉峪关壁画墓发掘报告》图版五八之1,文物出版社1985年版;张宝玺:《嘉峪关酒泉魏晋十六国墓壁画》,甘肃人民美术出版社2001年版,第16页。

② 甘肃省文物考古研究所:《酒泉十六国墓壁画》图版"西壁壁画""墓主人",文物出版社1989年版;张宝玺:《嘉峪关酒泉魏晋十六国墓壁画》,甘肃人民美术出版社2001年版,第312页、第316页。

③ 甘肃省文物队:《嘉峪关壁画墓发掘报告》,文物出版社1985年版,图版五八(LVIII.1)。

丁家闸五号墓墓主①

  其他墓葬壁画或画像砖中有墓主人画像的，是前述敦煌祁家湾 M369 和 M310，与前述新城一号墓、丁家闸五号墓墓主画像颇为不同。M369：12 绘墓主人夫妇席地端坐于帷帐之内，观赏杂耍驯兽。男墓主头戴有岐之帢，着右衽阔袖长衣；女墓主人双发髻高盘，穿圆领朱色阔袖长衣。两人皆双手掬于胸前，朱色点饰出嘴唇、脸颊。墓主人夫妇右侧放置一几，几下有一酒瓮，瓮口封盖，上系一红绸带，几上置一樽，一侍女右手持长勺从樽内为主人取食。下半部分一侍女赶着带棚犊车，棚上搭有三条朱红色彩带，一飞禽立于棚头。犊车前一人持鞭作赶马状，马身上备有朱红色鞍袴褶，仰头跨步做前进状。赶马人头顶上空有一大雁身披朱红色彩带，正引颈向前飞翔。M310：17 左上部跪坐三人，左一人似为墓主，头戴灰帢，外着朱红色鸡心领长衣，领部露出横纹内衣。第二、第三人似为宾客，其中第二人手持一物（似为拂尘），身旁置一瓶（？）。画面右上部立一木柜。中部置一肉架，旁置 2 件器皿，其中一件带三足。右下为一木案。整个画面反映了墓主人生前宴饮庖厨的场面②。

---

  ① 甘肃省文物考古研究所：《酒泉十六国墓壁画》，文物出版社 1989 年版，图版"西壁壁画""墓主人"。
  ② 甘肃省文物考古研究所：《敦煌祁家湾》，文物出版社 1994 年版，第 139—140 页。

敦煌祁家湾 M369：12①

敦煌祁家湾 M310：17②

绘有墓主人图像的新城一号墓、丁家闸五号墓壁画内容远较上述敦煌祁家湾 M369：12 和 M310：17 所反映的内容丰富③。如新城一号墓以 57 块

---

① 甘肃省文物考古研究所：《敦煌祁家湾》，文物出版社 1994 年版，封面。
② 同上书，图版四一（XLI）。
③ 甘肃省文物队等：《嘉峪关壁画墓发掘报告》，文物出版社 1985 年版；甘肃省文物考古研究所：《酒泉十六国墓壁画》，文物出版社 1989 年版。

画砖展现了生产生活、炊厨宴乐等场景①；丁家闸五号墓前室壁画总体构图则体现了宇宙、仙境和模仿人间的"幸福家园""三重宇宙"②。但敦煌祁家湾 M369∶12 和 M310∶17 画砖亦有其独特之处。据上可知，这两块画砖均在有限的空间内（各一块画砖）表达了丰富的内容。这样的墓葬壁画叙事在一砖一画的嘉峪关新城墓群里很少见到，而与丁家闸五号墓整壁作画的特色相近。就此而言，各出一块画砖的敦煌祁家湾两座墓葬时间要晚于新城一号墓，早于丁家闸五号墓。这与相关考古报告的判断一致③。

  以上叙述绘有墓主人图像的几座墓葬的相关信息，主要是为了下文研究的方便。新城一号墓将墓主段清绘于众多的生产生活场景中间，借用巫鸿教授的解释，即将其安置于模仿人间的"幸福家园"之中，没有仙境等内容。丁家闸五号墓墓主位于高座之上、曲柄华盖之下，是一种对墓主灵魂具象的表达；而西王母、东王公所居的仙境，应当是墓主升仙之后的去处。处于过渡阶段的敦煌祁家湾 M369∶12 和 M310∶17 画砖，在构图上虽与丁家闸五号墓更为接近，但内涵上却接近于嘉峪关新城一号墓。造成这种区别的原因，应与墓主身份、墓葬时代有关。第一，新城一号墓较早，墓主身份虽为中下级官吏，但远较丁家闸五号墓墓主级别低。敦煌祁家湾 M369、M310 虽为平民墓，却与新城一号墓墓主身份更为接近。第二，敦煌、嘉峪关两地相距不远，丧葬习俗自会在两地传播并相互影响。敦煌祁家湾 M369、M310 晚于新城一号墓，虽然墓主人经济条件并不一致，却使祁家湾 M369、M310 平民墓追求更高等级的墓制以自高身份成为可能。

  而总体看来，出土较多镇墓文的敦煌祁家湾墓群，虽没有更多画像砖或墓葬壁画以表达上述追求，却展示出一个非常残酷的现实：只有拥有较雄厚的经济基础，才有可能去营造画像砖墓、壁画墓，在大多数情况下，

---

 ① 甘肃省文物队等：《嘉峪关壁画墓发掘报告》，文物出版社 1985 年版，第 97—98 页。
 ② 巫鸿：《黄泉下的美术：宏观中国古代墓葬》，生活·读书·新知三联书店 2010 年版，第 31—35 页。
 ③ 参见甘肃省文物考古研究所《敦煌祁家湾》，文物出版社 1994 年版；甘肃省文物队等《嘉峪关壁画墓发掘报告》，文物出版社 1985 年版；甘肃省文物考古研究所《酒泉十六国墓壁画》，文物出版社 1989 年版。

不同群体的墓葬总与他们的经济情况一致。因此，大多数平民、贫民只能用镇墓文去强调死生的区别即解谪、劾鬼，而经济条件较好的官员们却在墓葬中营造了"幸福家园"场景，甚至描绘死者升仙的可能。

　　解谪、劾鬼，是因人对死生的认识而形成对死的恐惧，并在这种认识的驱使下而创设的隔绝死生的方法。因此，镇墓文的书写者与使用者，自觉或不自觉地将死者视作对生者有可能造成危害的"鬼"。而若让死者升仙，使之能够在死后的世界里依然享受幸福的生活，甚至能够到达仙界俯视众生，自然没有必要再去打扰生者。这就是前述使用镇墓文、榜题的不同群体的不同丧葬观念，或者说是信仰使然。信仰，在一定程度上反映的是不同阶层的人的身份追求。就出土较多镇墓文的魏晋十六国河西平民墓葬、出土较多画像砖及榜题的官吏墓葬而言，平民受经济条件所限，只能形成解谪、劾鬼的观念，并通过镇墓文表达出来；经济条件较好的中下级官吏或高级官员，则可以营造出包括宇宙、仙境和模仿人间的"幸福家园"在内的"三重宇宙"。大体而言，在出土镇墓文的平民墓葬中，死者虽与生者曾是血亲，但在生者看来，却更是能给他们带来威胁、恐惧的鬼魂，而在出土壁画、画像砖及榜题较多的中下层官员墓中，这种威胁与恐惧已经不见，代之以体现上述"三重宇宙"的另类描述。

　　如所周知，魏晋十六国时期河西墓葬壁画、画像砖及镇墓文、榜题之中蕴含着极为丰富的研究多样性与学术信息，如该时期河西墓葬的丧葬叙事方式、河西农牧生产及区域差异、往来于丝绸之路河西走廊段的各色人等，等等，笔者将在以后的研究中继续探讨。本研究的目的，实在于促进学界对相关问题的进一步关注。

八　榜题与画像：魏晋十六国河西墓葬壁画中的社会史

在目前所见魏晋十六国河西墓葬壁画中，有榜题者共 64 例。这些榜题均在 1—4 字，简明扼要地说明指代内容。根据榜题指代内容，可分为三大类七种，第一类是反映现实生活的内容有人名与身份、农牧生产场景、器物名、建筑名称四种；第二类两种，即历史人物榜题和以奇禽异兽为代表的祥瑞和神话传说榜题；第三类一种，是书写于作为墓葬建筑构件的龙头之上表示方位的榜题。这些榜题广泛分布于敦煌、嘉峪关、酒泉、高台等地的魏晋十六国墓葬之中，书写灵活，书法多样，并且反映了丰富的魏晋十六国时期河西社会历史信息，为研究该时期河西历史、文化、风俗等提供了重要资料。

在魏晋十六国河西墓葬壁画中，有为数不少的榜题。这些榜题在直观地说明墓葬壁画内容的同时，还携带着丰富的社会历史信息。系统考察这些榜题，对深入了解魏晋十六国河西壁画墓的特点、该时期河西民众的宗教信仰，以及魏晋十六国河西社会史细节都有重要意义。

（一）魏晋十六国河西墓葬壁画中的榜题

魏晋十六国河西墓葬壁画中有较多的榜题，就目前笔者所见，计有 64 处，分别为：敦煌佛爷庙湾西晋墓照墙画像砖"尚阳"（2）"凤""麒麟""河图""洛书""赤雀"（2）、"力士"（2）、"舍利""受福""白兔"（2）、"鹿"（2）、"万鱣"（2）、"儿鱼"（2）、"千秋"（2）、"李广"（2）、"青龙""白虎""赤鸟"（2）、"鼍鼍"（2）、"戏豹"（2）[1]；嘉峪关新城一号墓07号画砖"段清""幼絜"[2]，32号画砖"牧畜"[3]，35号画砖"井饮"[4]，36号画砖"坞"[5]，同墓37号画砖"耕种"[6]；新城三号墓前室"中合""各内""车庑""臧内""炊内"[7]，同墓17号画砖"马"[8]；酒泉西沟魏晋四号墓34号画砖"坞舍"[9]；西沟魏晋七号墓46号画砖"坞舍"（图1）[10]，54号画砖"鼓史"（图2）[11]，55号画砖"童史""都伯吴才"（图3）[12]，56号画砖"兵胡大年""兵孙旌"，57号画砖"兵鲁义""兵王昭"[13]；酒泉高闸沟晋墓31号画砖"粮仓"[14]；高台博物馆藏许三湾墓群前秦"卧具"（图4），许三湾墓群魏晋"炭炉""亭灯"（图5）、"采帛机"（图6）[15]、"相"（图7）、"合绩""典"[16]"镜奁"[17]；

---

[1] 殷光明：《敦煌西晋墨书题记画像砖墓及相关内容考论》，《考古与文物》2008年第2期。按：括号内数字为有相同榜题的画砖数量。

[2] 甘肃省文物队等：《嘉峪关壁画墓发掘报告》图版五八之1，文物出版社1985年版；张宝玺：《嘉峪关酒泉魏晋十六国墓壁画》，甘肃人民美术出版社2001年版，第16页。按：本画砖虽有两处榜题，但指同一主题，故统计为一处，下同。

[3] 甘肃省文物队等：《嘉峪关壁画墓发掘报告》，文物出版社1985年版，第98页。

[4] 张宝玺：《嘉峪关酒泉魏晋十六国墓壁画》，甘肃人民美术出版社2001年版，第29页。

[5] 同上书，第30页。

[6] 同上。

[7] 甘肃省文物队等：《嘉峪关壁画墓发掘报告》，文物出版社1985年版，第11—17页；图版一二。

[8] 同上书，第99页。

[9] 岳邦湖等：《岩画及墓葬壁画》，敦煌文艺出版社2004年版，第84页。

[10] 甘肃省文物考古研究所：《甘肃酒泉西沟村魏晋墓发掘报告》图八五，《文物》1996年第7期。

[11] 甘肃省文物考古研究所：《甘肃酒泉西沟村魏晋墓发掘报告》封面，《文物》1996年第7期。

[12] 甘肃省文物考古研究所：《甘肃酒泉西沟村魏晋墓发掘报告》图八八，《文物》1996年第7期。按：本画砖两处榜题所指不同，故计作两处。以下56、57号画砖及许三湾墓群魏晋"炭炉""亭灯"榜题同。

[13] 甘肃省文物考古研究所：《甘肃酒泉西沟村魏晋墓发掘报告》，《文物》1996年第7期。按：杨永生主编《酒泉宝鉴》称该57号画砖榜题为"兵鲁清""兵王昭"（甘肃文化出版社2012年版，第173页）。

[14] 岳邦湖等：《岩画及墓葬壁画》，敦煌文艺出版社2004年版，第75页。

[15] 高台县博物馆编印《高台文物概览》称该画砖为"采帛木几图"。

[16] 俄军等主编：《甘肃出土魏晋唐墓壁画》，兰州大学出版社2009年版，第453—454页。

[17] 俄军等主编：《甘肃出土魏晋唐墓壁画》，兰州大学出版社2009年版，第441页；贺西林、郑岩主编：《中国墓室壁画全集1汉魏南北朝》，河北教育出版社2011年版，图版第97页，图版说明第43页。

高台地埂坡晋墓 M6 墙壁刻画"樊字遂"[1]；高台地埂坡墓 M4 中书写于两块龙头建筑构件的"西南""中东北角"[2]。

图1. "坞舍"榜题画像砖（高台县博物馆藏，贾小军摄）

图2. "鼓史"榜题画像砖

---

[1] 甘肃省文物考古研究所、高台县博物馆：《甘肃高台地埂坡晋墓发掘简报》，《文物》2008 年第 9 期。

[2] 郑怡楠：《河西高台县墓葬壁画祥瑞图研究——河西高台县地埂坡 M4 墓葬壁画研究之一》，《敦煌学辑刊》2010 年第 1 期。

图3. "童史""都伯吴才"榜题画像砖

图4. "卧具"榜题画像砖（高台县博物馆藏，贾小军摄）

图5. "炭炉""亭灯"榜题画像砖（高台县博物馆藏，贾小军摄）

图6. "采帛机"榜题画像砖（高台县博物馆藏，贾小军摄）

图 7. "相"榜题画像砖（高台县博物馆藏，贾小军摄）

上述 64 处榜题可根据其所反映的壁画砖内容分为三大类七种，第一类是反映现实生活的内容，共有人名与身份、农牧生产场景、器物名、建筑名称四种；第二类有两种，一种是历史人物榜题，另一种是以奇禽异兽为代表的祥瑞和神话传说榜题；第三类一种，是书写于作为墓葬建筑构件的龙头之上表示方位的榜题。以下对这些榜题及其所反映的对象进行简要介绍。

1. 反映人物与身份的榜题共 9 处，约占统计榜题的 15%。其中书写于壁画砖上的有 8 处，分别为"段清、幼絜""鼓史""童史""都伯吴才""兵胡大年""兵孙旌""兵鲁义""兵王昭"。据相关资料，写有"段清、幼絜"榜题的画砖出自嘉峪关新城一号墓，段清字幼絜，为新城一号墓墓主人；其余 7 处榜题均出自西沟魏晋墓七号墓，为前后相连的四块画砖[1]，报告称这四块画砖与另外一块画砖共为军事场面，结合上述榜题来看，似为墓主人出行仪仗的部分内容。另有一处"樊字遂"，阴刻于高台地埂坡晋墓 M6 前室后壁甬道上方，发掘简报认为是墓主人姓名。

2. 反映农牧生产场景的榜题共 4 处，约占统计榜题的 6.5%，分别

---

[1] 甘肃省文物考古研究所：《甘肃酒泉西沟村魏晋墓发掘报告》，《文物》1996 年第 7 期。

为"牧畜""井饮""耕种""马",除"马"榜题出自嘉峪关新城三号墓外,其余三处均出自嘉峪关新城一号墓。此类榜题数量虽少,但却已能代表当时河西地区农耕与畜牧两个主要生产领域。而且,马作为河西畜牧业的重要产品和在骑乘、作战等方面的作用,以及马、牛、羊等形象在魏晋十六国河西墓葬壁画中的大量存在,使考察此类榜题及其所反映的社会历史信息,具有重要意义。

3. 反映建筑名称的榜题共9处,约占统计榜题的15%。其中书写于壁画砖上的4处,分别为坞、坞舍(2处)、粮仓,分别出自新城一号墓、西沟四号墓、西沟七号墓、高闸沟晋墓。其余"中合""各内""车庑""臧内""炊内"5处书写于新城三号墓前室东西耳室券门上方,其指代对象并非绘画内容,而是指榜题所在位置本身的象征意义。

4. 反映器物名称的榜题共8处,约占统计榜题的13%,分别书写于高台县博物馆所藏许三湾墓壁画砖的魏晋"炭炉"、"亭灯",魏晋"采帛机"和"相""合绩""典""镜蔹",前秦"卧具",由于"炭炉""亭灯""采帛机""卧具"等在民众日常生活或者墓主人死后所处"世界"的重要性,这几处榜题及所反映的图像内容形象地呈现了传世文献中往往忽略的内容,因此在魏晋十六国河西墓葬壁画的研究中具有重要意义。如"采帛机"榜题,直观地说明该图中类似圆圈的内容为财富的代表丝帛无疑,这也为嘉峪关新城壁画墓中的圆圈形象的认定提供了重要依据。

5. 历史人物榜题。只有"李广"榜题2例。"李广"榜题所在画砖出土于敦煌市佛爷庙湾,画面彩绘一马飞奔,骑一射手,转身拉满弓,箭在离弦之际,旁题墨书"李广"二字[①],表现著名的"李广射虎"故事。

6. 以奇禽异兽为代表的祥瑞和神话传说榜题。此类榜题在所有榜题中数量最多,共30例,占统计榜题的48%强,都集中于1991—1992年发掘的佛爷庙湾一号晋墓,这些内容反映了丰富的河西民间信仰信息,值得深入研究。

7. 书写于作为墓葬建筑构件的龙头之上表示方位的榜题。此类榜题

---

① 杨永生主编:《酒泉宝鉴》,甘肃文化出版社2012年版,第179页。

目前所见仅有 2 处，即出自前述高台地埂坡墓 M4，具有"明显的表示方位的特征"①。

（二）魏晋十六国河西墓葬壁画榜题的特点

据上述，魏晋十六国河西墓葬壁画榜题具有如下特点：

1. 简洁明了。上述 64 处榜题，字数均在 1—4 字以内。这些榜题与栩栩如生的画砖内容结合，使榜题及绘画所表达内容跃然纸上，一目了然。其中"童史""都伯吴才""兵胡大年""李广""河图""洛书"等榜题及指代对象虽然简单，但却具有较为丰富的内涵。

2. 占榜题比例较多的奇禽异兽为代表的祥瑞和神话传说榜题，主要有以下三类：青龙、白虎、朱雀、玄武四神；见于有关典籍并与神话相联系的"河图""洛书""尚阳"等；还有一些在民间流传，或散见于诸典籍，或现已不可考其具体含义的奇禽异兽，如赤雀、赤鸟、戏豹等。就目前考古发现来看，像这样集中、系统地出土的祥瑞和神话传说题材，并在画面上题有确切名称者很少见到。因此，这批墨书题记画像砖的出土，不仅为河西墓葬壁画中同类题材的定名和研究，提供了重要的旁证资料，并且也为已经出土的画像石、画像砖等同类题材的定名和研究，提供了重要资料②。

3. 与国内其他地区出土的汉代画像石榜题相比，上述画砖榜题中除了神话及历史人物、祥瑞图像等内容，还有较多反映现实生活的内容，但榜题及其指代内容的故事意义很弱，即使榜题及相关画砖有表示故事的含义存在，也只是故事的众多组成部分之一而已。如"段清"榜题意在标明墓主人姓名。"童史""都伯吴才""兵胡大年""兵孙旌""兵鲁义""兵王昭"等内容，应是该墓主人出行图中的部分场景，其书写及绘画目的也应是为了表明墓主生前地位的高贵。"牧畜""坞""井饮"等榜题，也反映出壁画墓的创作者所刻意表现的现实生活的某些内容，或者是希望

---

① 郑怡楠：《河西高台县墓葬壁画祥瑞图研究——河西高台县地埂坡 M4 墓葬壁画研究之一》，《敦煌学辑刊》2010 年第 1 期。
② 殷光明：《敦煌西晋墨书题记画像砖墓及相关内容考论》，《考古与文物》2008 年第 2 期。

墓主人死后所能拥有的生活世界的内容。

4. 榜题书写很灵活。既有朱书，也有墨书；既没有固定的位置，也没有传统意义上的榜题边框即所谓"榜"的部分，即有题无榜。以高台博物馆所藏"炭炉""亭灯""采帛机""相""卧具"诸榜题而论，"炭炉""亭灯""相"为朱书，"采帛机""卧具"墨书；"炭炉""亭灯"书于指代物右侧，"相"书于右上方，"卧具"二字在左上方，"采帛机"则书写于左下方。佛爷庙湾"鹿"榜题则书写于鹿颈前[①]。嘉峪关新城一号墓36号画砖"坞"、酒泉西沟魏晋四号墓34号画砖"坞舍"、西沟魏晋七号墓46号画砖"坞舍"等榜题又直接书写于物像（即"坞""坞舍"）之上。

5. 榜题书法多样。上述榜题皆为民间作品，书法较为随意，却自有特点。如"鼓史""童史""都伯吴才""坞舍""相""镜簸"等榜题书写自然，笔画不拘行格，写法通俗简捷，具有古拙、天然的意趣；"卧具"榜题及佛爷庙湾"李广""鹿"等榜题颇有隶书味道，尤其"卧具"二字波挑分明，艺术性强；"采帛机"榜题具有行楷的特点，"采"字笔画更是简洁活泼，富于美感；而地埂坡六号墓刻画"樊字遂"，楷中带隶，行笔虽较流畅但不免稍欠庄重。相比较而言，"炭炉""亭灯"榜题及对应绘画笔法粗糙拙劣，不及"鼓史""童史""都伯吴才""李广"等榜题及对应绘画内容流畅，其中差别是否能反映壁画墓级别及墓主人身份差异，尚需进一步考证。

6. 榜题分布广泛。据上，榜题在魏晋十六国河西墓葬壁画较集中的敦煌、嘉峪关、酒泉、高台等地均有发现，其中敦煌32例，嘉峪关11例，酒泉10例，高台11例。具体到墓葬而言，佛爷庙湾西晋一号墓32例，西沟魏晋七号墓8例，新城魏晋三号墓6例，新城魏晋一号墓5例，许三湾魏晋墓7例，西沟魏晋四号墓1例，高闸沟晋墓1例，地埂坡晋墓3例，许三湾前秦墓1例。就上述榜题而言，据相关发掘报告或简报对墓葬时代的判断，较早的魏晋墓榜题较多，而较晚的晋墓、十六国墓榜题较

[①] 杨永生主编：《酒泉宝鉴》，甘肃文化出版社2012年版，第180页。

少。但这是否能够作为河西壁画墓断代的标准,由于上述榜题中没有任何纪年信息,因此难知究竟。

(三) 榜题所见魏晋十六国河西社会史

已如上述,魏晋十六国河西墓葬壁画榜题所反映的主要是墓葬壁画的创作者所刻意表现的现实生活的某些内容,或者是希望墓主人死后所能拥有的生活世界的内容,以及反映河西民间信仰的某些内容。就此而论,这些榜题虽然简单,却仍然具有重要的社会史意义。

1. 榜题与墓葬等级、墓主人身份

"段清""幼絜""牧畜""井饮""坞""耕种"诸榜题皆出自嘉峪关新城一号墓,其中写有"段清"榜题的画砖位于前室南壁东侧,是墓主人的宴饮图①。段清戴黑介帻。《晋书·段灼传》称,段氏"世为西土著姓"②。又据《晋书·舆服志》:"介帻服文吏,平上帻服武官也。"③而据墓葬壁画可知,凡服黑介帻皁缘领袖中衣者,在出行图中多为导骑或在犊车前后捧笏的官吏,其身份应为魏晋时期地方政府中的属佐文吏。据此可知,一号墓墓主人段清是曹魏时期河西的世家豪族,还是地方政府属佐文吏。

"中合""各内""车庑""臧内""炊内""马"等榜题出自新城三号墓前室,据发掘报告,该墓出行图的导从着尖顶帽、灰袴褶、持矟,但出行仪仗无盖,可知三号墓墓主人应是将军、刺史以下的武官④。

"鼓史""童史""都伯吴才""兵胡大年""兵孙旌""兵鲁义""兵王昭"等榜题位于酒泉西沟 M7 前室西壁第四层壁画砖上,表现的是军事场面。据发掘报告,该墓墓主人的画像砖绘得清晰传神,其身着紫袍,头戴一梁冠坐于榻上。据《汉官仪》:"千石以下至小吏冠一梁。"《晋书·

---

① 甘肃省文物队等:《嘉峪关壁画墓发掘报告》,文物出版社 1985 年版,第 74 页。
② 《晋书》卷四八《段灼传》,中华书局 1974 年版,第 1336 页。
③ 《晋书》卷二五《舆服志》,中华书局 1974 年版,第 770 页。
④ 甘肃省文物队等:《嘉峪关壁画墓发掘报告》,文物出版社 1985 年版,第 75—76 页。

舆服志》："六百石以下至令史、门郎、小史并冠一梁。"① 联系上述表现军事场面的壁画内容，可知西沟 M7 墓主人为曾担任过军队下级官职的中小官吏。而上述榜题所指"鼓史""都伯"等小吏职名和"胡大年"等军士姓名，应为 M7 墓主人属下的真实人物②。

两处"坞舍"榜题画砖，其一出自西沟魏晋 M7，另一"坞舍"榜题画砖出自西沟魏晋 M4，据发掘报告，该墓为中型墓，级别较西沟 M7 为低，墓主人也应较西沟 M7 墓主人为低，当是普通民众或者中小地主。

有"樊字遂"刻画的高台地埂坡 M6 随葬品简单、数量较少，棺上绘制女娲图像，技法拙劣。与该墓相邻的 M2 规格较高却遭扰乱，但出土随葬品仍然较多，且有金银器、铜器、铁器、漆器等贵重器物，其身份至少为世族地主。若墓主人当真为名叫樊字遂，且与 M2 为某一家族的两座相邻墓葬，则樊字遂当属该世族地主家族下层民众或者与 M2 并无联系的普通百姓。

佛爷庙湾西晋一号墓墓主人宴饮图中，男主人着交领广袖汉式襦服，头戴进贤冠，冠顶似有三梁③。据《晋书·舆服志》："三公及封郡公、县公、郡侯、县侯、乡亭侯，则冠三梁。"④ 另外，随葬品中有武官用的铁剑、文人用的石板砚、铁削等，由以上因素可以认为此墓主人可能为品官，是敦煌具有相当经济实力的豪族地主⑤。

据上可知，榜题集中出现的佛爷庙湾一号墓、新城一号墓、三号墓、西沟七号墓皆为魏晋时期河西地方文武官吏，其余几处墓葬中的榜题都是零星出现，从榜题书法及所反映内容来看，其墓主人身份一般为普通百姓。不过，能否根据榜题内容判断墓葬的级别及墓主人身份，还需根据进一步的考古工作作深入分析。

---

① 《晋书》卷二五《舆服志》，中华书局 1974 年版，第 767 页。
② 甘肃省文物考古研究所：《甘肃酒泉西沟村魏晋墓发掘报告》，《文物》1996 年第 7 期。
③ 殷光明：《敦煌西晋墨书题记画像砖墓及相关内容考论》，《考古与文物》2008 年第 2 期。
④ 《晋书》卷二五《舆服志》，中华书局 1974 年版，第 767 页。
⑤ 殷光明：《敦煌西晋墨书题记画像砖墓及相关内容考论》，《考古与文物》2008 年第 2 期。

2. 魏晋十六国时期河西民众居室什物

据相关研究，上述榜题所提及的坞或坞舍，是魏晋十六国时期河西民众的主要居所。在坞或坞舍之中，中合、各内、车庑、臧内、炊内、粮仓等更小的建筑一应俱全[1]。不过坞壁及相关庭院内部的居室什物，史籍并无明确记载。许三湾墓群出土的"卧具""炭炉""亭灯""采帛机""相""合缋""典（？）""镜奁"等画砖及榜题，为我们深入了解这一问题提供了重要线索。

许三湾墓出土"卧具"画砖，绘一由足、底座及被褥（？）组成的长条形"卧具"，与今天日常所见家具之"床"颇为相近。"床"在河西地区民众生活中早已有之。西北汉简就有关于"床"的记录[2]：

　　　其一六尺
（1）床二　　　　　　　　　见（E. P. T6：82）[3]
　　　一八尺板三枚
（2）上传外坐床六尺二　□
外六尺□□□　　　□（E. P. T59：395）[4]

床上自然少不了被、褥。敦煌汉简中就有相关记录，如"缣被"（合143·29）、"绵被"（敦1043）[5] 等。

另外，"炭炉""亭灯"画砖所反映的是民众居室取暖及照明情景，而"采帛机""相""合缋""典""镜奁"等榜题内容，均应是居室什物，在一定程度上都在表现墓主人的财富。其中"采帛机"为家庭手工

---

① 参见贾小军《魏晋十六国河西社会生活史》，甘肃人民出版社2011年版；贾小军《高台魏晋"庭院家居图"画砖解析》，《丝绸之路古城邦国际学术研讨会论文集》，2013年，中国·张掖，甘出准059字总1531号（2013）17号，第122—132页。

② 参见庄小霞《西北汉简所见汉代居室什物考》，载《金塔居延遗址与丝绸之路历史文化研究》，甘肃教育出版社2014年版，第172—181页。

③ 甘肃省文物考古研究所等：《居延新简》，文物出版社1990年版，第41页。

④ 同上书，第385页。

⑤ 甘肃省文物考古研究所：《敦煌汉简》，中华书局1991年版。

业的重要表征，在古代传统的男耕女织社会中自有其一席之地。"相""合缋"等则是反映代表财富的丝帛在民众生活中的重要影响力。研究者认为："'相'即'箱'，由题名可知所画内容是箱。箱内绘多个圆涡状图，应是箱内装有丝帛的意思，用以表现墓主人的财富。"①"合缋"题记画砖"画面绘一只盝顶大箱，内有涡状图，是呈卷状的丝帛，表现墓主人的财富"②。"典"题记画砖"画面绘一只盝顶大箱，一只平顶箱，上面有题名，似为'典'字"③。至于"镜菝"，则应为"盛放铜镜的菝囊"④。

3. "炭炉"、木炭与民众取暖炊厨用料

就地理环境而言，河西地区纬度较高，在一年季节轮替中往往出现冬夏较长而春秋较短甚至并不明显的现象。据相关研究，近五千年以来，我国气候出现过多次寒暖变化，公元 3 世纪初至 6 世纪中叶的魏晋南北朝时期属于寒冷期⑤。考诸史籍，这一时期河西地区也颇多灾异天象。《晋书·五行志下》："（东晋穆帝永和）七年三月，凉州大风拔木，黄雾下尘。"⑥ 穆帝永和七年为 352 年，这条史料所反映的应是一次严重沙尘暴的记录，农历三月河西地区天气尚未转暖，这种大风沙尘天气对民众生活的影响可想而知。同书同卷："（东晋穆帝永和）十年五月，凉州雪……京房〈易传〉曰：'夏雪，戒臣为乱。'"⑦ 所谓"戒臣为乱"，指公元 355 年前凉重臣宋混等攻灭张祚并立张玄靓之事。这条资料虽意在指出治乱与天象之间的联系，但夏天突降大雪毕竟罕见，对河西民众而言，如何度过这种极端天气颇费思量。同书同卷："（穆帝升平）五年八月，凉州地震。"⑧ 穆帝升平五年为前凉张玄靓执政的公元 361 年，农历八月河西天气已凉，加上地震，民众之艰难情境可想而知。

---

① 俄军等主编：《甘肃出土魏晋唐墓壁画》，兰州大学出版社 2009 年版，第 451 页。
② 同上书，第 453 页。
③ 同上书，第 454 页。
④ 贺西林、郑岩主编：《中国墓室壁画全集 1 汉魏南北朝》，河北教育出版社 2011 年版，图版说明第 43 页。
⑤ 竺可桢：《中国近五千年气候变迁的初步研究》，《中国科学》1973 年第 3 期。
⑥ 《晋书》卷二九《五行志下》，中华书局 1974 年版，第 892 页。
⑦ 同上书，第 875 页。
⑧ 同上书，第 897 页。

上述几种情境均需驱寒保暖，但这一时期河西民众日常究竟如何应对寒冷和某些极端天气，高台许三湾墓群所出"炭炉"榜题画砖，为我们提供了重要线索。画砖中"炭炉"虽然仅有寥寥粗糙数笔，但炭炉及其中燃烧的木炭形象及其带来的温暖效果已跃然纸上。显然，这个"炭炉"应当是墓主人生活中的取暖工具。又由于"炭炉"被作为一个重要内容反映在壁画砖中，可知此"炭炉"在墓主人生活中具有重要意义，或者说，这个"炭炉"在某种程度上反映了墓主人在当时社会中的重要身份。

我国用木炭作燃料冶铁的历史较早。从春秋后期开始，人们就用木炭作冶铁燃料冶炼生铁。就河西地区而言，据近年来在张掖黑水国史前遗址的局部考古发掘，获得了几十件铜器，出土了冶炼红铜的炉渣，最近发现了坤铜的线索，该遗址中还发现有朱砂和大漆以及草木灰[1]。至于河西地区何时用木炭开始冶炼尚不得而知，不过悠久的冶炼历史，使我们有理由相信河西地区很可能与中原地区一同进入木炭冶炼时代。而到了魏晋十六国时期，用木炭冶炼必然非常普遍了。

魏晋十六国时期，河西地区除了在金属冶炼中使用木炭，在生活领域内使用木炭也应较为普遍。嘉峪关新城六号魏晋墓壁画中的烤肉图，以及敦煌祁家湾西晋十六国墓葬中出土的三齿餐叉[2]、高台魏晋墓《庖厨图》画砖右上角的三齿餐叉形象[3]，应都是使用木炭进行烤肉食用的重要证明。

不过在传世的相关记载中，却很少见到河西民众日常用"炭炉"及"炭"的内容，而薪柴倒是偶尔可见。《晋书·吕隆载记》称，后凉末年，沮渠蒙逊围攻姑臧，"姑臧谷价踊贵，斗直钱五千文，人相食，饥死者十余万口。城门尽闭，樵采路绝，百姓请出城乞为夷虏奴婢者日有数百"[4]。所谓"樵采"，应是指日常的薪柴采集诸事。《魏书·段承根传》："自昔

---

[1] 《甘肃张掖黑水国遗址 2011 年度考古工作会纪要》，中国考古网 2011 - 11 - 2，http://www.kaogu.cn/cn/detail.asp? ProductID＝13949。

[2] 甘肃省文物考古研究所：《敦煌祁家湾西晋十六国墓葬发掘报告》图版四四、四五，文物出版社 1994 年版。

[3] 参见贾小军《魏晋十六国河西社会生活史》图 9—5，甘肃人民出版社 2011 年版，第 239 页。

[4] 《晋书》卷一二二《吕隆载记》，中华书局 1974 年版，第 3071 页。

凉季，林焚渊涸。"① 这条资料说的是因战乱等造成的自然环境的破坏，不过其中强调"林""渊"的重要性非常明显。"林""渊"乃河西民众的基本生活空间和大部分生产、生活资料的来源之所，即"樵采"发生之所。

魏晋十六国河西墓葬壁画中的炊厨图亦可证明薪柴在河西民众日常生活中的重要性。嘉峪关新城七号墓81号画砖②、113号画砖③，各绘一女跪于灶前往灶内填薪柴，灶内火苗外窜。新城七号墓88号、111号画砖，十三号墓13号画砖，酒泉丁家闸五号墓壁画也有类似炊厨图。其中所烧为薪柴无疑。

据上可知，就目前所见资料而言，魏晋十六国时期，河西民众炊厨、取暖主要依靠采自林、渊的薪柴，而需要进一步加工的木炭也应为其中重要内容。

4. 榜题与河西的神灵世界

就目前所见，魏晋十六国河西地区以奇禽异兽为代表的祥瑞和神话传说榜题都集中于1991—1992年发掘的佛爷庙湾一号晋墓。该墓照墙所见画像砖题材可分为以下几类：一是伏羲、女娲、东王公等传统神话传说人物；二是"李广射虎"等历史人物题材；三是以奇禽异兽为代表的祥瑞和神话传说题材。若笼统视之，上述题材所表现的内容都可归入当时河西地区的神灵世界之中，即便是"李广射虎"或者"伯牙抚琴"等题材，显然已具有某种民间宗教的特性。有学者指出，西晋时期敦煌地区仍以传统文化为主，尤其是传统神话传说题材盛行；传统神话传说、祥禽瑞兽成为主要的描绘题材，是两汉以来驱邪流俗观念在敦煌地区盛行的反映，体现了魏晋时期社会各阶层浓厚的崇慕升仙的思想追求，以及这一地区深厚的传统文化土壤中，杂祀鬼神和道教思想也根深蒂固。这些浓郁的仙幻神异内容所展现出的传统文化特质和独具特色的艺术风格，为接纳外来佛教

---

① 《晋书》卷五二《段承根传》，中华书局1974年版，第1159页。
② 俄军等主编：《甘肃出土魏晋唐墓壁画》，兰州大学出版社2009年版，第338页。
③ 同上。

文化和艺术提供了条件①。信然。

以上就魏晋十六国河西墓葬壁画中的榜题及其特点、榜题所反映的河西民众社会生活等信息作了考察。实际上，这些考察远未穷尽榜题所携带的丰富历史文化信息。而且，随着考古和历史研究工作的进一步开展，相信将会有更多带有榜题的墓葬壁画内容出现，这既会给上述相关探究提供佐证，也可能会推翻部分结论。本节抛砖引玉，以引起更多学人关注魏晋十六国河西墓葬壁画及其榜题所反映的社会生活信息，从而推进此项研究。

---

① 殷光明：《敦煌西晋墨书题记画像砖墓及相关内容考论》，《考古与文物》2008年第2期。

九　西凉迁都与酒泉十六国壁画墓的纪念碑性

建初元年（405），西凉李暠将国都从敦煌迁至酒泉，此举产生了重要历史影响。酒泉成为西凉新的政治、经济、文化中心，西凉兴建"纪念碑性"建筑的传统也传至酒泉，从而使以丁家闸五号墓、小土山墓为代表的壁画墓，在祥瑞图、"汤王纵鸟"图、社树图及墓主身份的表达等方面表现出典型的"纪念碑性"。

西凉李暠建初元年（405）迁都酒泉①，随后又采取了一系列措施充实新都，如徙民酒泉②、掠地建东③、奉表江南④等，并取得显著成效。史称西凉因之"年谷频登，百姓乐业"⑤。酒泉遂成为西凉新的政治、经济、文化中心。有学者论及酒泉小土山墓葬特点时指出："小土山墓葬诸多地域传统结合的特点表明在魏晋十六国的某个历史阶段，敦煌地区的墓葬传统对酒泉地区的墓葬产生了强有力的影响。"⑥这种影响的动力，主要来自前述西凉迁都酒泉这一重大事件。实际上，包括此后酒泉墓葬在内的许

---

① 《晋书》卷八七《凉武昭王李玄盛传》，中华书局1974年版，第2261页。
② 《晋书》卷八七《凉武昭王李玄盛传》："初，苻坚建元之末，徙江汉之人万余户于敦煌，中州之人有田畴不辟者，亦徙七千余户。郭黁之寇武威，武威、张掖已东人西奔敦煌、晋昌者数千户。及玄盛东迁。皆徙之于酒泉，分南人五千户置会稽郡，中州人五千户置广夏郡，余万三千户分置武威、武兴、张掖三郡。"中华书局1974年版，第2263页。
③ 《晋书》卷八七《凉武昭王李玄盛传》："玄盛亲率骑二万，略地至于建东。"中华书局1974年版，第2263页。
④ 《晋书》卷八七《凉武昭王李玄盛传》："以前表未报，复遣沙门法泉间行奉表。"中华书局1974年版，第2263页。
⑤ 《晋书》卷八七《凉武昭王李玄盛传》，中华书局1974年版，第2264页。
⑥ 郭永利：《河西魏晋十六国壁画墓》，民族出版社2012年版，第250页。

多文化内容，都受到敦煌及其他地区的影响，进而形成独特的酒泉地域特点。于具备上述特征的酒泉十六国壁画墓而言，本节借用巫鸿先生的论断，以"纪念碑性"[①] 称之。

（一）酒泉十六国壁画墓

本书所指"酒泉"，是指西晋十六国时期的"酒泉郡"，与今甘肃省酒泉市并不完全相同。《晋书》卷十四《地理志上》云："（凉州）酒泉郡，汉置。统县九，户四千四百。福禄、会水、安弥、骓马、乐涫、表氏、延寿、玉门、沙头。"[②] 五凉政权基本承袭西晋在河西地区的行政建置而颇有增益。于上引酒泉郡所属之地而言，前凉时期析置建康郡，治乐涫县。《十六国疆域志》云："案，（建康）郡盖张氏置。"[③]《资治通鉴》卷一一四"安帝义熙元年九月"条胡注："汉志：乐涫属酒泉郡，张氏分为建康郡。"[④] 而表氏县在乐涫县东，仍属酒泉郡[⑤]。《读史方舆纪要》"甘州卫"条："建康城，镇西二百里，前凉张轨置建康郡，属凉州。"而整个建康郡似为酒泉郡所辖诸县环绕。西凉酒泉郡、建康郡大抵与前凉相当。《十六国疆域志》云："《蒙逊载记》：吕隆降兴，酒泉、凉宁叛降李暠，是暠得酒泉等郡在吕氏亡后。得酒泉后乃迁都也。"[⑥]《晋书》卷八十七《凉武昭王李玄盛传》："乃以张体顺为宁远将军、建康太守，镇乐涫。"不过西凉时期表氏县即在乐涫县东，当属北凉。北凉灭西凉后，建康郡辖境为北凉所有。据上可知，西晋十六国时期的"酒泉"，大体包括除今敦煌市、瓜州县之外的酒泉市境，以及嘉峪关市、张掖市高台县部分地域，建康郡又为酒泉郡诸县所环绕。因此，本书所指"酒泉"，即指西

---

① "'纪念碑性'是指纪念碑的纪念功能及其持续。"[美] 巫鸿：《中国古代艺术与建筑中的"纪念碑性"》，李清泉、郑岩等译，上海人民出版社 2009 年版，第 5 页。
② 《晋书》卷一一四《地理志上》，中华书局 1974 年版，第 433 页。
③ （清）洪亮吉：《十六国疆域志》，二十五史刊行委员会：《二十五史补编》第三册，中华书局 1955 年版，第 4170 页。
④ 《资治通鉴》卷一一四安帝义熙元年九月条胡注，中华书局 1956 年版，第 3587 页。
⑤ 国家文物局主编：《中国文物地图集·甘肃分册》"西晋时期"，测绘出版社 2011 年版。
⑥ （清）洪亮吉：《十六国疆域志》，二十五史刊行委员会：《二十五史补编》第三册，中华书局 1955 年版，第 4175 页。

晋十六国时期的酒泉郡、建康郡辖境，而酒泉十六国壁画墓，也即发现于上述诸地的壁画墓。

　　就目前已发掘并保存较为完好的酒泉十六国壁画墓，最具代表性者有丁家闸五号墓和小土山墓两处①。丁家闸五号壁画墓位于酒泉北10公里的果园公社丁家闸大队。1977年8月发掘。墓室有前、后两室，前室覆斗顶前部设方坑。研究者认为这种方坑似为院落的象征，为甘肃河西地区所特有。在北朝和隋唐时期的墓葬中，设于墓道中的天井，似为此种形制的发展。该墓的年代，大致可定在后凉至北凉之间，即公元4世纪结束至5世纪中叶，也就是在公元386—441年。墓主人的身份应在王侯、三公之列，但究为何人难以确指，或系西凉迁治酒泉后某个世族大姓中的高级官僚。至于墓主人是否确为西凉王侯，由于在当时的历史条件下，僭越制度的情况经常发生，尚不能肯定。②

　　　　丁家闸十六国壁画墓……前室墓顶与四壁薄施草泥一层，上加敷土黄色泥皮，满绘彩画，顶部绘覆斗莲花藻井。下以土红宽带界栏，以树丛作装饰，内容包括天、地、人三界景物。天界绘红日、盈月、东王公、西王母、神马、白鹿、羽人、金乌、蟾蜍，人间绘墓主人宴居行乐图、眷属出行图、饮宴乐舞图、耕作采桑图以及坞壁、碉楼、牧童、庖厨等，再现了那个时代政治、经济、文化、宗教等社会生活各个层面的真实情景。从中我们可以了解到古代河西人民勤劳淳朴的民风以及贵族生活的富足与奢华。③

　　小土山墓葬位于丁家闸五号墓之西约1200米，即酒泉市肃州区城西约15里处的果园乡丁家闸村一组境内。2001年4月发现并清理。墓为砖

---

　① 对这两处墓葬的断代，本书从甘肃省文物考古研究所编《酒泉十六国墓壁画》（文物出版社1989年版）、郭永利：《河西魏晋十六国壁画墓》（民族出版社2012年版）。

　② 吴礽骧：《酒泉丁家闸五号墓的发掘》，载甘肃省文物考古研究所编《酒泉十六国墓壁画》，文物出版社1989年版，第1—17页。

　③ 花平宁：《丁家闸十六国墓壁画简介》，《甘肃丁家闸十六国墓壁画》封二，重庆出版社1999年版。

室墓，由车马室、贮藏室、甬洞、照墙、石门、甬道、前室、耳室、过道、后室等部分组成。该墓特点主要如下：墓道两壁设有三层台阶，表明墓主人身份之显赫；墓道两壁对称建5个小龛，近甬道处方井壁下，附一耳室和一侧室；建有双甬道；墓道与墓门前建方井；在甬道口以上建照墙，并且使用了一排砖雕廊柱；在墓葬后室有横置的砖砌棺床，以穿壁纹方砖砌成；在照墙上有青龙、白虎、朱雀的图像；墓壁均以顺丁砖筑而成，在需要处嵌立面砖用以绘画；前室顶部的藻井处绘有水波纹；在墓室以外绘画；画像仍为砖画形式；在绘画风格方面表现出精细的画风；地面铺设穿壁纹方砖。砖画除上述青龙、白虎图像外，多已脱落。清理时可辨析者计有：车马室入口左侧一块画砖绘两位站立的人物；石门右侧一块画砖绘三位站立的侍臣，身体侧向墓门，其中两位头戴官帽，身着朝服，手持笏板，神态颇为恭敬。[①] 关于该墓的年代与墓主，《敦煌研究》认为："酒泉魏晋墓的墓主可能是西凉王李暠。"[②] 郭永利《河西魏晋十六国壁画墓》亦推测："小土山墓……很可能为西凉国王李暠之墓。""小土山墓很可能为建世陵。"[③]

丁家闸五号墓壁画内容丰富且保存完好，在该时期河西壁画墓中颇具代表性。小土山墓虽然破坏严重，但因其形制较高、特色鲜明，故仍然可算十六国时期酒泉壁画墓中的代表性墓葬。这两处墓葬的代表性，庶几可以本节开头所述之"纪念碑性"称之。

（二）西凉的"纪念碑性"建筑

前已述及，西凉迁都酒泉后，包括墓葬在内的许多文化内容，都曾受到来自敦煌的影响。考诸史籍，兴建具有"纪念碑性"意义的建筑，是西凉李暠时代一个颇为突出的特点。

《晋书》卷八七《凉武昭王李玄盛传》："初，吕光之称王也，遣使市

[①] 肃州区博物馆：《酒泉小土山墓葬清理简报》，《陇右文博》2004年第2期；郭永利：《河西魏晋十六国壁画墓》，民族出版社2012年版，第239—249页。
[②] 本刊讯：《酒泉魏晋墓的墓主可能是西凉王李暠》，《敦煌研究》2003年第3期。
[③] 郭永利：《河西魏晋十六国壁画墓》，民族出版社2012年版，第252页。

六玺玉于于阗，至是，玉至敦煌，纳之郡府。仍于南门外临水起堂，名曰靖恭之堂，以议朝政，阅武事。图赞自古圣帝明王、忠臣孝子、烈士贞女，玄盛亲为序颂，以明鉴戒之义，当时文武群僚亦皆图焉。有白雀翔于靖恭堂，玄盛观之大悦。又立泮宫，增高门学生五百人。起嘉纳堂于后园，以图赞所志。"①本段史料所云之靖恭堂、嘉纳堂、泮宫亦可在敦煌文书 P. 2005《沙州都督府图经卷第三》中得到证明②。此外，西凉还在敦煌建有恭德殿③。至于上述建筑之功用，据上引这则史料亦可知大概。靖恭堂，"图赞自古圣帝明王、忠臣孝子、烈士贞女"，"当时文武群僚亦皆图焉"，而"玄盛亲为序颂"；嘉纳堂亦"图赞所志"，其教化的礼仪功能非常明显。而李暠立"泮宫"之记载，更是目前所见敦煌设国学之最早史料，且于后世敦煌文教兴盛大有关系④。西凉在敦煌具备教化功能的，应当还包括先王庙。巫鸿先生指出：汉代以降，"丧葬建筑的政治与宗教礼仪含义大大加重了。"⑤"从那时（按：指公元 222 年魏文帝时代下诏废除'上陵礼'，引者）起直到中华帝国的最终衰落，庙和墓再次成为祖先祭祠的一对中心。"⑥据 P. 2005《沙州都督府图经卷第三》："先王庙，右，在州西八里。《西凉录》：凉王李暠谥父为凉简公，于此立庙，因号先王庙。其院周回三百五十步，高一丈五尺。"⑦

重视宫观殿堂、庙宇墓葬的教化等礼仪功能的传统，在西凉迁都酒泉后得到延续。《晋书》卷八七《凉武昭王李玄盛传》："玄盛既迁酒泉，乃敦劝稼穑。郡僚以年谷频登，百姓乐业，请勒铭酒泉，玄盛许之。于是使儒林祭酒刘彦明为文，刻石颂德。既而蒙逊每年侵寇不止，玄盛志在以德抚其境内，但与通和立盟，弗之校也。是时白狼、白兔、白雀、白雉、白

---

① 《晋书》卷八七《凉武昭王李玄盛传》，中华书局 1974 年版，第 2259 页。
② 李正宇：《古本敦煌乡土志八种笺证》，甘肃人民出版社 2008 年版，第 11—144 页。
③ P. 2005《沙州都督府图经卷第三》，据李正宇《古本敦煌乡土志八种笺证》，甘肃人民出版社 2008 年版，第 48 页，注释 75—78（第 78—79 页）。
④ 李正宇：《古本敦煌乡土志八种笺证》，甘肃人民出版社 2008 年版，第 111 页。
⑤ [美]巫鸿：《中国古代艺术与建筑中的"纪念碑性"》，李清泉、郑岩等译，上海人民出版社 2009 年版，第 149 页。
⑥ 同上书，第 154 页。
⑦ 李正宇：《古本敦煌乡土志八种笺证》，甘肃人民出版社 2008 年版，第 54 页。

鸠皆栖其园囿，其群下以为白祥金精所诞，皆应时邑而至，又有神光、甘露、连理、嘉禾众瑞，请史官记其事，玄盛从之。""玄盛上巳日宴于曲水，命群僚赋诗。而亲为之序。"①"勒铭酒泉""刻石颂德""史官记其事"及赋诗作序云云，都是前述教化等礼仪功能的延续。而这些礼仪功能，正是一个建筑物是否具备"纪念碑性"特点的重要因素。研究者指出："真正使一个物体成为一个纪念碑的是其内在的纪念性和礼仪功能。"② 据此而言，上述西凉宫观殿堂、泮宫庙宇等，都具备了"纪念碑性"。

建初十三年（417），李暠"薨，时年六十七。国人上谥曰武昭王，墓曰建世陵，庙号太祖。"③ 据《元和郡县图志》卷四十《陇右道下》"酒泉县条"："西凉武昭王陵，在县西十五里。"④ 据前所论，李暠之建世陵，自当成为此后西凉国重要的教化场所。而据墓葬形制、规格等判断，作为王侯墓葬的丁家闸五号墓、小土山墓均可成为西凉国重要的"纪念碑性"建筑物。

此外，与丁家闸五号墓一道发现的丁家闸一号墓应是东晋十六国时期的墓葬⑤，很可能也是西凉时期墓葬⑥。该墓出土砖刻墓表首，上刻"镇军梁府君之墓表"八字⑦。发掘简报分析称："关于镇军，《通典·职官》十六：'武散官，镇军将军以下，镇军大将军，魏置，文帝以陈群为之。晋则杨骏、胡奋并领镇军将军'。又《通典·职官》十九：'晋官品第三品镇军'。十六国采晋制，故丁M1的墓主人，应为河西五凉之一的镇军将军。"⑧ 据笔者统计，就目前所见资料，五凉政权中，设

---

① 《晋书》卷八七《凉武昭王李玄盛传》，中华书局1974年版，第2264页。
② 此为奥地利艺术史家阿洛伊斯·里格尔、美国学者约翰·布林克霍夫·杰克逊的观点，转引自[美]巫鸿《中国古代艺术与建筑中的"纪念碑性"》，李清泉、郑岩等译，上海人民出版社2009年，第4页。
③ 《晋书》卷八七《凉武昭王李玄盛传》，中华书局1974年版，第2267页。
④ （唐）李吉甫：《元和郡县图志》卷四〇《陇右道下》，中华书局1983年版，第1024页。
⑤ 甘肃省博物馆：《酒泉、嘉峪关晋墓的发掘》，《文物》1979年第6期。
⑥ 郭永利：《河西魏晋十六国壁画墓》，民族出版社2012年版，第257—259页。
⑦ 甘肃省博物馆：《酒泉、嘉峪关晋墓的发掘》，《文物》1979年第6期。
⑧ 同上。

有镇军将军的有前凉、南凉和北凉，前凉阴澹曾任镇军将军；南凉势力未及酒泉；段业北凉时期，臧莫孩曾任镇军将军，沮渠蒙逊时期，沮渠伏奴曾任此职，未见姓梁之人担任镇军将军者①。北凉时期，梁中庸先后出仕段业、沮渠蒙逊，后又入西凉。但梁中庸先后所任，乃北凉段业尚书右丞、武卫将军，沮渠蒙逊右长史、西郡太守②，西凉李暠主簿③。梁中庸在北凉、西凉时期地位显赫，唯不见其任镇军将军之记载。丁家闸一号墓墓主人或许是梁中庸亦未可知，录此存疑。另外，1999 年酒泉地区博物馆清理的丁家闸六号墓曾出土 "陇西狄道李超夫人尹氏墓表……凉嘉兴二年" 砖质墓志。"嘉兴二年" 是西凉李歆的年号，即公元 418 年④。

丁家闸一号墓砖质墓表首

如此看来，丁家闸一带小土山墓葬周围很可能均为西凉时期的墓

---

① 参见贾小军《五凉职官制度研究》（博士学位论文，西北师范大学，2015 年）附表 1—5 及索引。
② 《晋书》卷一二九《沮渠蒙逊载记》，中华书局 1974 年版，第 3190—3193 页。
③ 《晋书》卷八七《凉武昭王李玄盛传》，第 2267 页。
④ 肃州区博物馆：《酒泉小土山墓葬清理简报》，《陇右文博》2004 年第 2 期。

葬[1]，进一步而言，这一带很可能是西凉王室及臣僚墓葬群。因此，包括小土山墓、丁家闸五号墓、一号墓、六号墓在内的西凉丁家闸墓群，应是西凉国重要的礼仪教化场所，其中具有代表性的丁家闸五号墓、小土山墓，自是具备上述"纪念碑性"的重要建筑。

（三）酒泉十六国壁画墓的纪念碑性

如上所引，"真正使一个物体成为一个纪念碑的是其内在的纪念性和礼仪功能"，前述西凉小土山墓、丁家闸五号墓的纪念性和礼仪功能，现择要述之如下。

1. 祥瑞图

丁家闸五号墓壁画第一、第二层绘天，第五层绘地，内容皆为符瑞。吴礽骧先生指出："（这）是西凉李暠'喜缘饰祥瑞，以自表异'的具体体现。"[2] 已如上述，内容包括红日、盈月、东王公、西王母、神马、白鹿、羽人、金乌、蟾蜍、"汤王纵鸟"等。在河西地区发现的壁画墓中，祥瑞图以该墓最为完备。研究者指出："由于墓主人具有诸凉小王国中王侯一级的身份，因此墓室壁画规模宏大，艺术水平也比较高。"[3] 古代统治者为宣扬顺应天命，或者显示上天对其地位的肯定，往往会寻找、解释甚至营造各种祥瑞现象。丁家闸五号墓主人显赫的身份配以完备的祥瑞图，无疑会增强壁画设计者或墓主的灵魂在观察壁画之时对其突出的纪念性和礼仪功能的深切认同。

2. "汤王纵鸟"图

丁家闸五号墓前室南壁壁画第二层绘有"汤王纵鸟"图。"汤王纵鸟"源出《史记·殷本记》："汤出，见野张网四面，祝曰：'自天下四方皆入吾网。'汤曰：'嘻，尽之矣！'乃去其三面，祝曰：'欲左，左。欲右，右。不用命，乃入吾网。'诸侯闻之，曰：'汤德至矣，及禽兽。'"[4]

---

[1] 郭永利：《河西魏晋十六国壁画墓》，民族出版社2012年版，第260页。
[2] 吴礽骧：《酒泉丁家闸五号墓壁画内容考释》，《敦煌学辑刊》1983年，第106—116页。
[3] 张朋川：《酒泉丁家闸古墓壁画艺术》，《文物》1979年第6期。
[4] 《史记》卷三《殷本纪》，中华书局1959年版，第95页。

画中汤王为一蓄须老者，跽坐于树上的窝棚内，手执网绳。前绘一面网，网外有一鸟[①]。"汤王纵鸟"本是祥瑞图之一。前述日月、神乌羽人及四神图像等，在魏晋十六国河西壁画墓中较为常见，如敦煌佛爷庙湾西晋一号墓照墙就有"尚阳""河图""青龙""白虎"等祥瑞图30余例[②]，高台骆驼城画像砖墓亦有云气、青龙图等[③]，高台地埂坡一号晋墓后室顶部南坡、北坡、东坡分别绘有朱雀、玄武、青龙。另如民乐八卦营一号魏晋壁画墓"前室四壁均绘有壁画。覆斗形东、西、南、北壁面依次绘青龙、白虎、朱雀、玄武"[④]。前述小土山墓照墙上亦有青龙、白虎、朱雀图像等。但"汤王纵鸟"图却仅见于丁家闸五号墓。或许这与该墓墓主身份有关。如果该墓墓主人的确为西凉王侯，则更与前述墓葬之教化礼仪功能相合。

高台骆驼城云气纹画像砖[⑤]

[①] 甘肃省博物馆：《酒泉、嘉峪关晋墓的发掘》，《文物》1979年第6期。
[②] 甘肃省文物考古研究所：《敦煌佛爷庙湾西晋画像砖墓》，文物出版社1998年版。
[③] 张掖地区文物管理办公室、高台县博物馆：《甘肃高台骆驼城画像砖墓调查》，《文物》1997年第12期。
[④] 施爱民：《民乐县八卦营墓葬·壁画·古城》，《丝绸之路》1998年第3期。
[⑤] 张掖地区文物管理办公室、高台县博物馆：《甘肃高台骆驼城画像砖墓调查》图一八，《文物》1997年第12期。

高台地埂坡一号墓后室朱雀图①

高台地埂坡一号墓后室玄武图（摹本）②

---

① 甘肃省文物考古研究所、高台县博物馆：《甘肃高台地埂坡晋墓发掘简报》图一一，《文物》2008年第9期。
② 甘肃省文物考古研究所、高台县博物馆：《甘肃高台地埂坡晋墓发掘简报》图一二，《文物》2008年第9期。

高台地埂坡一号墓后室青龙、蟾蜍图①

3. "社树"与社祭

丁家闸五号墓前室南壁壁画第四层中间绘一大树，树梢上立一青鸟，树枝间立一鹦鹉、一赤猴。树下有一栅栏，栅栏内有一裸体人，作耙草状②。关于此图，郑岩先生认为，这棵大树为社树，与祈求丰产的祭祀活动有关③。其"社树"的解释为大多数学者所认同④。至于这棵社树究竟以什么树为之⑤，我们亦可据相关资料做一推断。《论语·八佾》："哀公问社于宰我，宰我对曰：'夏后氏以松、殷人以柏、周人以栗。'"⑥反映

---

① 甘肃省文物考古研究所、高台县博物馆：《甘肃高台地埂坡晋墓发掘简报》图一三，《文物》2008年第9期。
② 甘肃省博物馆：《酒泉、嘉峪关晋墓的发掘》，《文物》1979年第6期。
③ 郑岩：《酒泉丁家闸十六国墓社树壁画考》，《故宫文物月刊》总143期（1995年2月），第44—52页；郑岩：《魏晋南北朝壁画墓研究》，文物出版社2002年版，第153页。
④ 如［日］园田俊介《酒泉丁家闸5号墓壁画所见十六国时期的河西社会——以胡人图像为中心》（《西北出土文献研究》（第3辑），汲古书院2006年版，第43—45页）；孙彦《河西魏晋十六国壁画墓研究》（文物出版社2011年版，第260—263页）；朱智武《酒泉丁家闸五号墓"社树图"辨析》，[《南京艺术学院学报》（美术与设计版）2014年第6期]；等等。
⑤ 岳邦湖等人认为，此树为干楂树，现在河西已经绝迹。(岳邦湖等：《岩画及墓葬壁画》，敦煌文艺出版社2004年版，第56页）
⑥ 《论语·八佾》，《诸子集成》第一册，上海书店出版社1986年版，第63—64页。

夏、商、周三代分别以松、柏、栗树为社主，后世又有以栎、槐、榆、李为社树之说①。又据《晋书》卷八七《凉武昭王李玄盛传》："先是，河右不生楸、槐、柏、漆，张骏之世，取于秦陇而植之，终于皆死，而酒泉宫之西北隅有槐树生焉，玄盛又著《槐树赋》以寄情，盖叹僻陋遐方，立功非所也。"② 李暠以酒泉宫西北隅有槐树生而作《槐树赋》，则槐树无疑在西凉迁都酒泉后具有特殊意义，而该社树枝繁叶茂，颇类槐树，以之为社树极有可能。

丁家闸五号墓社树图③

在此基础上，研究者对社树图的意义作了进一步推断。刘文科、周蜜认为，这幅"大树裸女图"是表现"仲春之月社祭活动"的一种表现方式④。朱智武亦认为："这幅图所表达的主题是河西民间围绕社树进行的

---

① 郑同修：《汉画像中"长青树"类刻画与汉代社祭》，《东南文化》1997年第4期。
② 《晋书》卷八七《凉武昭王李玄盛传》，中华书局1974年版，第2267页。
③ 甘肃省文物考古研究所：《酒泉十六国墓壁画》图版"南壁"之"大树""怪兽、裸女"，文物出版社1989年版。
④ 刘文科、周蜜：《丁家闸五号墓大树壁画考释》，《黑龙江史志》2013年第17期。

一项社祭活动。"① 若上述推断无误，则我们可作进一步推想。社祭在传统中国一直是被极为看重的官方祭礼，也是民众广泛参与的民俗活动②。社树及社祭场景出现在西凉王侯墓葬壁画之中，进一步加强了该墓葬的"纪念碑性"。

4. 职官与舆服制度

丁家闸五号墓壁画保存较好，墓主人头戴三梁进贤冠，身着殊砂间石黄色袍，凭三蹄足隐几，盘膝左手执麈尾③。小土山墓未见墓主人图像，但该墓石门右侧一块画像砖内容已如前述，绘三位站立的侍臣（已不甚清晰），身体侧向墓门，其中两位头戴官帽，身着朝服，手持笏板，简报称"形似恭敬等候，有进宫朝拜之意"④。郭永利《河西魏晋十六国壁画墓》则称："此墓规模宏大，在甬道及墓门处嵌有头着三梁冠手中执笏的人物。"⑤《晋书·舆服志》："人主元服，始加缁布，则冠五梁进贤。三公及封郡公、县公、郡侯、县侯、乡亭侯，则冠三梁。"⑥据此，则丁家闸五号墓墓主身份当为"三公及封郡公、县公、郡侯、县侯、乡亭侯"之一。若郭氏描述无误，小土山墓墓门之"侍臣"头上所戴确为三梁冠，则墓主身份更为显赫，唯一的解释，便是"冠五梁进贤"的"人主"了。这种根据职官与舆服制度对墓主身份性的确认，在如此高规格墓葬的"叙事"当中，带有突出的"纪念碑性"意义。

---

① 朱智武：《酒泉丁家闸五号墓"社树图"辨析》，《南京艺术学院学报》（美术与设计版）2014年第6期。
② 余欣：《神祇的"碎化"：唐宋敦煌社祭变迁研究》，《历史研究》2006年第3期。
③ 甘肃省博物馆：《酒泉、嘉峪关晋墓的发掘》，《文物》1979年第6期。
④ 肃州区博物馆：《酒泉小土山墓葬清理简报》，《陇右文博》2004年第2期。
⑤ 郭永利：《河西魏晋十六国壁画墓》，民族出版社2012年版，第252页。
⑥ 《晋书》卷二五《舆服志》，中华书局1974年版，第767页。

丁家闸五号墓墓主人①

（四）结语

本节以西凉迁都对酒泉十六国壁画墓形制、风格的影响为视角，讨论了以丁家闸五号墓、小土山墓为代表的酒泉十六国壁画墓的"纪念碑性"，力图对相关墓葬及其壁画做出较新的阐释。其中大多数内容虽在以往的研究中有所涉及，但毕竟未到柳暗花明的程度，本书或许在一定程度上可对相关问题研究的深入略尽绵薄之力。应该说，包括丁家闸五号墓、小土山墓在内的众多河西壁画墓的研究尚无定论，有待进一步的考古发现与研究来证明。笔者只是在现有材料的基础上做了些大胆的推测而已，目的在于促进对相关问题的进一步关注和研究。

---

① 甘肃省文物考古研究所：《酒泉十六国墓壁画》图版"西壁"之"墓主人"，文物出版社1989年版。

十　五凉文化及其历史贡献

"五凉文化"是指五凉时期融汉晋时期的中原文化、西域文化与河西地方文化于一体，发端或保存于河西地区，并经由后秦、北魏等政权重新输入中原地区，至隋唐得以振兴的中国传统文化。前凉张轨以后，河西社会环境比较安定，大批侨寓的中原学者和本土士人传习学业。特殊的地理环境与智力环境为五凉政权提供了文教振兴和学术昌明的条件。五凉特有的地理环境，大批学者的辛勤耕耘，使河西在经学、史学、文学、佛学、艺术等方面，都取得了巨大的成绩。五凉文化兼容并蓄、承前启后，在中国文化史上具有重要地位。

公元4—5世纪，是中国古代历史中的多事之秋。当时，先后有十六个政权在北方及巴蜀裂土分治，而号为华夏正统所在的东晋则偏安东南。秦汉以来作为政治、经济和文化中心的中原地区，成了各族首领厮杀的战场。各个政权无暇进行政治、经济和文化建设，因而出现了北方传统文化式微、华夏正统至于江南的情况。但就在这一时期，河西地区却出现了灿烂的"五凉文化"。所谓"五凉"，指十六国时期建立于今河西地区的五个割据政权，它们分别是汉族张氏建立的前凉、氐族吕氏建立的后凉、鲜卑秃发氏建立的南凉、汉族李氏建立的西凉以及卢水胡沮渠氏建立的北凉。而所谓"五凉文化"，即指五凉时期融汉晋时期的中原文化、西域文化与河西地方文化于一体，形成于河西地区，并经由后秦、北魏等政权重新输入中原地区，至隋唐得以振兴的中国传统文化。

(一) 五凉政权"文教兼设"

4—5世纪，在整个北方因战乱而致文化教育事业陷入衰落时，河西却峰回路转地出现了例外。除五凉特有的地理环境因素外，在很大程度上要归功于五凉政权"文教兼设"[1]的政策。

五凉推行"文教兼设"政策的一个重要原因，就是各政权创立者都有一定的文化素质。首先，张轨和李暠，他们一个出身陇右著姓，一个出身陇西世族，各有家学底蕴。其次，后凉吕光、南凉秃发乌孤、北凉沮渠蒙逊，他们虽分别生于氐、鲜卑、匈奴酋豪家庭，擅长弓马战阵，但长期生活在汉族文化圈内，都受到不同程度的汉化，并且钦慕华风，倾身儒雅。正因他们都有一定的文化素养，深知文化教育对政治统治的重要性，五凉积极的文教政策才有可能形成和贯彻。

五凉的文教政策及举措可概括为三个方面。其一是尊崇儒学和振兴教育。张轨治凉伊始，就以敦崇儒学为基点，开始振兴河西文化教育。恢复学校教育制度后，张轨又延聘人才，下令郡县举荐"高才硕学，著述经史"[2]者，以备选拔擢用。这样，又将文化教育学术与察举征辟结合起来，有助于鼓励士人和提倡尚学风气，推动河西文化逐步走向繁荣。前凉之后，南凉、西凉、北凉也都各按其国情和政治要求，将兴学重教作为立国之本。学校教育制度的恢复和陆续完善，为五凉培养了大批政治人才，有助于各政权文治的开展。同时，由于崇儒重教，推动了民间授学和著述之风转盛，其结果是河西地域文明程度的提高。所以史称："凉州虽地居戎域，然自张氏以来，号有华风。"[3]

其二是重视人才，优礼士人。对于知识分子，无论在朝或在野，也无论世居河西还是来自中原，五凉政权对他们采取的基本政策都是以礼致之和量才擢用。对深有造诣的知名学者，则给予政治殊荣，并为之创造学术条件。因此士林人物中除矢志隐逸者外，都甘心为当政者效力和服务。江

---

[1] 赵向群：《五凉史探》，甘肃人民出版社1996年版，第265—279页。
[2] 《晋书》卷八六《张轨传》，中华书局1974年版，第2224—2225页。
[3] 《魏书》卷四〇《胡叟传》，中华书局1974年版，第1150页。

琼、程骏、常爽、杜骥、裴诜等中原学者及其家族子弟"避地河西"期间，无一例外都受到张轨及其他五凉统治者的礼遇。这在凉州学者身上体现得更为明显。张轨对宋配，秃发傉檀对宗敞，李暠对刘昞，沮渠蒙逊对宋繇，都有这方面的佳话。

三是倡导民间学术文化活动。五凉时期，河西诸郡士人云集，文化氛围浓厚，民间教育家和学者辈出。五凉各政权积极的文化政策及振兴文教的举措，无疑对民间的文化学术活动起到了推波助澜的作用。原先已呈抬头之势的民间授学和著述之风，与正在恢复发展中的官学和官方学术活动并行不悖，相得益彰，形成了五凉时期河西文化教育多元化的格局。

（二）文化与学术的昌盛

五凉政权的积极文教政策和措施，河西在东学西渐和西学东渐中所处的文化地理位置，以及大批学者的辛勤耕耘和不倦于学，使河西地区在经学、史学、文学、佛学、艺术等方面，都取得了巨大的成绩。

首先是经学。五凉经学精英辈出，学术成果累累。郭瑀的《春秋墨说》《孝经错纬》、刘昞的《周易注》是代表之作。张湛、宗钦、段承根以左传卦解易，阚骃注王朗《易传》，使"学者藉以通经"①。江式《古今文字》②一书，更是将中原学术与河西学术融会贯通、珠联璧合的力作。

五凉时期，史学成就卓著，官私修史之风皆盛。前凉首创五凉史官制度，其他诸凉政权予以继承。官修史书著名者有前凉索绥的《凉春秋》③，北凉时期刘昞的《凉书》和《敦煌实录》④。私修史书最著名的是阚骃的《十三州志》⑤。官、私修史，使这一时期正史、稗史、实录、风俗记等各种类型和体例的史书琳琅满目。

文学方面，流传至今的五凉作品虽然为数不多，但见于史籍的书目却

---

① 《魏书》卷四〇《阚骃传》，中华书局1974年版，第1159页。
② 《魏书》卷九一《江式传》，中华书局1974年版，第1965页。
③ （清）汤球：《十六国春秋辑补》卷七〇《前凉录四》，中华书局1985年，第502页。
④ 《魏书》卷四〇《刘昞传》，中华书局1974年版，第1160页。
⑤ 《魏书》卷四〇《阚骃传》，中华书局1974年版，第1159页。

不少，诗、赋、散文皆有所成。以诗作而言，当推张骏《薤露行》《东门行》和女诗人苏蕙的《回文诗》。赋作为汉魏晋时期的文学作品形式，同样为五凉文学家们所擅长。西凉李暠的《述志赋》《槐树赋》《大酒客赋》等作品①，以表现对兵难频兴、世道沧桑、时俗喧竞的感伤为内容，在五凉文学史上占有重要地位。而其《诫子书》《上东晋朝廷表》与刘昞的《靖恭堂铭》则是散文名篇。

五凉对佛教东传起过重要作用。五凉统治者多崇信佛教，吸引东来西往的佛教僧侣驻足河西。竺法护②、佛图澄③、鸠摩罗什④、昙无谶⑤、师贤、释惠高等名僧大德都与河西有关。河西还有不少僧侣如沮渠京声、道泰、宝云、法盛、僧表等前往西域求取佛经，中原与江南也有许多僧人如法显、智严、法勇、支法等经河西前往西域求法。这也使敦煌、姑臧成为当时重要的译经中心。

五凉时期，河西艺术宝库中瑰宝荟萃，灿烂夺目。一是石窟艺术和墓室壁画。石窟艺术自不必说，嘉峪关、酒泉、高台等地发现的壁画墓中，有很大一部分为五凉墓葬，如著名的酒泉丁家闸五号墓、小土山墓即被认定为西凉时期的王侯墓葬，在中国绘画史、墓葬发展史上都具有重要地位。二是音乐舞蹈。五凉时期，西域乐舞传入河西，并经加工改造，形成具有地域特色的音乐和舞蹈艺术形式，被称为"西凉乐"。三是以姑臧为代表的城市建筑艺术。《晋书·张轨传》称："（张轨）大城姑臧。"⑥这是五凉修筑姑臧城的开始。张轨子张茂"复大城姑臧，修灵钧台"⑦，在

---

① 《晋书》卷八七《凉武昭王李玄盛传》，中华书局1974年版，第2257—2268页。
② 释慧皎撰，汤用彤校注：《高僧传》卷一《译经上·晋长安竺昙摩罗刹（竺法护）》，中华书局1992年版，第23—25页；汤用彤：《汉魏两晋南北朝佛教史》，中华书局1983年版，第114页。
③ 释慧皎撰，汤用彤校注：《高僧传》卷九《神异上·晋邺中竺佛图澄》，中华书局1992年版，第345—360页。
④ 释慧皎撰，汤用彤校注：《高僧传》卷二《译经中·晋长安鸠摩罗什》，中华书局1992年版，第45—60页。
⑤ 释慧皎撰，汤用彤校注：《高僧传》卷二《译经中·晋河西昙无谶》，中华书局1992年版，第76—85页。
⑥ 《晋书》卷八六《张轨传》，中华书局1974年版，第2222页。
⑦ 《晋书》卷八六《张轨传》，中华书局1974年版，第2232页。

其父的基础上对姑臧城进行修缮。张骏"又于姑臧城南筑城，起谦光殿……殿之四面各起一殿……其傍皆有直省内官寺署"①。张骏所筑，实际是一个以谦光殿为中心规模庞大的建筑群。截至北凉灭国，姑臧城"大城之中，小城有五"，结构已与唐代相近②。后人所谓"武威大城之中，小城有七"，其基础正是五凉所奠定。姑臧城中的具体建筑，除灵钧台、谦光殿及直省内官寺署外，还有闲豫堂、永训宫、万秋阁、龙翔殿、融明观等。另据史载，前凉姑臧城"街衢相通二十二门"③，其余"宫殿观阁"，多为前凉和以姑臧为都城的诸凉宫城建筑。宫殿观阁、二十二门之间，皆以"街衢相通"。而周长四十五里许的总体规模④，更使姑臧成为河西诸城之翘楚，在整个中国城市史上亦具有重要地位。⑤

此外，五凉时期民间文化的繁荣，也为五凉文化注入了丰富的营养。由于相关五凉时期史籍对民间文化鲜有记载，因此河西地区的大量考古文献成为了解五凉民间信仰、民众丧葬习俗等文化内容的重要凭借。《晋书》卷八六《张骏传》载："酒泉太守马岌上言：'酒泉南山，即昆仑之体也。周穆王见西王母，乐而忘归，即谓此山。此山有石室玉堂，焕若神宫。宜立西王母祠，以裨朝廷无疆之福。'骏从之。"⑥ 反映出河西西王母信仰的存在。本书所录五凉时期的镇墓文、墓券记载了大量该时期民众生活信息。"青鸟子""北辰""建除十二直"等民间信仰信息⑦，镇墓文、墓券纪年及其所反映的河西政局变化、民众王朝认同及其表达⑧等。这些看似与朝廷、州县管理无关的"江湖之远"处，正是更多的默默无闻的普通民众所构建的民间世界及其文化，使朝廷、州县的管理真正落到实

---

① 同上书，第 2237—2238 页。
② 贾小军：《魏晋十六国河西社会生活史》，甘肃人民出版社 2011 年版，第 103—109 页。
③ 郦道元：《水经注》，上海古籍出版社 1990 年版，第 765 页。
④ 贾小军《前凉姑臧城新探》，《"凉州与中国的文化交流与文明嬗变"学术研讨会论文集》，中西书局 2021 年版，第 57—76 页。
⑤ 贾小军：《魏晋十六国河西社会生活史》，甘肃人民出版社 2011 年版，第 112—116 页。
⑥ 《晋书》卷八六《张轨传》，中华书局 1974 年版，第 2240 页。
⑦ 详见贾小军《事死如事生：魏晋十六国河西镇墓文解读》，载《简牍学研究》第五辑，甘肃人民出版社 2014 年版。
⑧ 贾小军：《魏晋十六国河西出土文献纪年信息申论》，《敦煌研究》2016 年第 5 期。

处。延续了五百年之久的河西乡里制度①，最终将朝廷、州县和民众居住的乡里连成一体。

（三）承前启后的制度建设

五凉政权虽然都是十六国时期在河西地区建立起来的割据政权，但其在政治制度建设方面颇有成就，而这些政治制度往往上承汉晋，下启北朝隋唐，在中国中古政治制度变迁中具有突出地位。

五凉政权制度建设的突出成就，一是建立起可分三个阶段、两种模式的职官制度：即根据最高统治者称公、称王或称帝而建立其相应的"二府"（州府、军府）体制、王国官僚体制和帝国官僚体制；根据所处政治环境的需要和统治民族的不同等因素，形成基本承袭汉晋官制的前凉、西凉模式和以汉制为主、汉夷混杂的后凉、南凉、北凉模式②。二是承袭汉晋制度又有改易的地方行政制度。所谓承袭汉晋制度，是指五凉地方行政制度基本承袭汉晋以来地方行政体制中州、郡、县三级制的基本架构，在基层又设乡、里具体负责民事。如在本书所录镇墓文、墓券中，墓主乡里可考者镇墓文25例、墓券3例③，涉及乡里分别是东乡农居里、效谷东乡□□里、西乡、敦煌东乡□山里、敦煌郡效谷县东乡延寿里、敦煌郡西乡里、敦煌郡敦煌县东乡昌利里、敦煌郡敦煌县都乡里、敦煌郡敦煌县西乡里、建康郡表是县都乡杨下里，涉及前凉、前秦、后凉、西凉、北凉五个政权。所谓有所改易，主要体现在五凉政权在民族或边疆地区推行的护军制度④。三是保存、传承的汉晋礼仪制度。有关此点，前贤如陈寅恪先生

---

① 参见本书《下编》之《〈神玺二年八月□富昌镇墓文（一）〉考释》部分。
② 参见贾小军《五凉职官制度研究》，博士学位论文，西北师范大学，2015年。
③ 均为"建康郡表是县都乡杨下里"，分别是《建元十八年（382）正月高侯墓券（一）》《建元十八年（382）正月高侯墓券（二）》《建元十八年（382）正月高容男墓券》。
④ 代表性的研究成果主要有：严耕望《中国地方行政制度史·魏晋南北朝地方行政制度》，上海古籍出版社2007年版，第817—835页；高敏《十六国前秦、后秦时期的"护军"制》，《中国史研究》1992年第2期；张金龙《十六国"地方"护军制度补正》，《西北史地》1994年第4期；冯君实《魏晋官制中的护军》，载《魏晋南北朝史论集》，齐鲁书社1991年版；龚元建《五凉护军考述》，《敦煌学辑刊》1994年第1期。

早有宏论①，此不赘。四是籍账制度、户籍制度的推行。敦煌吐鲁番文书中的《西凉建初十二年（416）正月敦煌郡敦煌县西宕乡高昌里籍》②《北凉承阳二年（426）十一月籍》《前秦建元二十年（384）三月高昌郡高宁县都乡安邑里籍》③和《西魏大统十三年（547）等户籍计账残卷》④等，与近年来陆续公布的走马楼孙吴户籍简一起，为探讨书写材料变革前后，中国中古时期户籍格式、内容及其造籍制度发生的一系列变化，提供了至为重要的文本基础⑤。

（四）五凉文化的历史地位与影响

赵向群师指出："五凉时代所拥有的文明成果，已远远不是昔日那单一的中华文明所能概括得了的，它是在兼收并蓄中外文化精髓的基础上，糅进河西地域自己的文化成分而形成的庞大的文明集合体。它后来被隋唐社会所接纳，成为隋唐文明宝库的重要组成部分，从而也影响到我国文化史的发展。"⑥

公元301年前凉建立时，中原大地正经历着严重的战争洗劫。北方各族人民饱罹战乱苦难之余，不得不背井离乡，向南方及边缘地带流徙。河西地处西陲，又有山河关塞之隔，未受到中原战乱的波及，加之张轨建立前凉后，课农桑，兴文教，一时之间，"中原避乱来者日月相继"⑦。避乱流隅河西的人口当中，有西晋亡官失守的官吏，有历尽磨难的平民百姓，更有许多内地的著名学者。五凉统治者"礼而用之"的政策，使河西成为荟萃东西人才与文化成果的摇篮。

---

① 陈寅恪：《隋唐制度渊源略论稿》，中华书局1963年版，第4—81页。
② 中国科学院历史研究所资料室编：《敦煌资料》（第一辑），中华书局1961年版，第3—7页；郝春文主编：《英藏敦煌社会历史文献释录》第一卷，科学出版社2001年版，第183—189页。
③ 荣新江、李肖、孟宪实主编：《新获吐鲁番出土文献》，中华书局2008年版，第176—179页。
④ ［日］池田温：《中国古代籍帐研究》"录文与插图"，龚泽铣译，中华书局2007年版，第6—22页。
⑤ 参见张荣强《〈前秦建元二十年籍〉与汉唐间籍帐制度的变化》，《历史研究》2009年第3期；又载张荣强《汉唐籍帐制度研究》，商务印书馆2010年版，第222—266页。
⑥ 赵向群：《史不绝书的五凉文化·前言》，甘肃教育出版社2014年版。
⑦ 《晋书》卷八六《张轨传》，中华书局1974年版，第2225页。

流寓河西的内地官吏与文士，原本出自不同的学术流派。这些学者将他们的学业成果与河西文化联珠合璧，更显璀璨与宏丽。他们在河西业其所学、展其所长，还与河西学者互传其学，互相切磋，蔚然成风。北魏统一北方并迁徙河西豪望时，他们又大都迁居平城，中原大地从此激荡起河西文化的波澜。

在论及北魏、隋唐文化及典章制度的渊源时，陈寅恪先生指出："隋唐之制度虽极广博纷复，然究析其因素，不出三源：一曰（北）魏、（北）齐，二曰梁、陈，三曰（西）魏、周……又西晋永嘉之乱，中原魏晋以降之文化转移保存于凉州一隅，至北魏取凉州，而河西文化遂输入于魏，其后北魏孝文、宣武两代所制定之典章遂深受其影响，故此（北）魏、（北）齐之源其中亦有河西之一支派。"①"秦凉诸州西北一隅之地，其文化上续汉、魏、西晋之学风，下开（北）魏、（北）齐、隋唐之制度，承前启后，继绝扶衰，五百年间延绵一脉。"② 诚为确论。

五凉文化之所以对北魏、隋、唐诸代形成重大影响，首先基于北魏继承了五凉文化成果。五凉文化对北魏社会的影响是多方面的。笼统地讲，是五凉文化强化了北魏文化的多元格局；具体地讲，是五凉文化带来了北魏文教和政治的新局面。以对北魏政治的影响而言，主要表现在制作礼仪和规立典章两个方面③。孝文帝改革时，依靠李暠之孙李宝的后裔李冲、李韶、李延等，对继承来的礼乐资料进行排列修改，建立了属于北魏的乐仪制度。孝文帝制定律令，依靠的也是李冲和源贺等河西名族的后裔。之所以这些律令、朝仪、官制的制作过程都有河西士人后裔参与，乃是北魏政府充分考虑到李冲等人的家学功底，也考虑到河西是保存魏晋旧制最多的地方。由河西籍士人参与完成的典制，必然融汇了五凉时期的文化成果，是蕴其滥觞、集其大成的历史杰作。

---

① 陈寅恪：《隋唐制度渊源略论稿》，中华书局1963年版，第1—2页。
② 同上书，第41页。
③ 赵向群：《五凉史探》，甘肃人民出版社1996年版，第290—294页。

附 篇

敦煌新见镇墓文与魏晋十六国河西社会

新发掘的敦煌魏晋十六国墓群出土了一批镇墓文。这些镇墓文与以往的发现既有很多共同之处，也具有明显的独特性。其所携带的丰富社会历史信息，既补充了以往文献记载和考古发现的不足，也为研究者提供了深入认识敦煌乃至河西镇墓文的新视角，对研究魏晋十六国河西社会史具有重要的学术价值。

2014—2016 年，甘肃省文物考古研究所对敦煌佛爷庙湾—新店台墓群魏晋五凉墓葬进行了发掘，新发现一批用朱书或墨书书写镇墓文的镇墓陶斗瓶，共计 65 件。由于简报与正式发掘报告及时、高效发布，为我们深入了解这批镇墓文奠定了基础。[①] 这批镇墓文或清晰可见，或漫漶难识，仅就数量来讲，无疑是近年来考古发现的最大批量的镇墓文，而从其中内容全部或部分可见的镇墓文来看，携带着大量社会历史信息，具有重要的学术价值。本文在发掘简报及正式考古报告的基础上，拟对上述镇墓文进行初步考察，以期对镇墓文本身及魏晋五凉历史的研究有所助益。

一 校录与释读：新见魏晋十六国敦煌镇墓文

新发现的这批镇墓文内容丰富，现据简报、正式报告及相关整理、著录成果，依本书之前遵循的相关规范，对这批镇墓文进行命名、录文、释读。

例 1.《建兴廿二年（334）二月翟淮昭镇墓文》（一）[②]

[①] 甘肃省文物考古研究所：《甘肃敦煌佛爷庙湾墓群 2014 年发掘简报》，《文物》2019 年第 9 期；甘肃省文物考古研究所：《甘肃敦煌佛爷庙湾—新店台墓群曹魏、隋唐墓 2015 年发掘简报》，《文物》2019 年第 9 期；甘肃省文物考古研究所：《2015 年敦煌佛爷庙湾—新店台墓群Ⅲ区西晋十六国墓葬发掘简报》，《文博》2019 年第 5 期；甘肃省文物考古研究所编著：《敦煌佛爷庙湾—新店台墓群 2015 年度发掘报告》，甘肃教育出版社 2021 年版。

[②] 甘肃省文物考古研究所：《甘肃敦煌佛爷庙湾墓群 2014 年发掘简报》，《文物》2019 年第 9 期。

(14DFM61:13) 建兴廿二年二月/己亥朔十七□乙卯除东/乡昌利里民大女/翟□昭命薄早/终委与地下今日/告己故为汝□铅/人五谷□子左扶右/扶使汝□乐莫/相思苦莫想念□/□为□河道为□□/□□田异畔生人前/行死人却步不得相注/忤天注地注□注行注□/注月注日注□□□□/圣汝昏目□□□□/汝天□死为人地□□/生人□□死人□乡/□□如律/令

例2.《建兴廿二年（334）二月翟准昭镇墓文》（二）①

(14DFM61:18) 建兴廿二年二月己亥/朔十七乙卯除东/乡里民大女/翟准昭薄/命早终委与地下/今日告己□□□□铅/……/□□□人有□/死…乡以/诣…

例3.《建兴七年（319）十二月翟兴伯镇墓文》（一）②

(14DFM61:19) 建兴七年十/二月廿八日翟/兴伯薄命早终/天□□□/□□生人/前行死人/却步不相/注忤/死生异/路□□/……

例4.《建兴七年（319）十二月翟兴伯镇墓文》（二）③

(14DFM61:20) 建兴……月廿八日……兴……天……人……

例5.《麟加六年（394）二月钟满镇墓文》（一）④

(14DFM72:27) 麟加六年二月丙辰朔十（原"九"）日/乙丑敦

---

① 甘肃省文物考古研究所：《甘肃敦煌佛爷庙湾墓群2014年发掘简报》，《文物》2019年第9期。
② 甘肃省文物考古研究所：《甘肃敦煌佛爷庙湾墓群2014年发掘简报》，《文物》2019年第9期。
③ 甘肃省文物考古研究所：《甘肃敦煌佛爷庙湾墓群2014年发掘简报》，《文物》2019年第9期。
④ 甘肃省文物考古研究所：《甘肃敦煌佛爷庙湾墓群2014年发掘简报》，《文物》2019年第9期。

煌郡敦煌／县都乡里民钟／满命绝身死今下斗／瓶铅人五谷谷当／地上……／……／路不得相主忤便利／生人如律令／钟满

例6.《麟加六年（394）二月钟满镇墓文》（二）[①]

（14DFM72∶28）麟加六年二月丙辰朔／十（原"九"）日（原"月"）乙丑敦煌郡／敦煌县都乡里／民钟满命绝身／死今下斗瓶铅／人五谷谷当地上／之罚用死者自受转／咎生死各异路／不得相主午便／利生人如律令／钟满

例7.《甘露三年（258）六月窦阿子镇墓文》（一）[②]

（15DFXIM9∶23）甘露三年六月甲子朔／六日己巳直开窦氏／之家后死者阿子今／谨送铅人一双五／谷以续百廿□会／须铅人腐五谷生／乃复承为地置根／为奴先移央转咎／后利父母及以兄弟天／寇死通罚不□阿／子死日致八魁九／坎天□□／岁月转……他／家人□□□让／莫解□伏令曾／青赤粟以代重／重复之家如／律律令

例8.《甘露三年（258）六月窦阿子镇墓文》（二）[③]

（15DFXIM9∶24）甘露三年六月甲子朔六／日己巳直开窦氏／之家后死者阿子／谨送铅人一双／五谷以续百廿岁／会须铅人腐五谷／生乃复承为地置□／根为……／咎后利父母及以兄／弟天寇□过罚／不再……／八魁九坎……／罗……／与他家人参／……让莫◎／难伏令曾青

[①] 甘肃省文物考古研究所：《甘肃敦煌佛爷庙湾墓群2014年发掘简报》，《文物》2019年第9期。

[②] 甘肃省文物考古研究所编著：《敦煌佛爷庙湾—新店台墓群2015年度发掘报告》，甘肃教育出版社2021年版，第91—92页；[日]关尾史郎编：《2015年度敦煌佛爷庙湾—新店台墓群出土镇墓瓶铭（镇墓文）集成》，2022年2月10日Nakazato Labo（https://note.com/nakazato211/）发行，第3—4页。

[③] 甘肃省文物考古研究所编著：《敦煌佛爷庙湾—新店台墓群2015年度发掘报告》，第91—93页；[日]关尾史郎编：《2015年度敦煌佛爷庙湾—新店台墓群出土镇墓瓶铭（镇墓文）集成》，第5—6页。

赤/粟以……/家如律令

例9.《正元二年（255）正月窦令女镇墓文》（一）①（图1）

（15DFXIM9：25）正元二年正月甲寅/朔廿六日己卯窦/氏之家后死者令女/今◉谨送铅人一/双五谷以续/百廿岁会□□/铅人会五……/乃……须……/……/……母……/……天……/转……/家人……/铅人……/解难伏□□/青赤粟与□□/复之家如……

例10.《正元二年（255）正月窦令女镇墓文》（二）②

（15DFXIM9：27）正元二年正月甲寅/朔廿六日己卯窦/氏之家后死者/令女今谨送汝/铅人一双五谷以续/百廿岁会须复/铅人会五谷生/乃得复承为地/置根为奴先移/央转咎后利父/及以弟兄天寇□/过罚不得再/令女死日致意/八魁九坎天□/□罗岁月转/更持与他家/人参远志铅人/□政让莫解难/伏令曾青赤粟与/代重复之家□/如律令

例11.《正始七年（246）十一月窦□□镇墓文》（一）③（图2）

（15DFXIM9：34）正始七年十一月壬申朔廿/六日丁酉直收窦/氏之家后死者□/□今谨送铅人一双/五谷以续百廿岁/□□□□铅人会/……复承（死？）/……为奴先/□□转咎后利父母/及以弟兄天寇所过/罚不得

---

① 甘肃省文物考古研究所编著：《敦煌佛爷庙湾—新店台墓群2015年度发掘报告》，甘肃教育出版社2021年版，第92—93页；[日]关尾史郎编：《2015年度敦煌佛爷庙湾—新店台墓群出土镇墓瓶铭（镇墓文）集成》，第7—8页。

② 甘肃省文物考古研究所编著：《敦煌佛爷庙湾—新店台墓群2015年度发掘报告》，甘肃教育出版社2021年版，第94—95页；[日]关尾史郎编：《2015年度敦煌佛爷庙湾—新店台墓群出土镇墓瓶铭（镇墓文）集成》，第9—10页。

③ 甘肃省文物考古研究所编著：《敦煌佛爷庙湾—新店台墓群2015年度发掘报告》，甘肃教育出版社2021年版，第94—96页；[日]关尾史郎编：《2015年度敦煌佛爷庙湾—新店台墓群出土镇墓瓶铭（镇墓文）集成》，第11—12页。

附篇　敦煌新见镇墓文与魏晋十六国河西社会　/　247

再□□/死日致□八魁□/坎天□□罗/岁月转更□/与他家铅人□政/人参远◎让/莫解难伏令/曾青赤粟与/代重复之/家如律/令

例12.《正始七年（246）十一月窦□□镇墓文》（二）①

（15DFXIM9：35）　正□□年十一月壬申朔廿六/日丁酉直◎窦◎/氏之家后……/……铅人……/……/……鬼九……天/……铅人……/……/……复……/……令

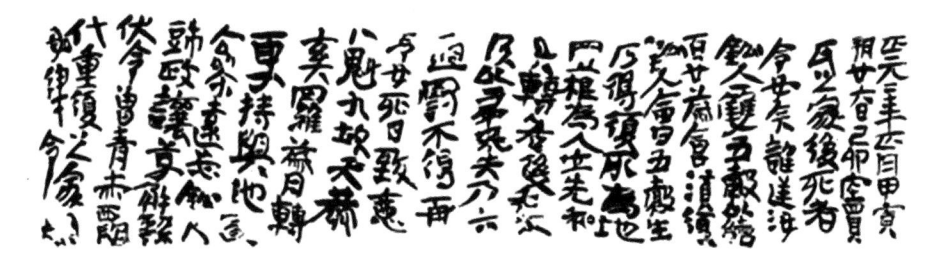

图 1　正元二年（255）正月窦令女镇墓文②

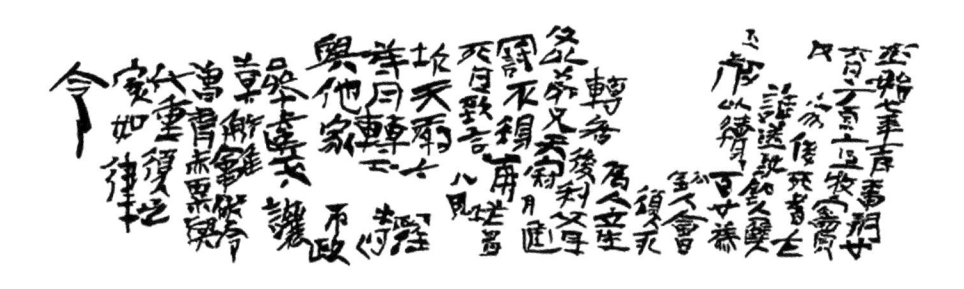

图 2　正始七年（247）十一月窦某镇墓文③

---

①　甘肃省文物考古研究所编著：《敦煌佛爷庙湾—新店台墓群2015年度发掘报告》，甘肃教育出版社2021年版，第95—96页；［日］关尾史郎编：《2015年度敦煌佛爷庙湾—新店台墓群出土镇墓瓶铭（镇墓文）集成》，第13页。

②　甘肃省文物考古研究所：《甘肃敦煌佛爷庙湾—新店台墓群曹魏、隋唐墓2015年发掘简报》图五之3，《文物》2019年第9期。

③　甘肃省文物考古研究所：《甘肃敦煌佛爷庙湾—新店台墓群曹魏、隋唐墓2015年发掘简报》图五之5，《文物》2019年第9期。

248 / 魏晋十六国河西镇墓文、墓券整理研究

例13.《年次未详某人镇墓文》①

（15DFXⅡM5∶4）……/……/……/生……/如律令/□□□

例14.《建兴廿◎年某人镇墓文》②

（15DFXⅡM5∶7）建兴廿◎年十二/月……六日◎/子……/今……/……/人……重/子◎……/◎不……/……◎/天……月……/◎如……

例15.《建兴九年（321）某人镇墓文》③

（15DFXⅡM25∶14）建兴九年□□□/……/……之◎/身死□□□/值八魁九坎□/□天注地注/月注时注/生死各异/路千秋□/岁不……/相注□/便利生/人如律/令

例16.《建兴廿五（337）年某人镇墓文》④：

（15DFXⅢM6∶1）建兴廿五年□□/戊子朔……/……之日/死……/……

---

① 甘肃省文物考古研究所编著：《敦煌佛爷庙湾—新店台墓群2015年度发掘报告》，甘肃教育出版社2021年版，第149页，第151页；[日]关尾史郎编：《2015年度敦煌佛爷庙湾—新店台墓群出土镇墓瓶铭（镇墓文）集成》，第14页。

② 甘肃省文物考古研究所编著：《敦煌佛爷庙湾—新店台墓群2015年度发掘报告》，甘肃教育出版社2021年版，第149—151页；[日]关尾史郎编：《2015年度敦煌佛爷庙湾—新店台墓群出土镇墓瓶铭（镇墓文）集成》，第15页。

③ 甘肃省文物考古研究所编著：《敦煌佛爷庙湾—新店台墓群2015年度发掘报告》，甘肃教育出版社2021年版，第217—218页；[日]关尾史郎编：《2015年度敦煌佛爷庙湾—新店台墓群出土镇墓瓶铭（镇墓文）集成》，第16页。

④ 甘肃省文物考古研究所编著：《敦煌佛爷庙湾—新店台墓群2015年度发掘报告》，甘肃教育出版社2021年版，第245—246页；[日]关尾史郎编：《2015年度敦煌佛爷庙湾—新店台墓群出土镇墓瓶铭（镇墓文）集成》，第17页。

附篇　敦煌新见镇墓文与魏晋十六国河西社会　/　249

例17.《年次未详某人镇墓文》①：

（15DFXⅢM7∶1）……/……/……/天注/地注/生注/死注/……/令

例18.《年次未详某人镇墓文》②：

（15DFXⅢM13∶1）……豆……

例19.《建兴五年（317）四月王舜姜镇墓文》（图3）③

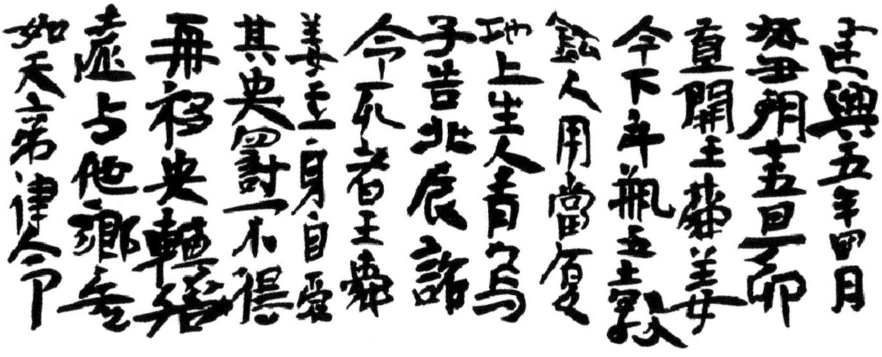

图3　建兴五年（317）四月王舜姜镇墓文

---

① 甘肃省文物考古研究所编著：《敦煌佛爷庙湾—新店台墓群2015年度发掘报告》，甘肃教育出版社2021年版，第249页；[日]关尾史郎编：《2015年度敦煌佛爷庙湾—新店台墓群出土镇墓瓶铭（镇墓文）集成》，第18页。

② 甘肃省文物考古研究所编著：《敦煌佛爷庙湾—新店台墓群2015年度发掘报告》，甘肃教育出版社2021年版，第266—267页；[日]关尾史郎编：《2015年度敦煌佛爷庙湾—新店台墓群出土镇墓瓶铭（镇墓文）集成》，第19页。

③ 甘肃省文物考古研究所：《2015年敦煌佛爷庙湾——新店台墓群Ⅲ区西晋十六国墓葬发掘简报》图一三之8，《文博》2019年第5期；甘肃省文物考古研究所编著：《敦煌佛爷庙湾—新店台墓群2015年度发掘报告》，甘肃教育出版社2021年版，第318—319页；[日]关尾史郎编：《2015年度敦煌佛爷庙湾—新店台墓群出土镇墓瓶铭（镇墓文）集成》，第20页。

（15DFXⅢM26∶25）建兴五年四月/癸丑朔十五日丁卯/直开王舜姜/今下斗瓶五谷/铅人用当复/地上生人青乌/子告北辰诏/令死者王舜/姜女（汝）身自受/其央罚不得/再移央转咎/远与他乡各/如天帝律令

例20.《建兴五年（317）四月王舜姜镇墓文》①

（15DFXⅢM26∶26）建兴五年四月/癸丑朔十五日丁/卯直开王舜/姜今下斗瓶/五谷铅人用当/复地上生人青/乌子告北辰/诏令死者王/舜姜女（汝）身自/受其央罚不/得再移央转/咎远与他乡/各如天帝律令

例21.《年次未详某人镇墓文》②

（15DFXⅢM26∶39）……/……

例22.《年次未详五月某人镇墓文》③：

（15DFXⅢM27∶11）……年五月寅……/……王……/……斗瓶五……/…死者…/◎…◎地…/人……/九…令死……

---

① 甘肃省文物考古研究所：《2015年敦煌佛爷庙湾——新店台墓群Ⅲ区西晋十六国墓葬发掘简报》图一三之8，《文博》2019年第5期；甘肃省文物考古研究所编著：《敦煌佛爷庙湾—新店台墓群2015年度发掘报告》，甘肃教育出版社2021年版，第318—319页；[日]关尾史郎编：《2015年度敦煌佛爷庙湾—新店台墓群出土镇墓瓶铭（镇墓文）集成》，第21页。

② 甘肃省文物考古研究所编著：《敦煌佛爷庙湾—新店台墓群2015年度发掘报告》，甘肃教育出版社2021年版，第318页；[日]关尾史郎编：《2015年度敦煌佛爷庙湾—新店台墓群出土镇墓瓶铭（镇墓文）集成》，第22页。

③ 甘肃省文物考古研究所编著：《敦煌佛爷庙湾—新店台墓群2015年度发掘报告》，甘肃教育出版社2021年版，第327—329页；[日]关尾史郎编：《2015年度敦煌佛爷庙湾—新店台墓群出土镇墓瓶铭（镇墓文）集成》，第23页。

附篇　敦煌新见镇墓文与魏晋十六国河西社会　/　251

例23.《建兴十七年（329）八月王婉姬镇墓文》（一）①：

（15DFXⅢM27：22）建兴十七年八月/辛未朔十二日壬午/直收王婉姬汝/自薄命早殃/算尽受/穷汝自死◎/……/者……/人……/……/令

例24.《建兴十七年（329）八月王宛（婉）姬镇墓文》（二）②：

（15DFXⅢM27：28）建兴十七年八月/辛未朔十二日壬午直收/王宛姬汝身/自薄命早终算/尽受穷汝◎/往应苦莫相/念乐莫相思/从别之后◎/令死者注件/生人祠祀◎/◎◎激郭死/千秋万岁/不复得会/如法律/令

例25.《年次未详某人镇墓文》③：

（15DFXⅢM27：50）◎…元/十一◎廿一/……

例26.《年次未详某人镇墓文》④：

---

① 甘肃省文物考古研究所编著：《敦煌佛爷庙湾—新店台墓群2015年度发掘报告》，甘肃教育出版社2021年版，第328—329页；[日]关尾史郎编：《2015年度敦煌佛爷庙湾—新店台墓群出土镇墓瓶铭（镇墓文）集成》，第24页。
② 甘肃省文物考古研究所编著：《敦煌佛爷庙湾—新店台墓群2015年度发掘报告》，甘肃教育出版社2021年版，第328—329页；[日]关尾史郎编：《2015年度敦煌佛爷庙湾—新店台墓群出土镇墓瓶铭（镇墓文）集成》，第25页。
③ 甘肃省文物考古研究所编著：《敦煌佛爷庙湾—新店台墓群2015年度发掘报告》，甘肃教育出版社2021年版，第329—330页。
④ 甘肃省文物考古研究所编著：《敦煌佛爷庙湾—新店台墓群2015年度发掘报告》，甘肃教育出版社2021年版，第358—359页；[日]关尾史郎编：《2015年度敦煌佛爷庙湾—新店台墓群出土镇墓瓶铭（镇墓文）集成》，第26页。

(15DFX Ⅲ M33：4) ……/……/……/……/……/……/……

例27.《年次未详某人镇墓文》①：

(15DFXⅢM33：16) ……/……/……/……

例28.《年次未详某人陶钵文》②：

(15DFXⅢM41：22) 小甑/◎各十枚不错谬

例29.《年次未详某人镇墓文》③：

(15DFX Ⅲ M46：9) ……/…… 青子已/子直危死/…… 阿◎死/……/……/……/律令

例30.《正元二年（255）十二月某人镇墓文》（一）④：

(15DFXIVM1：20) 正元二年十/二月……/甲寅◎朔十/日丙寅◎/子？◎男？/之身死/下……/……/…令？/…/子？……/告？

---

① 甘肃省文物考古研究所编著：《敦煌佛爷庙湾—新店台墓群2015年度发掘报告》，甘肃教育出版社2021年版，第358—359页；[日]关尾史郎编：《2015年度敦煌佛爷庙湾—新店台墓群出土镇墓瓶铭（镇墓文）集成》，第27页。
② 甘肃省文物考古研究所编著：《敦煌佛爷庙湾—新店台墓群2015年度发掘报告》，甘肃教育出版社2021年版，第390—391页；[日]关尾史郎编：《2015年度敦煌佛爷庙湾—新店台墓群出土镇墓瓶铭（镇墓文）集成》，第28页。
③ 甘肃省文物考古研究所编著：《敦煌佛爷庙湾—新店台墓群2015年度发掘报告》，甘肃教育出版社2021年版，第408—409页；[日]关尾史郎编：《2015年度敦煌佛爷庙湾—新店台墓群出土镇墓瓶铭（镇墓文）集成》，第29页。
④ 甘肃省文物考古研究所编著：《敦煌佛爷庙湾—新店台墓群2015年度发掘报告》，甘肃教育出版社2021年版，第457—459页；[日]关尾史郎编：《2015年度敦煌佛爷庙湾—新店台墓群出土镇墓瓶铭（镇墓文）集成》，第30页。

北？……/……/…之死…/……/天死者…/受其央/不加两◎/……远他/乡如律……

例31.《正元二年（255）十二月某人镇墓文》（二）①：

（15DFXIVM1：24）正元二年…/…月…/……/…月……/……/……/……/……/……/铅…/……/死者…/受其……/

例32.《建兴二年（314）七月某人镇墓文》②：

（15DFXIVM3：15）建兴二年七月/□□朔五日□□直/开□□□□□/□□□□阿□/……/……/□□相注件/……/…万岁/……注件？/人前？行□死人却/步各如律/令

例33.《年次未详某人镇墓文》③：

（15DFXIVM3：18）……/……/……/……/…令…/……/……/……/……/……

例34.《永兴二年（305）十一月某人镇墓文》（一）④：

---

① 甘肃省文物考古研究所编著：《敦煌佛爷庙湾—新店台墓群2015年度发掘报告》，甘肃教育出版社2021年版，第458—459页；[日]关尾史郎编：《2015年度敦煌佛爷庙湾—新店台墓群出土镇墓瓶铭（镇墓文）集成》，第31页。
② 甘肃省文物考古研究所编著：《敦煌佛爷庙湾—新店台墓群2015年度发掘报告》，甘肃教育出版社2021年版，第468—470页；[日]关尾史郎编：《2015年度敦煌佛爷庙湾—新店台墓群出土镇墓瓶铭（镇墓文）集成》，第32页。
③ 甘肃省文物考古研究所编著：《敦煌佛爷庙湾—新店台墓群2015年度发掘报告》，甘肃教育出版社2021年版，第469—470页；[日]关尾史郎编：《2015年度敦煌佛爷庙湾—新店台墓群出土镇墓瓶铭（镇墓文）集成》，第33页。
④ 甘肃省文物考古研究所编著：《敦煌佛爷庙湾—新店台墓群2015年度发掘报告》，甘肃教育出版社2021年版，第474—477页；[日]关尾史郎编：《2015年度敦煌佛爷庙湾—新店台墓群出土镇墓瓶铭（镇墓文）集成》，第34页。

（15DFXIVM4：16）永兴二年十一月己□□/十□……/……/……死今/下斗？瓶？铅？人五穀？……难/子用……复…/生人……/者……央罚/不得□□移央？/转□？与他乡各/如律令

例35.《永兴二年（305）十一月某人镇墓文》（二）①：

（15DFXIVM4：17）永兴二年十一月己未朔/十五日癸卯直平效/穀？乡延寿里/……/◎死◎复…/九坎今□□/……注岁注□/……注□生死/……异路千万□/不得相注件/生人前/行死人步/各如律令

例36.《年次未详某人镇墓文》②：

（15DFXIVM4：18）……/癸卯（丑？）……/胡秋？……/不……/九坎……/不（下？）注……/注……/……自……/千……/相注……/……令

例37.《年次未详某人镇墓文》③：

（15DFXIVM5：16）死者……/……生◎莫注□/……送/……/会故难/……五谷/……/……

---

① 甘肃省文物考古研究所编：《敦煌佛爷庙湾—新店台墓群2015年度发掘报告》，甘肃教育出版社2021年版，第476—477页；[日]关尾史郎编：《2015年度敦煌佛爷庙湾—新店台墓群出土镇墓瓶铭（镇墓文）集成》，第35页。

② 甘肃省文物考古研究所编：《敦煌佛爷庙湾—新店台墓群2015年度发掘报告》，甘肃教育出版社2021年版，第476—477页；[日]关尾史郎编：《2015年度敦煌佛爷庙湾—新店台墓群出土镇墓瓶铭（镇墓文）集成》，第36页。

③ 甘肃省文物考古研究所编：《敦煌佛爷庙湾—新店台墓群2015年度发掘报告》，甘肃教育出版社2021年版，第481—482页；[日]关尾史郎编：《2015年度敦煌佛爷庙湾—新店台墓群出土镇墓瓶铭（镇墓文）集成》，第37页。

附篇　敦煌新见镇墓文与魏晋十六国河西社会　/　255

例38.《年次未详某人镇墓文》①：

（15DFXIVM5：17）◎……/死者……/……生人/今给？五/谷黑豆/荔子……/……急/如律令……

例39.《年次未详某人镇墓文》②：

（15DFXIVM6：13）令死者/莫注/件生人/生死异/路生人/前行死/人却步/有十□/令故□/黑豆/荔子□/□□/罗如律令

例40.《年次未详某人镇墓文》③：

（15DFXIVM19：10）……□（人？）/□注□注/□注□注/生注死/注一切百/注尽消/□如律/令

例41.《建兴某年九月马某镇墓文》④：

（15DFXIVM22：12）建兴□□□/九月□子朔□□/壬子马□□/之家身死日/不得适值？/八魁九坎□/解天注□注/岁注月注日？/注时注生死/各自异路/千秋万岁/不得相注/件便利生？人？/□如律令

---

①　甘肃省文物考古研究所编著：《敦煌佛爷庙湾—新店台墓群2015年度发掘报告》，甘肃教育出版社2021年版，第481—482页；[日]关尾史郎编：《2015年度敦煌佛爷庙湾—新店台墓群出土镇墓瓶铭（镇墓文）集成》，第38页。

②　甘肃省文物考古研究所编著：《敦煌佛爷庙湾—新店台墓群2015年度发掘报告》，甘肃教育出版社2021年版，第486—487页；[日]关尾史郎编：《2015年度敦煌佛爷庙湾—新店台墓群出土镇墓瓶铭（镇墓文）集成》，第39页。

③　甘肃省文物考古研究所编著：《敦煌佛爷庙湾—新店台墓群2015年度发掘报告》，甘肃教育出版社2021年版，第537—538页；[日]关尾史郎编：《2015年度敦煌佛爷庙湾—新店台墓群出土镇墓瓶铭（镇墓文）集成》，第40页。

④　甘肃省文物考古研究所编著：《敦煌佛爷庙湾—新店台墓群2015年度发掘报告》，甘肃教育出版社2021年版，第547—548页；[日]关尾史郎编：《2015年度敦煌佛爷庙湾—新店台墓群出土镇墓瓶铭（镇墓文）集成》，第41页。

例42.《建兴卅一年（343）二月马阿景镇墓文》（一）①：

（15DFXIVM22：14）卅一年二月日／死者马阿景／汝自薄命早／终算尽寿／穷汝死见／重复八魁九／坎大山长问／死者阿景／自往应之苦／莫相念乐／莫相思从／别以后／□□死者／注仵生人／急急如／律令

例43.《建兴卅一年（343）二月马阿景镇墓文》（二）②：

（15DFXIVM22：28）卅一年二月日／死者马阿景／汝死薄命早／终算尽寿穷／汝死见重复／八魁九坎大山／长问死者／阿景汝往／应之苦莫／相念乐莫／相思从别／以后无令／死者注仵／生人急急／如律令

例44.《建兴某年十二月马□难镇墓文》③：

（15DFXIVM23：25）建兴□□年十二月己□／朔十六日甲子直／开马□难身／死今下斗瓶五／谷铅人用当／重复地？上？／生人青乌子／北辰诏□□／得注生人死者自／……／加两移央转／咎远与他乡／各如律令

---

① 甘肃省文物考古研究所编著：《敦煌佛爷庙湾—新店台墓群2015年度发掘报告》（简称《报告》），甘肃教育出版社2021年版，第547—549页；[日]关尾史郎编：《2015年度敦煌佛爷庙湾—新店台墓群出土镇墓瓶铭（镇墓文）集成》（简称《集成》），第43页。按，《报告》与《集成》均录作"廿一年"，据图版、摹本并参考《建兴三十一年（343）三月吴仁姜镇墓文》（甘肃文物考古研究所等：《敦煌祁家湾》，文物出版社1994年版，第111页）改。

② 甘肃省文物考古研究所编著：《敦煌佛爷庙湾—新店台墓群2015年度发掘报告》（简称《报告》），甘肃教育出版社2021年版，第547页、第549页；[日]关尾史郎编：《2015年度敦煌佛爷庙湾—新店台墓群出土镇墓瓶铭（镇墓文）集成》（简称《集成》），第44—45页。按，《报告》与《集成》均录作"廿一年"，据图版、摹本并参考《建兴三十一年（343）三月吴仁姜镇墓文》（甘肃文物考古研究所等：《敦煌祁家湾》，文物出版社1994年版，第111页）改。

③ 甘肃省文物考古研究所编著：《敦煌佛爷庙湾—新店台墓群2015年度发掘报告》，甘肃教育出版社2021年版，第557页、第559页；[日]关尾史郎编：《2015年度敦煌佛爷庙湾—新店台墓群出土镇墓瓶铭（镇墓文）集成》，第46页。

例 45.《建兴十年？（322?）十二月某人镇墓文》①：

（15DFXIVM23：27）建兴十年？十二月□□/朔十□□甲子直□/……/下斗瓶五谷铅/人……/……/……

例 46.《年次未详张兴兴镇墓文》（一）②：

（15DFXIVM28：10）……/□□之伍主□/□地□□己/□□气□/□□方□令/张兴兴之◎/□有□祸殃/生者以天为/界死者以地/◎界□□/……/……令

例 47.《年次未详张兴兴镇墓文》（二）③：

（15DFXIVM28：11）西方庚辛太/白之精□□/之□主岁注/人门□己□/气□□□/方不令□/与□之身□/有□祸殃生者/以天为界死者/以地为界如律/令

例 48.《年次未详某人镇墓文》④：

---

① 甘肃省文物考古研究所编著：《敦煌佛爷庙湾—新店台墓群 2015 年度发掘报告》，甘肃教育出版社 2021 年版，第 557—559 页；[日] 关尾史郎编：《2015 年度敦煌佛爷庙湾—新店台墓群出土镇墓瓶铭（镇墓文）集成》，第 47 页。
② 甘肃省文物考古研究所编著：《敦煌佛爷庙湾—新店台墓群 2015 年度发掘报告》，甘肃教育出版社 2021 年版，第 581—582 页；[日] 关尾史郎编：《2015 年度敦煌佛爷庙湾—新店台墓群出土镇墓瓶铭（镇墓文）集成》，第 48 页。
③ 甘肃省文物考古研究所编著：《敦煌佛爷庙湾—新店台墓群 2015 年度发掘报告》，甘肃教育出版社 2021 年版，第 581—582 页；[日] 关尾史郎编：《2015 年度敦煌佛爷庙湾—新店台墓群出土镇墓瓶铭（镇墓文）集成》，第 49 页。
④ 甘肃省文物考古研究所编著：《敦煌佛爷庙湾—新店台墓群 2015 年度发掘报告》，甘肃教育出版社 2021 年版，第 583 页；[日] 关尾史郎编：《2015 年度敦煌佛爷庙湾—新店台墓群出土镇墓瓶铭（镇墓文）集成》，第 50 页。

(15DFXIVM28：16) ……/复……生者天……

例49.《咸宁四年（402）十一月某人镇墓文》（一）①：

（15DFXVM3：1）咸宁四年十一月/□□□令己卯/□□薄命/早终生人/前行死人/却步生死各/异路不得/……/铅人斗瓶/五谷□/急□如/律令

例50.《咸宁四年（402）十一月某人镇墓文》（二）②：

（15DFXVM3：21）咸……/而……/目……/主……/生人……/郭……天日…/注…铅人…瓶/五……

例51.《年次未详某人镇墓文》③：

（15DFXVM6：6）……/……/……/……/…… □ 言？□件…/……

例52.《年次未详某人镇墓文》④：

---

① 甘肃省文物考古研究所编著：《敦煌佛爷庙湾—新店台墓群2015年度发掘报告》，甘肃教育出版社2021年版，第591—593页；[日] 关尾史郎编：《2015年度敦煌佛爷庙湾—新店台墓群出土镇墓瓶铭（镇墓文）集成》，第51页。
② 甘肃省文物考古研究所编著：《敦煌佛爷庙湾—新店台墓群2015年度发掘报告》，甘肃教育出版社2021年版，第593—594页；[日] 关尾史郎编：《2015年度敦煌佛爷庙湾—新店台墓群出土镇墓瓶铭（镇墓文）集成》，第52页。
③ 甘肃省文物考古研究所编著：《敦煌佛爷庙湾—新店台墓群2015年度发掘报告》，甘肃教育出版社2021年版，第605页，第607页；[日] 关尾史郎编：《2015年度敦煌佛爷庙湾—新店台墓群出土镇墓瓶铭（镇墓文）集成》，第53页。
④ 甘肃省文物考古研究所编著：《敦煌佛爷庙湾—新店台墓群2015年度发掘报告》，甘肃教育出版社2021年版，第605页，第607页；[日] 关尾史郎编：《2015年度敦煌佛爷庙湾—新店台墓群出土镇墓瓶铭（镇墓文）集成》，第54页。

附篇　敦煌新见镇墓文与魏晋十六国河西社会　/　259

（15DFXVM6：7）……/……/……/……/□（下）……/……/令

例53.《年次未详某人镇墓文》[①]：

（15DFXVM7：11）……/元？……/……/月 注？……/……/……/……

例54.《年次未详某人镇墓文》[②]：

（15DFXVM8：17）□注自注……/□注生注……/路□□前行□/步□为□…/……/……/……/……/万岁……/……/殃除□□□/□

例55.《甘露元年（256）十二月孙彦通镇墓文》（一）[③]

（15DFXⅥM16：16）甘露元年□□□/卯朔廿九日□□/东乡农……/…死…/……/千秋……/□得……/……/……

例56.《甘露元年（256）十二月孙彦通镇墓文》（二）[④]

[①] 甘肃省文物考古研究所编著：《敦煌佛爷庙湾—新店台墓群2015年度发掘报告》，甘肃教育出版社2021年版，第610—611页；[日]关尾史郎编：《2015年度敦煌佛爷庙湾—新店台墓群出土镇墓瓶铭（镇墓文）集成》，第55页。

[②] 甘肃省文物考古研究所编著：《敦煌佛爷庙湾—新店台墓群2015年度发掘报告》，甘肃教育出版社2021年版，第614页，第616页；[日]关尾史郎编：《2015年度敦煌佛爷庙湾—新店台墓群出土镇墓瓶铭（镇墓文）集成》，第56页。

[③] 甘肃省文物考古研究所编著：《敦煌佛爷庙湾—新店台墓群2015年度发掘报告》，甘肃教育出版社2021年版，第702页，第704页；[日]关尾史郎编：《2015年度敦煌佛爷庙湾—新店台墓群出土镇墓瓶铭（镇墓文）集成》，第57页。

[④] 甘肃省文物考古研究所编著：《敦煌佛爷庙湾—新店台墓群2015年度发掘报告》，甘肃教育出版社2021年版，第702—704页；[日]关尾史郎编：《2015年度敦煌佛爷庙湾—新店台墓群出土镇墓瓶铭（镇墓文）集成》，第58—59页。

（15DFXⅥM16：17）即日记/甘露元年十二月/癸卯朔廿九日辛未/东乡农居里民/孙彦通汝自◎/命蚕终算尽/寿穷医药不/能治死见重复/八魁九坎与同□/太山长生汝自往/应之苦莫想念/乐莫相思□/……风□……/下二千石□□/……/以……死者/注忤生人□□/与死者……/◎河……/……/……千秋……/……

例57.《建兴廿二年（334）某人镇墓文》①：

（15DFXⅥM17：19）廿二……/……/……/……/□生人□□诏令□□□/……两/……转咎/远与他乡/……/如律令

例58.《建兴十一年（323）王凤子镇墓文》（一）②：

（15DFX Ⅵ M22：6）建兴十一年□□/七日癸巳直开/□□□□□/王凤子汝自/薄命早终□/……/相思苦莫□□/……八魁九坎/太山长□□见◎/……/□千石……/……道

例59.《建兴十一年（323）王凤子镇墓文》（二）③：

（15DFX Ⅵ M22：7）建兴十一年□□/七日癸巳直开/□□□□□/王凤子汝自/薄命早终□/……算尽寿穷乐/莫相思苦莫

---

① 甘肃省文物考古研究所编著：《敦煌佛爷庙湾—新店台墓群2015年度发掘报告》，甘肃教育出版社2021年版，第707—708页；[日] 关尾史郎编：《2015年度敦煌佛爷庙湾—新店台墓群出土镇墓瓶铭（镇墓文）集成》，第60页。
② 甘肃省文物考古研究所编著：《敦煌佛爷庙湾—新店台墓群2015年度发掘报告》，甘肃教育出版社2021年版，第720页，第722页；[日] 关尾史郎编：《2015年度敦煌佛爷庙湾—新店台墓群出土镇墓瓶铭（镇墓文）集成》，第61页。
③ 甘肃省文物考古研究所编著：《敦煌佛爷庙湾—新店台墓群2015年度发掘报告》，甘肃教育出版社2021年版，第720—722页；[日] 关尾史郎编：《2015年度敦煌佛爷庙湾—新店台墓群出土镇墓瓶铭（镇墓文）集成》，第62页。

/相念见重复/八魁九坎太山/长问……/……/□□□□□/□□为界河/道为□□生◎/前如……

例60.《年次未详某人镇墓文》①：

（15DFXVIIM2：7）死者当/自受/其注/不得/复□/如律/令

例61.《年次未详◎男妃镇墓文》（一）②：

（15DFXVIIM2：19）男妃身死/今下斗瓶？/五……/荔……/用……复/千……/青乌……/告北……/今死……/莫……/加两移？……/转咎？远/与他◎生/者◎天◎/界死者……/地为界…/如律令

例62.《年次未详◎男妃镇墓文》（二）③：

（15DFXVIIM2：21）男妃身死今/下斗瓶五谷/黑豆荔子/铅人用当/重复千人/青乌子敢/告北辰诏/今死者以/受其殃/罚不加两/移央转/咎远与/他乡生者/以天为界/死者以地/各如律令

---

① 甘肃省文物考古研究所编著：《敦煌佛爷庙湾—新店台墓群2015年度发掘报告》，甘肃教育出版社2021年版，第748—750、752页；[日]关尾史郎编：《2015年度敦煌佛爷庙湾—新店台墓群出土镇墓瓶铭（镇墓文）集成》，第64页。

② 甘肃省文物考古研究所编著：《敦煌佛爷庙湾—新店台墓群2015年度发掘报告》，甘肃教育出版社2021年版，第750页，第752页；[日]关尾史郎编：《2015年度敦煌佛爷庙湾—新店台墓群出土镇墓瓶铭（镇墓文）集成》，第65—66页。

③ 甘肃省文物考古研究所编著：《敦煌佛爷庙湾—新店台墓群2015年度发掘报告》，甘肃教育出版社2021年版，第750—752页；[日]关尾史郎编：《2015年度敦煌佛爷庙湾—新店台墓群出土镇墓瓶铭（镇墓文）集成》，第67—68页。

例 63.《年次未详某人镇墓文》①：

（15DFXVIIM2：1）□自？受？/注去不/得相/注如/律/令

例 64.《元康元年（291）◎神阿镇墓文》②：

（15DFXVIIM3：20）元康元年□月□朔□/十日……神阿死/死者……汝自薄/命……/……/……/……/……/……/◎死人……/生者……/罚生者◎/……者乡如律/令

例 65.《元康元年（291）□神阿镇墓文》③：

（15DFXVIIM3：32）……/……/……/……/死……生人/死……生人/……/……/件？/……人？/……里◎/……乡如律令

二 风格与特点：新见魏晋十六国敦煌镇墓文分析

据以上统计，这批镇墓文虽因斗瓶保存状况较差且均有不同程度的残泐，部分仅见墨迹④，但无疑携带着大量社会历史信息。

（一）纪年信息丰富

上述镇墓文中，相关纪年信息共有 38 例，据前引发掘简报，依时间

---

① 甘肃省文物考古研究所编著：《敦煌佛爷庙湾—新店台墓群 2015 年度发掘报告》，甘肃教育出版社 2021 年版，第 751—752 页；[日]关尾史郎编：《2015 年度敦煌佛爷庙湾—新店台墓群出土镇墓瓶铭（镇墓文）集成》，第 69 页。

② 甘肃省文物考古研究所编著：《敦煌佛爷庙湾—新店台墓群 2015 年度发掘报告》，甘肃教育出版社 2021 年版，第 760—761 页；[日]关尾史郎编：《2015 年度敦煌佛爷庙湾—新店台墓群出土镇墓瓶铭（镇墓文）集成》，第 70 页。

③ 甘肃省文物考古研究所编著：《敦煌佛爷庙湾—新店台墓群 2015 年度发掘报告》，甘肃教育出版社 2021 年版，第 760—761 页；[日]关尾史郎编：《2015 年度敦煌佛爷庙湾—新店台墓群出土镇墓瓶铭（镇墓文）集成》，第 70 页。

④ 甘肃省文物考古研究所编著：《敦煌佛爷庙湾—新店台墓群 2015 年度发掘报告》，甘肃教育出版社 2021 年版，第 801 页。

顺序自早而晚依次是正始七年（246）（2[①]）、正元二年（255）（4）、甘露元年（256）（2）、甘露三年（258）（2）、元康元年（291）（2）、永兴二年（305）（2）、建兴二年（314）、建兴五年（317）（2）、建兴七年（319）（2）、建兴九年（321）、建兴十年？（322?）、建兴十一年（323）（2）、建兴十七年（329）（2）、建兴廿二年（334）（3）、建兴廿五（337）年、建兴廿◎年、建兴卅一年（343）（2）、建兴某年（2）、麟加六年（394）（2）、咸宁四年（402）（2），时间跨度155年，涉及曹魏齐王曹芳正始年号，曹魏高贵乡公曹髦正元年号、甘露年号，西晋惠帝元康年号、永兴年号，西晋愍帝建兴年号，前凉张寔（建兴二年、五年、七年）、张茂（建兴九年、十年、十一年）、张骏（建兴十七年、廿二年、廿五年、廿◎年、卅一年）等所用建兴年号，后凉吕光麟加年号、吕隆咸宁年号，共涉及曹魏、西晋、前凉、后凉4个政权的9位帝王、9个年号。根据此前发现的镇墓文及相关文物纪年信息来看[②]，简报及最终考古报告的上述纪年判断可从。西晋愍帝建兴年号仅有五年（313—317），但因前凉前期一直沿用，故而才有建兴七年、建兴廿二年、建兴卅一年等纪年信息出现。建兴七年（319）为前凉张寔时期，时西晋已灭，前凉成为事实上的独立王国，建兴廿二年（334）为前凉张骏时期。《晋书》卷八十六《张骏传》云："时骏尽有陇西之地，士马强盛，虽称臣于晋，而不行中兴正朔。""咸和八年（陇西贾陵）始达凉州。骏受诏，遣部曲督王丰等报谢，并遣陵归，上疏称臣，而不奉正朔，犹称建兴二十一年。"[③]建兴廿二年（334）镇墓文纪年正是张骏上疏东晋称臣，而不奉正朔的第二年，证明《晋书》卷八十六《张骏传》所言不虚。正始年号、正元年号为魏晋十六国时期河西出土文献纪年中首次出现。正始七年（246）纪年将河西镇墓文纪年信息从最早的甘露二年（257）[④]向前推进了11年，

[①] 本部分括号内数据表示该纪年信息在本批镇墓文中出现的次数。
[②] 贾小军：《河西出土魏晋十六国文献纪年信息申论》，《敦煌研究》2016年第5期。
[③] 《晋书》卷八六《张骏传》，中华书局1974年版，第2237、2238—2239页。
[④] 嘉峪关新城一号墓出土一件朱书陶壶，开头为"廿□二□"，据《嘉峪关壁画墓发掘报告》（文物出版社1985年版，第74页），该墓即为曹魏甘露二年的墓葬，这是此前发现的镇墓文中纪年信息最早的一例。

这使河西镇墓文纪年序列更加完整，其所反映的魏晋十六国河西政局变化信息更加丰富。甘露元年（256 年）、甘露三年（258 年）两例纪年信息，在一定程度上证明了学界对此前嘉峪关新城一号墓陶瓶朱书文字"甘□二□"即为"甘露二年（257 年）"判断的正确性。

（二）敦煌乡里记录填补了相关空白

在此次考古发现之前，镇墓文及其他出土文献中记载的魏晋十六国时期敦煌及河西其他地区乡里信息，可考者为 19 例，涉及前凉、前秦、西凉、北凉四个政权，未见控制过河西全境的后凉政权设置乡里的记载。其中纪年信息最早的为《永嘉十三年（319）韩某镇墓文》中的□□里，最晚的为《玄始十年（421）张法静镇墓文》中的敦煌县东乡昌利里。[①] 在此次发现的 65 例镇墓文中，有 7 例记载了墓主生前所属乡里信息。分别为《甘露元年（256）十二月孙彦通镇墓文》（一、二）记录的东乡农居里（2 例）、《永兴二年（305）十一月某人镇墓文》（二）记录的效穀（？）乡延寿里、《建兴廿二年（334）二月翟准昭镇墓文》（一）内的东乡昌利里、《建兴廿二年（334）二月翟准昭镇墓文》（二）内的东乡（昌利）里、《麟加六年（394）二月钟满镇墓文》（一、二）记录的敦煌郡敦煌县都乡里（2 例）。其中东乡之"农居里"为河西镇墓文中首次见到，其名称颇具特色，类似名称，曾见于悬泉汉简，如"效谷宜禾里"（简号Ⅱ0214③：32）[②]"故渊泉委粟里"（简号Ⅱ T0215④：16）[③]"效谷宜农里"（简号Ⅱ T0215S：442，Ⅱ T0115③：72，Ⅳ T0517③：19）[④] 等等，该镇墓文所载"农居里"或即继承汉代"宜禾里""宜农里"等传统里名而名之；东乡昌利里也见于《庚子六年（405）张辅镇墓文》[⑤]，庚子为西凉李暠年号，与建兴廿二年（334）相距 71 年，从前凉一直延续至西凉，可谓绵延长久；敦煌县都乡里也见于《建初五年（409）润月画房奴

[①] 贾小军：《五凉政治制度建设申论》，载楼劲、陈伟主编《秦汉魏晋南北朝史国际学术研讨会论文集》，中国社会科学出版社 2018 年版，第 304—313 页。
[②] 胡平生、张德芳编撰：《敦煌悬泉汉简释粹》，上海古籍出版社 2001 年版，第 49 页。
[③] 胡平生、张德芳编撰：《敦煌悬泉汉简释粹》，上海古籍出版社 2001 年版，第 50 页。
[④] 张俊民：《悬泉汉简所见西汉效谷县的"里"名》，《敦煌研究》2012 年第 6 期。
[⑤] 甘肃省敦煌县博物馆：《敦煌佛爷庙湾五凉时期墓葬发掘简报》，《文物》1983 年第 10 期。

镇墓文》①，建初亦为西凉李暠年号，本例镇墓文乡里时间与麟加六年（394）相距15年，显然，西凉时期的敦煌县都乡里是直接继承了后凉的敦煌县都乡里。

与之前的考古发现相对照，此次发现的几例镇墓文乡里信息颇有填补此前相关记载空白的重大意义：首先，将魏晋十六国时代河西乡里的记载向前推进到曹魏高贵乡公曹髦甘露元年（256），较之前镇墓文中最早记录乡里信息的永嘉十三年（319）提前了63年。其次，证实后凉政权也在基层设有乡里，推行了乡里制度，这进一步证明五凉政权基层乡里制度的连贯性。

（三）镇墓文格式遵循传统但不拘一格

根据镇墓文内容，可知这65例镇墓文的格式为："死者去世（或下葬）时间与建除十二直＋死者生前所在郡县乡里＋代替死者承受央咎、罚作的承负之物＋解注辞与隔绝生死辞。"与此前河西地区发现的其他镇墓文相近②，可以说遵循了镇墓文书写的传统。但与之前所见的镇墓文相比，此次出土镇墓文出现了一些值得注意的内容，如"天寇所过，罚不得再"句，在此前仅见于《咸宁二年（276）八月吕阿徽镇墓文》③，此句大意是，希望死者"各行其令"，自承罪罚，不要加于生人之上④。《敦煌佛爷庙湾—新店台墓群2015年度发掘报告》将此次出土斗瓶镇墓文分为五种模式，今据之略述如下⑤：

1. 干支纪年＋死者姓氏＋今谨铅人一双、五谷，以续百廿岁，会须复，铅人会五谷生，乃复承为地。置根为奴，先移央转咎，后利父母及以兄弟。天寇所过，罚不得再。死者名字＋死日致意八魁九坎天恭素罗，岁月转更，持与他家。人参、远志、铅人、□政，让莫解难。伏令、曾青、

---

① 甘肃省文物考古研究所等：《敦煌祁家湾》，文物出版社1994年版，第117页。
② 贾小军：《事死如事生：魏晋十六国河西镇墓文解读》，《石河子大学学报》2014年第4期。
③ 甘肃省文物考古研究所：《敦煌祁家湾西晋十六国墓葬发掘报告》，文物出版社1994年版，第100—102页。
④ 甘肃省文物考古研究所编著：《敦煌佛爷庙湾—新店台墓群2015年度发掘报告》，第802页。
⑤ 甘肃省文物考古研究所编著：《敦煌佛爷庙湾—新店台墓群2015年度发掘报告》，第802—804页。

赤粟与代重复之家。如律令！

2. 干支纪年＋死者姓氏＋（死日适值八魁九坎），天注、地注、岁注、月注、日注、时注，生死各自异路，千秋万岁，不得相注仟。如律令！

3. 干支纪年＋死者姓氏＋今下斗瓶、五谷、（黑豆、荔子）、铅人，用当复地上生人。青乌子告北辰，诏令死者自受其央，罚不得再，移央转咎，远与他乡，各如。天地律令！

4. 干支纪年＋死者姓氏＋薄命早终（殃），算尽寿穷，（汝死见重复、八魁九坎、太山长问），死者汝往应之，苦莫相念，乐莫相思，从别以后，无令死者注仟生人，急急如律令！

5. 西方，庚辛，太白之精……与之身□有祸殃，生者以天为界，死者以地为界。如律令！

无论是以上哪种模式，其主要内容和作用相似：其一，隔绝生死，使之不得侵扰生人；其二，解注，即解除死者的邪气对生人的侵害；其三，死者自受其殃，并为生人解除殃罚①。

三　社会与制度：魏晋十六国敦煌镇墓文中的河西历史

适如整理者所言："本次发掘对于敦煌地区西晋五凉时期墓群内涵有一定补充，对于全面了解敦煌乃至河西地区该时期社会生活及丧葬观念也有一定价值。"②"此次发掘的两座有明确纪年的曹魏墓葬，为该墓群的首次发现，不仅丰富了该墓群的文化内涵，对于研究该地区曹魏时期墓葬习俗，其与西晋十六国丧葬习俗的关系等具有重要意义。"③ 以下据相关报告，对上述镇墓文蕴含的魏晋十六国河西社会史信息进行解读。

---

① 甘肃省文物考古研究所编著：《敦煌佛爷庙湾—新店台墓群 2015 年度发掘报告》，第 803—804 页。
② 甘肃省文物考古研究所：《甘肃敦煌佛爷庙湾墓群 2014 年发掘简报》，《文物》2019 年第 9 期。
③ 甘肃省文物考古研究所：《甘肃敦煌佛爷庙湾—新店台墓群曹魏、隋唐墓 2015 年发掘简报》，《文物》2019 年第 9 期。

（一）关于"薄命早终"及相关问题

笔者曾经关注过此前敦煌发现的"薄命早终"镇墓文①，此次出土的这 65 例镇墓文中有 12 例有"薄命早终"信息，根据纪年信息排列，分别为《甘露元年（256）十二月孙彦通镇墓文》（1 例）、《元康元年（291）◎神阿镇墓文》（1 例）、《建兴七年（319）十二月翟兴伯镇墓文》（1 例）、《建兴十一年（323）王凤子镇墓文》（2 例）、《建兴十七年（329）八月王婉姬镇墓文》（2 例）、《建兴廿二年（334）二月翟准昭镇墓文》（2 例）、《建兴卅一年（343）二月马阿景镇墓文》（2 例）、《咸宁四年（402）十一月某人镇墓文》（1 例），约占此次发现镇墓文总数的 18.5%。由于以上 12 例镇墓文均保存较好，可以推知，如果不是因为镇墓文字迹漫漶不清，书写"薄命早终"信息的镇墓文比例应该会更高。笔者在前揭拙文中曾经指出，在镇墓文中书写"薄命早终、算尽寿穷"诸字，应是魏晋十六国时期敦煌地方性的特点。如今看来，这一判断仍然可以成立。

我们还可以从写有"薄命早终"信息的镇墓文纪年信息中，对魏晋十六国时期河西相关问题得到进一步的认识。包括上述 12 例在内，目前所见此类镇墓文纪年信息分别为甘露元年（256）、元康元年（291）、元康七年（297）、建兴元年（313）、建兴七年（319）、建兴十一年（323）、建兴十七年（329）、建兴十八年（330）、建兴廿二年（334）、建兴卅一年（343）、建兴卅六年（358）、咸安五年（375）、咸宁四年（402）、庚子六年（405）、玄始十年（421），共涉及曹魏、西晋、前凉、后凉、西凉、北凉六个王朝（政权）的 15 个年份，时间前后延续 165 年，贯穿魏晋十六国时期河西历史始终。可以说，无论地上政权如何变换，镇墓文书写以其特有的"顽固性"证明了河西地方民众对本土文化的认同。另外，前凉是河西历史发展的重要阶段。表现在"薄命早终"类镇墓文中，占据了以上 15 各年份中的 8 个，足见前凉在河西的历史地位。还需注意的是，出土于同一墓葬（M61）的《建兴七年（319）翟兴

---

① 贾小军：《魏晋十六国敦煌"薄命早终"镇墓文研究》，《社会科学战线》2015 年第 3 期。

伯镇墓文》、《建兴廿二年（334）翟准昭镇墓文》，纪年时间相差 15 年。翟兴伯、翟准昭二人当为夫妇（详后），去世（或下葬）时间却相距 15 年，很难想象，若此夫妇二人年纪相当，丈夫去世 15 年后妻子还是"薄命早终"的状态。就目前所见，河西镇墓文中反映逝者具体年龄的仅见《建兴十九年（331）李兴初镇墓文》[①]，墓主李兴初去世时 34 岁，镇墓文没有特意强调其"薄命早终"，笔者曾推测，"薄命早终"的墓主去世年龄或尚未满 30 岁。若如此，以翟兴伯、翟准昭夫妇去世时的年龄皆为 30 岁计，这一推断才能成立，而这一前提必须是翟兴伯长于其妻翟准昭 15 岁，翟兴伯去世时翟准昭刚刚 15 岁而成为"大女"，而 15 岁正是汉代以来廪给或赋役征派中"小""大"身份的界线[②]，未知是否有如此巧合之事。若非如此，则镇墓文中的"薄命早终"或许仅能反映约定俗成的书写习惯。

由于出土较早的镇墓文所在墓葬相关信息较为简略，很难确知墓主死亡年龄等其他信息，即便是近年来发掘的部分墓葬仍然如此。如《建兴七年（319）十二月翟兴伯镇墓文》与《建兴廿二年（334）二月翟准昭镇墓文》所在的发掘Ⅱ区中部 M61 中，"人骨两具，葬式不明，分别为成年女性与成年男性"。因此这两位成年墓主的死亡年龄仍难知其详。在此前笔者所关注过的 14 例书写有"薄命早终"内容的镇墓文中，《咸宁二年（276）八月吕阿徵镇墓文》与《建兴元年（313）吕来业镇墓文》出自同一墓葬（85DQM320），由于有两例镇墓文可以对照，因此可以对两位墓主丧龄进行推断。墓主吕来业、吕阿徵顺葬于墓室左右，"左人骨吕来业应为男性，右人骨阿徵应为女性。后者卒于西晋咸宁二年（276），前者卒于西晋建兴元年（313），时间相差 37 年。"[③] 吕来业、阿徵当为夫妇，设若此二人年龄相当，女墓主阿徵婚龄 13—15 岁，因此即便阿徵在

[①] 张勋燎、白彬：《中国道教考古》第一卷，线装书局 2006 年版，第 422—424 页。

[②] 凌文超：《走马楼吴简"小""大""老"研究中的若干问题》，《中国国家博物馆馆刊》2013 年第 11 期。

[③] 甘肃省文物考古研究所：《敦煌祁家湾西晋十六国墓葬发掘报告》，文物出版社 1994 年版，第 40—42 页。

其结婚当年去世，37年之后去世的丈夫吕来业丧龄至少在50—52岁左右，依此来看，吕来业就不是真正的"薄命早终"了。

随着考古工作的进展和考古技术的进步，有关对墓主是否"薄命早终"等年龄问题的认识不再无从着手。据发掘报告，2015年出土的写有"薄命早终（殃），算尽寿穷"的6对斗瓶的墓主，"除1对墓主年龄不详外，其余均集中在45—60岁之间，根据对该墓群人口死亡年龄段的统计，36—55岁为死亡频率较高的年龄段，且人均预期寿命为40.97岁，也就是说，对于此次发掘情况而言，'薄命早终（殃）'并非真正意义上的'因为薄命，所以早终'，而是具有一定的固定套语性质。而'算尽寿穷'，应与镇墓文的解注作用相似，即隔绝生死，为生人解除灾祸。"① 当然，如果新出"薄命早终"类镇墓文有更加丰富、具体的墓主死亡年龄的记录，我们对此类镇墓文的认识也会更加深入。

（二）关于"解注"

就镇墓文体例及书写目的而言，解注辞与隔绝生死辞是最能体现其功用的内容。在本次出土的65例镇墓文中，有明确"解注"内容的（即有"某注""注件"等文字者）有25例，约占39%，考虑到有较多例镇墓文文本漫漶不清，真正的比例肯定会高于目前的这个数据。关于"解"与"注"的意义，吴荣曾、刘昭瑞先生有很好的解释。镇墓文中"解"的意思是解除或解脱，即通过对鬼神祭祀而除去凶灾者。② "解"的具体内容指"解适"，又作"除适"，即解除罪谪之意。王充《论衡》"解除篇"云："世信祭祀，谓祭祀必有福；又然解除，谓解除必去凶。""解除之法，缘古逐疫之礼也。昔颛顼氏有子三人，生而皆亡：一居江水为虐鬼，一居若水为魍魉，一居欧隅之间，主疫病人。故岁终事毕，驱逐疫鬼，因以送陈迎新内吉也；世相仿效，故有解除。"③ 认为解除是从逐疫

---

① 甘肃省文物考古研究所编著：《敦煌佛爷庙湾—新店台墓群2015年度发掘报告》，甘肃教育出版社2021年版，第803页。
② 吴荣曾：《镇墓文中所见到的东汉道巫关系》，《文物》1981年第3期；刘昭瑞：《谈考古发现的道教解注文》，《敦煌研究》1991年第4期。
③ 《诸子集成》第七册《论衡》"解除篇"，上海书店1986年版，第245—247页。

演化而来。因此,"解"字是具有禳除、驱逐这类特定含义的宗教术语。[①]而被禳除的"注",必然与"逐疫"之"疫"有关。"注"亦称"注连"或"注忤","盖'注'之义缘于疾病,《释名·释疾病》云:'注病,一人死,一人复得,气相灌注也。'盖犹今之言传染病。隋巢元方《诸病源候论》卷24'注病之条':'凡注之言住也,谓邪气在人身,故名曰注。'此种'注复生人'之事,亦称曰'注祟'、'复连'。"[②]

隋巢元方《诸病源候论》卷二十四"注诸病"章记载非常细致:"凡注之言住也,谓邪气居住人身内,故名为注。此由阴阳失守,经络空虚,风寒暑湿、饮食劳倦之所致也。其伤寒不时发汗,或发汗不得真汗,三阳传于诸阴,入于五脏,不时除瘥,留滞宿食;或冷热不调,邪气流注;或乍感生死之气;或卒犯鬼物之精,皆能成此病。其变状多端,乃至三十六种、九十九种,而方不皆显其名也。又有九种注:一曰风注……又云:人死三年之外,魂神因作风尘,着人成病,则名风注。二曰寒注……三曰气注。走入神机,妄言,百日之后,体皮肿起,乍来乍去,一年之后,体满失颜色,三年之后,变吐作虫,难治。四曰生注……五曰凉注……六曰酒注……七曰食注……八曰水注……九曰尸注……"[③]该书还记载有"风注候""鬼注候""五注候""转注候""生注候""死注候""邪注候""气注候""寒注候""寒热注候""冷注候""蛊注候""毒注候""恶注候""注忤候""遁注候""走注候""温注候""丧注候""哭注候""殃注候""食注候""水注候""骨注候""血注候""湿痹注候""劳注候""微注候""泄注候""石注候""产注候""土注候""饮注候",每种"注候"之首多云"注者住也,言其病连滞停住,死又注易傍人也"。[④] 又同书卷二十三"中恶诸病·鬼击候"云:"鬼击者,谓鬼厉之气击著于人也。得之无渐,卒著如人以刀矛刺状,胸

[①] 刘昭瑞:《谈考古发现的道教解注文》,《敦煌研究》1991年第4期。
[②] 王素、李方:《魏晋南北朝敦煌文献编年·饶序》,新文丰出版公司1997年版,第2—3页。
[③] (隋)巢元方著,宋白杨校注:《诸病源候论》,中国医药科技出版社2011年版,第136页。
[④] (隋)巢元方著,宋白杨校注:《诸病源候论》,第137—140页。

胁腹内绞急切痛，不可抑按，或吐血，或鼻中出血，或下血。一名为鬼排，言鬼排触于人也。人有气血虚弱，精魂衰微，忽与鬼神遇相触突，致为其所排击，轻者困而获免，重者多死。"① 卷二十三"尸诸病·尸注候"云："尸注病者，则是五尸内之尸注，而挟外鬼邪之气，流注身体，令人寒热淋沥，沉沉默默，不的知所苦，而无处不恶。或腹痛胀满，喘急不得气息，上冲心胸，傍攻两胁；或块踊起；或挛引腰脊；或举身沉重，精神杂错，觉昏谬。每节气改变，辄致大恶，积月累年，渐就顿滞，以至于死。死后复易傍人，乃至灭门。以其尸病注易傍人，故为尸注。"② "镇墓文的书写者和使用者，自觉或不自觉地将死者视作对生者有可能造成危害的'鬼'。"③ 因而镇墓文中的注病，即指"鬼厉之气击著于人""死又注易傍人"，这或许与镇墓文主人的非正常死亡有关，令人恐怖，需要以各种方法禳除之。

本次出土的 25 例含有明确解注信息的镇墓文，天注、地注、行注、月注、日注、时注、生注、死注、岁注，这九种"注"法，均见于之前的发现。据笔者统计，魏晋十六国河西镇墓文中的注有天注、地注、月注、日注、岁注、时注（时时注）、火注、水注、四注、土注、非注、五神注、举注、行注、要注、年注、生注、死注、人注、鬼注、氾（？）注、立注、**獨**注、风注、星注 25 种，见于巢元方《诸病源候论》者有风注、生注、死注、土注、鬼注 5 种。刘昭瑞指出，《周礼·天官·疡医》"掌肿疡、金疡、折疡之祝药**劀**杀之齐"之郑玄注"祝，当读为注，读如注病之注"的记载，应是传世文献中最早提到注是指疾病的。④ 汉末刘熙《释名》与此相近。河西镇墓文集中于魏晋十六国时期，其"解注"含义应与郑玄、刘熙"注病之注"之说意义相同或相近，应在继承汉末"注病"之说的基础上有所变化，更显驳杂。如《甘露元年（256）十二月孙

---

① （隋）巢元方著，宋白杨校注：《诸病源候论》，第 133 页。
② （隋）巢元方著，宋白杨校注：《诸病源候论》，第 134 页。
③ 贾小军：《文字、图像与信仰：墓葬所见魏晋十六国河西社会》，《简牍学研究》第六辑，甘肃人民出版社 2016 年版。
④ 刘昭瑞：《谈考古发现的道教解注文》，《敦煌研究》1991 年第 4 期。

彦通镇墓文》（二）①云"孙彦通汝自◎/命蚤终算尽/寿穷医药不/能治"，而到了隋代巢元方《诸病源候论》中，更是在总结汉晋经验的基础上体系化了。刘昭瑞指出："巢氏书所记巫、医混杂，而解注文则只为巫、道迷信。"②这一点值得注意。

关于"注病"的禳除之法，正所谓"方不皆显其名"，隋巢元方《诸病源候论》不附方药。但在其他古代医学著作中，却有针对某种注病的处方。如《神龙本草经》记有治"鬼注"的处方，葛洪《肘后备急方》亦有治疗"鬼注"、"尸注"的方药。③就魏晋十六国河西镇墓文而言，即为防止死者注连生人，并以巫、道手段禳解的反映，具体而言，以斗瓶、五谷、铅人替代生人，减轻其承负之责。大多数镇墓文都有"今下斗瓶、五谷、铅人，用当复地上生人"诸辞即立足于此。或假借其他神灵如"仓林君、武帝王、东冢伯、西冢囗[侯]、地下二千石"的名义，"急赦除樊氏囗冢，生人过適削除"④，免除生者可能遭受的苦难。对死者而言，则往往以青乌子、北辰的名义，"诏令死者自受其央"，并强调"生死各异路，千秋万岁，不得相注忤"⑤。因此镇墓文中的"解注"内容"运用在镇墓文中的解除之法，实则包含两项重要内容，即'为死人解谪（注）'和'为生人除殃'"⑥。

值得注意的是，敦煌文书中有针对"注病"的专门药方。P. 3731《唐人选方丙卷》中有"疗一切鬼注尸注冷注"方：

疗一切鬼注尸注冷注，卒中恶鬼气，心腹疼闷，乾霍乱，大小便

---

① 甘肃省文物考古研究所编著：《敦煌佛爷庙湾—新店台墓群2015年度发掘报告》，甘肃教育出版社2021年版，第702—704页；[日]关尾史郎编：《2015年度敦煌佛爷庙湾—新店台墓群出土镇墓瓶铭（镇墓文）集成》，第58—59页。
② 刘昭瑞：《谈考古发现的道教解注文》，《敦煌研究》1991年第4期。
③ 刘昭瑞：《谈考古发现的道教解注文》，《敦煌研究》1991年第4期。
④ 杨永生主编：《酒泉宝鉴——馆藏文物精选》，甘肃文化出版社2012年版，第52页。
⑤ 甘肃省文物考古研究所等：《敦煌祁家湾》，文物出版社1994年版，第106—107页；王素、李方《魏晋南北朝敦煌文献编年》，第76页。
⑥ 储晓军：《敦煌魏晋镇墓文研究》，《敦煌研究》2009年第1期。

不通，胀满欲死，立验。五香之方……①

这例药方针对的是"一切鬼注尸注冷注"，该方还被称为"五香之方"，是因为除了常见的中药，该药方中还有较多的香料，即"麝香四分、口香四分、丁香四分、桃仁五分、熏六（陆）四分、青木香四分"②。需要注意的是，在印度医典《医理精华》中，有与"注病"相近的"鬼瘴"及其治疗办法的记载。③ 所谓"鬼瘴"，即认为由鬼神、妖魔等所引起的身体不适、生病，这与前述"注病"相类。而香料多源自印度，以香药治注病，可谓"中印合璧"，在一定意义上，这也是古代中印交流史上的重要成果之一。

还需注意的是，"这种地下死人作祟于地上生人的观念，直到近现代，在民族学和民俗学材料中仍屡见不鲜，并且都有一定的禳解活动。"④ 所谓禳解活动实际指的是一些民俗学上的仪式活动。据笔者调查，甘肃、陕西等部分农村地区至今尚有这种仪式的遗存。具体而言，是在民间有人身体不适但不必进入医院治疗，或生病久治不愈之时，往往请长者用清水、纸钱、香、红花等作的一种禳灾仪式，伴有念叨之辞。这种仪式仅为巫、道类迷信活动，《诸病源候论》及镇墓文所谓"注病"等等，却有一定的病理依据。时代为东汉后期的《刘伯平镇墓文》⑤ 及本次发现的《甘露元年（256）十二月孙彦通镇墓文》（二）都有"……医药不能治"的记录，在一定程度上反映出镇墓文"解注"的缘由。

（三）"大女翟准昭"及其他

据发掘简报，2014年发掘的佛爷庙湾墓群墓葬，多为双人合葬，二者死亡和入葬时间当有先后之别，所以墓主也应有各自的随葬器物。如M61墓主翟兴伯，建兴七年（319）十二月廿八日下葬，另一墓主翟准昭

---

① 马继兴等：《敦煌医药文献辑校》，江苏古籍出版社1998年版，第236页。
② 马继兴等：《敦煌医药文献辑校》，江苏古籍出版社1998年版，第236页。
③ 陈明：《印度梵文医典〈医理精华〉研究》，商务印书馆2014年版，第219页。
④ 刘昭瑞：《谈考古发现的道教解注文》，《敦煌研究》1991年第4期。
⑤ 黄景春：《早期买地券、镇墓文整理与研究》，博士学位论文，华东师范大学，2004年，第142—143页。

建兴廿二年（334）二月十七日下葬，二者相差 15 年。① 由于镇墓文所载信息毕竟有限，我们难以直接确知翟兴伯、翟准昭二人是何关系。《建兴廿二年（334）翟准昭镇墓文》（1—2）云"东乡昌利里民大女翟准昭命薄早终"，《建兴七年翟兴伯镇墓文》（1）云"建兴七年十二月廿八日翟兴伯薄命早终"。"大女"之"大"，本为战国秦汉以来"一级课役身分"的表达，"西晋建立后，作为户籍注记的'小''大'遂被新的丁中身分所取代。"② 在吐鲁番出土的各类唐代文书中常见也"大女"一词，但其意义已逐渐与秦汉不同③。不过从该镇墓文判断，该"大女"之意显然具有汉唐之间的过渡性质。《建兴廿二年（334）翟准昭镇墓文》镇墓文所谓"大女翟准昭"及墓内成年女性人骨，均说明翟准昭为成年女子。至于翟准昭究为何人，考虑出土这几例镇墓文的墓葬环境，并参考其他出土文献信息，我们也可以做一些推想。或许翟兴伯（墓内成年男性人骨当即墓主翟兴伯）与翟准昭为夫妻，该墓则为夫妻合葬墓。但翟兴伯与翟准昭夫妻同姓，这是需要注意的。河西地区发现的其他镇墓文，亦有与此相类者。如《庚子六年（405）张辅（字德政）镇墓文》（1—3）和《玄始十年（421）张法静镇墓文》（1—2）④，前者云"张辅字德政，薄命早终，算尽寿穷"，后者云"张德政妻法静之身[死]""张法静之身死"，夫妻二人去世（或下葬）时间相隔了 16 年，亦与翟兴伯、翟准昭的 15 年相当。孙兆华、王子今先生指出："'秦代迁陵县南阳里户版'户人之妻不或书姓，或从夫姓。联系汉承秦制，再观察汉代西北汉简卒家属廪名籍妻不书姓，或从夫姓，特别是葆出入名籍、吏及家属符，明确显示妻从夫姓。……由汉代、孙吴的简牍文书来反观秦户籍文书……其中多见的妻不书姓当是妻从夫姓的体现。"⑤ 前引《玄始十年（421）张法静镇墓文》或云"张德政妻法静"，或迳云"张法静"，或亦为此类"妻从夫姓"的

---

① 甘肃省文物考古研究所：《甘肃敦煌佛爷庙湾墓群 2014 年发掘简报》，《文物》2019 年第 9 期。
② 张荣强：《"小""大"之间——战国至西晋课役身分的演进》，《历史研究》2017 年第 2 期。
③ 王启涛：《吐鲁番出土文书研究》，巴蜀书社 2005 年版，第 113 页；刘戈、赵莎《也谈"大女"》，《敦煌学辑刊》2012 年第 3 期。
④ 甘肃省敦煌县博物馆：《敦煌佛爷庙湾五凉时期墓葬发掘简报》，《文物》1983 年第 10 期。
⑤ 孙兆华、王子今：《里耶秦简牍户籍文书妻从夫姓蠡测》，《中国人民大学学报》2018 年第 3 期。

体现。因此，翟准昭的具体身份，当即为翟兴伯之妻。另外，我们还可获知该例镇墓文中的"大女"意义，即继承了此前以"大"表示其丁中身份的传统，但更多体现的是翟准昭乃去世多年的翟兴伯之寡妻。

当然，镇墓文中也有相关记载，可以说明十六国时期的河西地区未必一定就要"妻从夫姓"。《升平十三年（369）汜心容镇墓文》（1—2）云："张弘妻汜心容。"① 此张弘或即前凉张重华时期的将军张弘。前凉张重华曾"使张弘、宗悠率步骑万五千配（王）擢，伐苻健……擢等大败，单骑而还，弘、悠皆没"②。《资治通鉴》卷九十九东晋穆帝永和九年（353）二月条云："张重华遣将军张弘、宋修会王擢帅步骑万五千伐秦……秦大败凉兵……虏张弘、宋修。"③ 若从《张重华传》此役"弘、悠皆没"之说，则张弘没年 353 年与汜心容去世的 369 年相距 16 年，亦与前述翟兴伯、翟准昭二人去世相差的 15 年相当。若汜心容确为张弘之妻，则正好说明这一时期妻子未必一定要随丈夫之姓。但有一点需要注意，张弘当为河西著姓张氏成员，汜心容亦为河西另一著姓汜氏成员，双方婚姻或即李暠所谓"五百年乡党婚亲相连"④ 的状况，自与其他普通百姓不同。若汜心容不是河西著姓社会汜氏成员，或许她就与"张德政妻法静"一样，被写成"张弘妻心容"了。

还可注意的是，该例镇墓文中所反映的"妻从夫姓"现象与"大女"一词所继承的秦汉时代丁中身份传统，居然在西陲敦煌地区仍在延续，并在镇墓文中出现，令人惊叹。著名史家陈寅恪先生云："西晋永嘉之乱，中原魏晋以降之文化转移保存于凉州一隅。"⑤ 该例镇墓文在一定意义上说明陈先生所谓"文化转移保存于凉州"方式以及内容的多样性。

---

① 敦煌文物研究所考古组：《敦煌晋墓》，《考古》1974 年第 3 期。
② 《晋书》卷八六《张重华传》，第 2244 页。
③ 《资治通鉴》卷九九东晋穆帝永和九年（353）二月条，第 3132 页。
④ 《晋书》卷八七《凉武昭王李玄盛传》，第 2262 页。
⑤ 陈寅恪：《隋唐制度渊源略论稿》，中华书局 1963 年版，第 2 页。

镇墓文本来是为地下死者解谪祛过、为世上生人除殃祈福等"解谪""劾鬼"作用而书写，经考古发现而公诸于世之后，则成了今人了解古人丧葬习俗、丧葬观念的重要资料，又由于其携带了丰富的社会历史信息，因此成为今人了解镇墓文书写之时民众社会生活乃至历史变迁的重要材料。由上文的讨论可知，此次敦煌出土的这批镇墓文携带了丰富的信息，对我们认识魏晋十六国河西历史具有重要的意义。但相关问题仍有进一步讨论的余地。相信随着考古和历史研究工作的不断开展，对镇墓文及其携带的历史信息的认识也会更加深入。

主要参考文献

一 古籍

《诸子集成·淮南子》，上海书店出版社1986年版。

《左传》，岳麓书社2001年版。

《汉书》，中华书局1962年版。

《三国志》中华书局1959年版。

《魏书》，中华书局1974年版。

《晋书》，中华书局1974年版。

《宋书》，中华书局1974年版。

《资治通鉴》，中华书局1956年版。

（北魏）郦道元：《水经注》，上海古籍出版社1990年版。

（北魏）贾思勰著、石声汉校释：《齐民要术今释》，中华书局2009年版。

（唐）李吉甫：《元和郡县图志》，中华书局1983年版。

（清）顾祖禹：《读史方舆纪要》，中华书局2005年版。

（清）汤球：《十六国春秋辑补》，中华书局1985年版。

（清）张澍辑著：《凉州府志备考》，武威市市志编纂委员会办公室1986年编印。

王晶波点校：《二酉堂丛书史地六种》，甘肃人民出版社1992年版。

（清）洪亮吉：《十六国疆域志》，二十五史刊行委员会：《二十五史补编》第三册，中华书局1955年版。

二 今人著作

陈寅恪：《隋唐制度渊源略论稿》，中华书局1963年版。

党寿山：《武威文物考述》，武威市光明印刷物资有限公司2001印制。

俄军等主编：《甘肃出土魏晋唐墓壁画》，兰州大学出版社2009年版。

甘肃省文物队等编：《嘉峪关壁画墓发掘报告》，文物出版社1985年版。

甘肃文物考古研究所编：《酒泉十六国墓壁画》，文物出版社1989年版。

甘肃省文物考古研究所：《敦煌汉简》，中华书局1991年版。

甘肃省文物考古研究所等编：《敦煌祁家湾西晋十六国墓葬发掘报告》，文物出版社1994年版。

甘肃省文物考古研究所编：《敦煌佛爷庙湾西晋画像砖墓》，文物出版社1998年版。

高荣主编：《河西通史》，天津古籍出版社2011年版。

郭永利：《河西魏晋十六国壁画墓》，民族出版社2012年版。

国家文物局主编：《中国文物地图集·甘肃分册》，测绘出版社2011年版。

郝春文主编：《英藏敦煌社会历史文献释录》（第一卷），科学出版社2001年版。

贺西林、郑岩主编：《中国墓室壁画全集·汉魏晋南北朝》，河北教育出版社2011年版。

花平宁：《甘肃丁家闸十六国墓壁画》，重庆出版社1999年版。

贾小军：《魏晋十六国河西史稿》，天津古籍出版社2009年版。

贾小军：《魏晋十六国河西社会生活史》，甘肃人民出版社2011年版。

李并成：《河西走廊历史地理》，甘肃人民出版社1995年版。

李并成：《河西走廊历史时期沙漠化研究》，科学出版社2003年版。

李均明、何双全：《散见简牍合辑》，文物出版社1990年版。

李正宇：《古本敦煌乡土志八种笺证》，甘肃人民出版社2008年版。

梁方仲：《中国历代户口、田地、田赋统计》，中华书局2008年版。

梁启超：《中国历史研究法》，中华书局2009年版。

刘光华：《秦汉西北史地丛稿》，甘肃文化出版社2007年版。

鲁西奇：《中国古代买地券研究》，厦门大学出版社2014年版。

齐陈骏：《五凉史略》，甘肃人民出版社1988年版。

齐陈骏：《河西史研究》，甘肃教育出版社1989年版。

齐陈骏主编：《西北通史》（第二卷），兰州大学出版社2005年版。

王素：《高昌史稿·统治编》，文物出版社1998年版。

王素、李方：《魏晋南北朝敦煌文献编年》，新文丰出版公司1997年版。

汪小洋：《中国墓室绘画研究》，上海大学出版社2010年版。

荣新江、李肖、孟宪实主编：《新获吐鲁番出土文献》，中华书局2008年版。

史为乐：《中国历史地名大辞典》，中国社会科学出版社2005年版。

孙彦：《河西魏晋十六国壁画墓研究》，文物出版社2011年版。

谭其骧主编：《中国历史地图集》，中国地图出版社1982年版。

唐长孺主编：《吐鲁番出土文书》（壹），文物出版社1992年版。

田澍主编：《西北开发史研究》，中国社会科学出版社2007年版。

田澍、何玉红主编：《西北边疆社会研究》，中国社会科学出版社2009年版。

田澍、何玉红、马啸主编：《西北边疆管理模式演变与社会控制研究》，天津古籍出版社2011年版。

巫鸿：《黄泉下的美术：宏观中国古代墓葬》，生活·读书·新知三联书店2010年版。

巫鸿著，李清泉、郑岩等译：《中国古代艺术与建筑中的"纪念碑性"》，上海人民出版社2009年版。

武守志：《一字轩谈学录》，甘肃人民出版社1993年版。

吴廷桢、郭厚安主编：《河西开发研究》，甘肃教育出版社1993年版。

西北师范大学古籍整理研究所编：《甘肃古迹名胜词典》，甘肃教育出版社1992年版。

杨永生主编：《酒泉宝鉴》，甘肃文化出版社2012年版。

岳邦湖、田晓、杜思平、张军武：《岩画及墓葬壁画》，敦煌文艺出版社

2004年版。

张传玺:《契约史买地券研究》,中华书局2008年版。

张传玺主编:《中国历代契约会编考释》,北京大学出版社1995年版。

张荣强:《汉唐籍帐制度研究》,商务印书馆2010年版。

张晓东:《嘉峪关魏晋民俗研究》,甘肃文化出版社2010年版。

张勋燎、白彬:《中国道教考古》(第一卷),线装书局2006年版。

赵向群:《五凉史探》,甘肃人民出版社1996年版。

赵向群:《甘肃通史(魏晋南北朝卷)》,甘肃人民出版社2009年版。

赵向群:《史不绝书的五凉文化》,甘肃教育出版社2014年版。

郑岩:《魏晋南北朝壁画墓研究》,文物出版社2002年版。

中国科学院历史研究所资料室编:《敦煌资料》(第一辑),中华书局1961年版。

朱大渭等:《魏晋南北朝社会生活史》,中国社会科学出版社2005年版。

[日] 池田温著、龚泽铣译:《中国古代籍帐研究》,中华书局2007年版。

[日] 关尾史郎编:《中国西北地域出土镇墓文集成(稿)》,新高速印刷株式会社2005年印制。

[日] 关尾史郎:《もうひとつの敦煌:镇墓瓶与画像砖の世界》,高志书院2011年版。

三 期刊论文

本刊讯:《酒泉魏晋墓的墓主可能是西凉王李暠》,《敦煌研究》2003年第3期。

蔡运章:《东汉永寿二年镇墓瓶陶文考略》,《考古》1989年第7期。

曹国新:《骆驼城遗址出土珍贵文物》,《丝绸之路》1999年第3期。

陈国灿:《唐五代敦煌县乡里制的演变》,《敦煌研究》1989年第3期。

陈垣:《跋西凉户籍残卷》,《北京师范大学学报》1963年第2期。

储晓军:《敦煌魏晋镇墓文研究》,《敦煌研究》2009年第1期。

窦磊:《毕家滩出土衣物疏补释》,《考古与文物》2013年第2期。

敦煌文物研究所考古组:《敦煌晋墓》,《考古》1974年3期。

甘肃省敦煌县博物馆：《敦煌佛爷庙湾五凉时期墓葬发掘简报》，《文物》1983年第10期。

甘肃省文物考古研究所：《甘肃酒泉西沟村魏晋墓发掘报告》，《文物》1996年第7期。

甘肃省文物考古研究所、高台县博物馆：《甘肃高台县骆驼城墓葬的发掘》，《考古》2003年第6期。

甘肃省文物考古研究所、高台县博物馆：《甘肃高台地埂坡晋墓发掘简报》，《文物》2008年第9期。

郭永利：《河西魏晋十六国壁画墓宴饮、出行图的类型及其演变》，《考古与文物》2008年第3期。

郭永利、杨惠福：《敦煌翟宗盈墓及其年代》，《考古与文物》2007年第4期。

何双全：《〈汉简·乡里志〉及其研究》，载《秦汉简牍论文集》，甘肃人民出版社1989年版。

何双全、狄晓霞：《甘肃省近年来新出土三国两晋简帛综述》，《西北师大学报（社会科学版）》2007年第5期。

何颖：《试析汉晋时期朱书陶文的镇墓功能》，《文博》2013年第3期。

黄景春：《地下神仙张坚固、李定度考述》，《世界宗教研究》2003年第1期。

黄景春：《王当买地券的文字考释及道教内涵解读》，《南阳师范学院学报（社会科学版）》2003年第1期。

黄烈：《略论吐鲁番出土的"道教符箓"》，《文物》1981年第1期。

嘉峪关市文物管理所：《嘉峪关新城十二、十三号画像砖墓发掘简报》，《文物》1982年第8期。

寇克红：《高台骆驼城前秦墓出土墓券考释》，《敦煌研究》2009年第4期。

寇克红：《高台骆驼城前凉墓葬出土衣物疏考释》，《考古与文物》2011年第2期。

李建平：《关于〈高台骆驼城前凉墓葬出土衣物疏〉的几个问题》，《考古与文物》2015 年第 4 期。

李寿冈：《也谈"地券"的鉴别》，《文物》1973 年第 7 期。

连劭名：《建兴廿八年"松人"解除简考述》，《世界宗教研究》1996 年第 3 期。

刘光华：《敦煌建郡于汉武帝后元元年辩》，《秦汉史论丛（第二辑）》，陕西人民出版社 1983 年版。

刘汉东：《从西凉户籍残卷谈五凉时期的人口》，《史学月刊》1988 年第 4 期。

刘瑞明：《吐鲁番出土"随葬衣物疏"杂释》，《西域研究》1998 年第 2 期。

刘卫鹏：《甘肃高台十六国墓券的再释读》，《敦煌研究》2009 年第 1 期。

刘文科、周蜜：《丁家闸五号墓大树壁画考释》，《黑龙江史志》2013 年第 17 期。

刘宵《新疆库车友谊路墓葬 M3 的年代问题》，《重庆科技学院学报（社会科学版）》2011 年第 12 期。

刘昭瑞：《谈考古发现的道教解注文》，《敦煌研究》1991 年第 4 期。

鲁家亮：《甘肃临泽田西晋〈田产争讼爰书〉刍议》，《简帛》第九辑，2014 年。

鲁西奇：《汉代买地券的实质、渊源与意义》，《中国史研究》2006 年第 1 期。

陆庆夫：《略述五凉的民族分布及其融合途径》，《西北民族学院学报（哲学社会科学版）》1992 年第 1 期。

吕志峰：《东汉买地券著录与研究概述》，《南都学坛（人文社会科学学报）》2003 年第 2 期。

吕志峰：《东汉镇墓文考述》，《东南文化》2006 年第 6 期。

吕志峰：《东汉熹平二年张叔敬朱书瓦击考释》，《中文自学指导》2007 年第 2 期。

邱博舜、蔡明志：《敦煌阳宅风水文献初探》，《中国建筑史论汇刊》第二辑，2009 年 10 月。

饶宗颐：《记建兴廿八年"松人"解除简——汉"五龙相拘绞"说》，《简帛研究（第2辑）》，法律出版社1996年版。

施爱民：《民乐县八卦营墓葬·壁画·古城》，《丝绸之路》1998年第3期。

肃州区博物馆：《酒泉小土山墓葬清理简报》，《陇右文博》2004年第2期。

孙彦：《考古所见魏晋十六国时期的宗教信仰——以河西走廊为例》，《南京晓庄学院学报》2008年第4期。

谭蝉雪：《三教融合的敦煌丧俗》，《敦煌研究》1991年第3期。

田河、秦凤鹤：《甘肃高台骆驼城前凉胡运于墓随葬衣物疏考释》，《丝绸之路》2012年第4期。

童超：《论西晋土地、田赋、劳动人口管理体制的改革》，《中国史研究》1987年第4期。

吐鲁番地区文物保管所：《吐鲁番北凉武宣王沮渠蒙逊夫人彭氏墓》，《文物》1994年第9期。

王毅：《北凉石塔》，载《文物资料丛刊（第一辑）》，文物出版社1977年版。

王育成：《考古所见道教简牍考述》，《考古学报》2003年第4期。

韦正《试谈库车友谊路古墓群的年代和墓主身份》，《边疆考古研究》2012年第2期。

吴浩军：《河西镇墓文丛考》，《敦煌学辑刊》2014年第1期、第3期，2015年第1期、第3期连载。

吴荣曾：《镇墓文中所见到的东汉道巫关系》，《文物》1981年第3期。

吴天颖：《汉代买地券考》，《考古学报》1982年第1期。

夏鼐：《敦煌考古漫记（一）》，《考古通讯》创刊号，1955年。

新疆维吾尔自治区博物馆：《吐鲁番县阿斯塔那—哈拉和卓古墓群清理简报》，《文物》1972年第1期。

新疆维吾尔自治区博物馆：《吐鲁番县阿斯塔那州哈拉和卓古墓群发掘简报》，《文物》1973年第10期。

新疆文物考古研究所：《新疆库车友谊路魏晋十六国时期墓葬 2007 年发掘简报》，《文物》2013 年第 12 期。

新疆文物考古研究所：《新疆库车友谊路魏晋十六国墓葬 2010 年发掘报告》，《考古学报》2015 年第 4 期。

阎文儒：《河西考古简报（上）》，《国学季刊》7 卷 1 期。

杨际平：《敦煌吐鲁番出土经济文书杂考》，《中国社会经济史研究》1987 年第 1 期。

杨国誉：《"田产争讼爰书"所展示的汉晋经济研究新视角——甘肃临泽县新出西晋简册释读与初探》，《中国经济史研究》2012 第 1 期。

姚大力：《中国历史上的民族关系与国家认同》，《中国学术》2002 年第 4 期。

殷光明：《敦煌西晋墨书题记画像砖墓及相关内容考论》，《考古与文物》2008 年第 2 期。

殷光明：《敦煌市博物馆藏三件北凉石塔》，《文物》1991 年第 11 期。

殷光明：《北凉缘禾、太缘年号及相关问题之辨析》，《敦煌研究》1995 年第 4 期。

余欣：《神祇的"碎化"：唐宋敦煌社祭变迁研究》，《历史研究》2006 年第 3 期。

张国荣、冯丽娟：《甘肃高台魏晋墓壁画与壁画砖的艺术特色》，《美术》2009 年第 8 期。

张俊民：《甘肃玉门毕家滩出土的衣物疏初探》，《湖南省博物馆馆刊》第七辑，2010 年。

张朋川：《河西汉晋绘画简述》，《文物》1978 年 6 期。

张朋川：《酒泉丁家闸古墓壁画艺术》，《文物》1979 年第 6 期。

张全民：《曹魏景元元年朱书镇墓文读解》，《考古与文物》2007 年第 2 期。

张荣强：《〈前秦建元二十年籍〉与汉唐间籍帐制度的变化》，《历史研究》2009 年第 3 期。

张荣强：《甘肃临泽新出西晋简册考释》，《魏晋南北朝隋唐史资料》第三十二辑，2015 年 12 月。

张小舟：《北方地区魏晋十六国墓葬的分区与分期》，《考古学报》1987 年第 1 期。

张掖地区文物管理办公室、高台县博物馆：《甘肃高台骆驼城画像砖墓调查》，《文物》1997 年第 12 期。

赵雪野、赵万钧：《甘肃高台魏晋墓墓券及所涉及的神祇和卜宅图》，《考古与文物》2008 年第 1 期。

郑同修：《汉画像中"长青树"类刻画与汉代社祭》，《东南文化》1997 年第 4 期。

郑怡楠：《河西高台县墓葬壁画祥瑞图研究——河西高台县地埂坡 M4 墓葬壁画研究之一》，《敦煌学辑刊》2010 年第 1 期。

郑怡楠：《河西高台县墓葬壁画娱乐图研究——河西高台县地埂坡 M4 墓葬壁画研究之二》，《敦煌学辑刊》2010 年第 2 期。

钟长发、宁笃学：《武威金沙公社出土前秦建元十二年墓表》，《文物》1981 年第 2 期。

竺可桢：《中国近五千年气候变迁的初步研究》，《中国科学》1973 年第 3 期。

朱智武：《酒泉丁家闸五号墓"社树图"辨析》，《南京艺术学院学报》（美术与设计版）2014 年第 6 期。

［日］町田隆吉：《甘肃省高台县出土の冥婚书をめぐって》，［日］西北出土文献研究会编《西北出土文献研究》第 9 号，2011 年。

［日］町田隆吉：《甘肃省高台县出土魏晋十六国汉语文书编年》，载中共高台县委等编《高台魏晋墓与河西历史文化研究》，甘肃教育出版社，2012。

［日］关尾史郎：《西凉嘉兴二年李超夫人尹氏墓表》，《环日本海研究年报》第 12 号，2005 年 2 月。

［日］园田俊介：《酒泉丁家闸 5 号墓壁画所见十六国时期的河西社会——以胡人图像为中心》，《西北出土文献研究》（第 3 号），汲古书院 2006 年。

四 学位论文

黄景春:《早期买地券、镇墓文整理与研究》,博士学位论文,华东师范大学,2004年。

贾小军:《五凉职官制度研究》,博士学位论文,西北师范大学,2015年。

罗操:《东汉至南北朝墓券研究》,博士学位论文,华东师范大学,2015年。

后　　记

　　本书是2012年度教育部人文社会科学研究青年基金项目、甘肃省高校人文社会科学重点研究基地河西学院"河西史地与文化研究中心"、河西学院省级重点学科"历史文献学（含敦煌学、古文字学）"资助项目、复旦大学中国史博士后流动站科研项目"魏晋十六国河西镇墓文、墓券整理与研究"（12YJC770025）的最终研究成果，部分内容也是国家社会科学基金西部项目"汉唐时期河西走廊墓葬壁画整理研究"（14XZS014）的阶段性成果。虽系雕虫之作，但已尽我所能，其中不足甚至错误之处在所难免，唯愿方家不吝赐教。

　　在本书写作过程中，得到多方面的帮助与支持。业师田澍先生、赵向群先生以及我在西北师范大学的各位授业恩师一直对我关怀有加；我的博士后合作导师复旦大学侯杨方先生对我的研究工作颇多鼓励；兰州大学刘光华先生、甘肃省简牍博物馆张德芳先生、浙江大学刘进宝先生、华东师范大学章义和先生多年来一直关心我的学习和工作，对我从事的科研工作多有鼓励；浙江大学冯培红先生、陕西师范大学沙武田先生、日本新潟大学关尾史郎先生、早稻田大学三崎良章先生无私提供了许多资料；作为我安身立命的河西学院河西史地与文化研究中心、历史文化与旅游学院，高荣教授、谢继忠教授、闫廷亮教授、吴浩军教授、何茂活教授和其他同事们给我诸多便利条件和莫大的关怀与帮助；我的同学秦红卫、原彦平、郧军涛，师兄张之佐等在我的工作和生活中都给了极大的帮助和支持，对他们的关心和帮助，在此深表谢忱！本书写作时参考了许多前辈学人的研究成果，多数已在文中注明，但也难免疏漏，谨对所有对本书写作有过帮助的专家及他们的成果表示由衷的敬意！

近年来，由于工作需要，我多次前往高台博物馆、敦煌博物馆等处参观考察，深为她们丰富的藏品和河西地区悠久的历史、灿烂的文化所震撼，这也成为我努力从事汉唐河西墓葬文献及墓室壁画研究的动力之一。谨对上述博物馆为本书研究提供的帮助和照顾致以崇高的敬意！

本书在最初设计时参与的成员有高荣教授、闫廷亮教授、武鑫馆员、濮仲远副教授、蔺国伟讲师，写作期间因我外出学习，因此主要工作由我和武鑫完成，其他同志参加了项目设计和部分文稿的讨论，提出了很多建设性意见，谨对他们的工作致以深挚的谢意！

本书上卷为镇墓文、墓券汇编，所录相关文献出处均已注明出处；本书下卷所收诸文，除"三《神玺二年八月☐富昌镇墓文（一）》考释"外，均已先后在《社会科学战线》《敦煌研究》《敦煌学辑刊》《简牍学研究》《吐鲁番学研究》《石河子大学学报》《语文教学通讯》《河西学院学报》等刊物刊发，此次出版对其中有关错讹作了校订，但总体仍保持了文章原貌。谨对为刊发拙作而付出辛勤劳动的有关杂志的编辑表达我由衷的感谢和敬意。

我的家人在本书写作过程中，一直给予我关怀和鼓励。他们的关爱，是我学习和工作的动力，我将永远铭记在心。

中国社会科学出版社宋燕鹏先生为本书的出版付出了辛勤的劳动，谨致谢忱！

本书写作历时绵长，我虽然一直不敢懈怠，但与理想还是很有差距。从2011年项目准备申报，到现在最终完成，花了六年多时间。期间竟有两位我敬爱的老人先后辞世。2014年2月，业师赵向群先生与世长辞；2016年10月，我的岳父在与病魔坚强抗争多日之后也魂归天国。想起多年来两位老人无微不至的关怀深感痛伤，他们的音容笑貌一如往昔。谨以此寥寥数语来表达我对两位老人的悼念和追思之情。

贾小军

2017年6月于河西学院

重印后记

本书初版于 2017 年，当时只印了 1200 册，至今已所剩无几。由于本书是枯燥乏味的出土文献整理、研究之作，实属非常小众领域中的小众之作，因此几年来能够达到目前的销售成绩，确实不易。承蒙中国社会科学出版社厚爱，今年 2 月底，宋燕鹏编审告知我准备重印此书，同时可以做些修订工作。机会难得，所以一定要认真做好此次修订工作。

本书为笔者主持的 2012 年教育部项目"魏晋十六国河西镇墓文、墓券整理与研究"的最终成果，写作虽颇费时日（2012—2017），但受镇墓文、墓券本身特点所限，整理和研究很难跟上最新考古工作的进展。2014 年至 2016 年，甘肃省文物考古研究所对敦煌佛爷庙湾—新店台墓群保护范围内的墓葬进行了考古发掘，新发现一批有朱书或墨书镇墓文的陶斗瓶。虽然这批镇墓文资料发现在本书初版之前，但发掘简报公布于 2019 年，2015 年度发掘报告出版于 2021 年，因此本书未能收录。这批镇墓文的纪年与魏晋十六国时期敦煌乡里等信息，在一定程度上填补了此前镇墓文相关社会历史信息记载的空白，使河西镇墓文资料更加丰富、充实，具有重要的学术价值。资料公布后，学界很快予以关注。我自己也积极研读这批出土资料，并撰小文一篇，题为《敦煌新见镇墓文与魏晋十六国河西社会》，初稿写完之后，因为对文章并不满意，又感觉缺少投稿或者公开发表的契机，加上忙于其他课题，此文就闲置起来。应该是与此同时，长期关注、研究中国西北出土文献的日本关尾史郎先生对这批镇墓文也进行整理、释读，2022 年 2 月 8 日，我收到关尾先生的邮件，内容正是他最新编订的《2015 年度敦煌佛爷庙湾—新店台墓群出土镇墓瓶铭（镇墓文）集成：附 2015 年度敦煌佛爷庙湾—新店台墓群/2019 年度张掖甘州区黑水国墓群出土镇墓瓶一览》电子稿。于是我翻出当年写就的小文，参考关尾先生的整理成果，对文章相关内容进行校正。与此同时，甘肃教育出版社于 2021 年 11 月出版《敦煌佛爷庙湾—新店台墓群 2015 年度发掘报告》（上、中、下三册），我向白鑫先生求得此书。这几件事儿与 2022 年 2 月 28 日我收到燕鹏编审的重印通知放在一起，使我深感和关尾先生、燕鹏兄、白鑫兄颇有灵犀相通处，于是在征得燕鹏编审的同意后，我根据正式发掘报告相关摹本、图版等著录、释读此次发掘出土的镇墓文，并对小文相关研究内容作了进一步的修改，借此重印的机会以附篇的方式置于本书正文之后，以便读者查阅。

借此重印机会，著者还对原稿中部分脱漏、讹误的字、词进行订正，也对部分研究内容如魏晋十六国时期姑臧城的规模等相关数据根据最新的研究做了修订。本书出版后，魏军刚博士曾有书评发表于《出土文献》（第十四辑），亦有师友提出不少中肯意见，著者都深获教益，举凡师友有所指正之处，本次重印时尽可能做了修订与补充。

此次重印，看似修订内容不多，但仍是件极为繁琐的事儿，花了整整两个月时间才完成此项工作。感谢燕鹏兄的耐心与负责，谨向这位高大帅气的榴莲群主致以诚挚的谢意！也借此机会向所有关心本人学习和生活的各位师友、亲人致以诚挚的感谢！

贾小军

2022 年 4 月 28 日